스무디 한 잔 마시며 끝내는
리액트 + TDD

김정헌 지음

Blazing Fast

Efficient Debugging

Seo Friendly

Dom Virtuality

Reusability

**테스트 주도 개발로
리액트 프로젝트 완성하기**

스무디 한 잔 마시며 끝내는 리액트+TDD

테스트 주도 개발로 리액트 프로젝트 완성하기

본 책은 리액트(Reactjs)를 처음 배우는 개발자, 또는 리액트에서 테스트 코드를 작성하는 방법에 대해서 궁금한 개발자, 리액트에서 테스트 주도 개발 방법론(Test driven development, TDD)을 사용하여 개발하고자 하는 개발자를 대상으로 하고 있다.

이 책은 리액트와 리액트에서 테스트 코드를 작성하는 방법을 좀 더 쉽게 이해할 수 있게 리액트의 기초부터 리액트에서 테스트를 위해 사용하는 Jest와 react-testing-library를 다루는 방법, 그리고 예제를 통해 실제 프로젝트에서 리액트와 리액트의 테스트 코드를 활용하는 방법을 자세히 소개하고 있다.

▶▶ 사전 지식

이 책은 리액트에 관한 책으로, 리액트에 사용되는 프로그래밍 언어인 자바스크립트에 관해서는 다루고 있지 않다. 따라서 자바스크립트를 이해하지 못한다면 이 책이 조금 어려울 수 있다.

이 책을 공부하기 전에 자바스크립트의 ES6 문법과 최신 자바스크립트에 관해 먼저 공부하기를 권장한다. 특히, 리액트에서 자주 사용되는 ES6의 화살표 함수, const, let 등은 먼저 공부를 하지 않으면 책 내용을 이해하기가 어렵다. 이 부분에 대해 정확히 모르고 있다면 인터넷에서 자료를 찾아 공부한 후 이 책을 공부하길 권장한다.

또한, 이 책은 타입스크립트를 사용하여 진행한다. 예제 소스에서 타입스크립트를 깊게 사용하고 있지 않기 때문에 이 책을 공부하기 전에 타입스크립트를 공부할 필요는 없다. 이 책을 통해 리액트와 함께 타입스크립트를 공부할 수 있으며 타입스크립트에 입문하기에 적합한 내용을 다루고 있다. 실무에서는 좀 더 다양한 방법으로 타입스크립트를 다루고 있으므로 이 책에 내용만으론 부족할 수 있다. 따라서 이 책에 공부가 끝난 후 타입스크립트에 관해서 공부하기를 추천한다.

▶▶ 책의 구성

이 책은 총 10장으로 구성되어 있으며 리액트를 사용하여 웹 애플리케이션을 개발하는 방법부터 개발된 웹 애플리케이션을 테스트하는 방법, 그리고 테스트 주도 개발 방법론을 사용하여 웹 애플리케이션을 개발하는 방법에 대해서 다루고 있다.

1장에서는 간단하게 자바스크립트의 역사를 살펴보고 리액트가 왜 탄생하게 되었는지, 리액트의 특징은 무엇인지에 대해서 알아볼 예정이다.

2장에서는 리액트로 프로젝트를 개발하기 위해 맥과 윈도우에 create-react-app 개발 환경 설정을 하는 방법에 대해서 설명하고 있다.

3장에서는 자바스크립트 테스트 프레임워크인 Jest에 대해서 살펴보고 자바스크립트에서 어떻게 테스트 코드를 작성하는지, 어떤 API 등을 사용할 수 있는지에 대해서 살펴본다.

4장에서는 리액트를 테스트하기 위한 라이브러리인 react-testing-library에 대해서 살펴보고 해당 라이브러리를 설치하는 방법과 사용하는 방법에 대해서 간단히 알아볼 예정이다.

5장에서는 create-react-app을 사용하여 리액트 프로젝트를 생성하며, 실무에서 자주 사용되는 타입스크립트, styled-components, 절대 경로로 컴포넌트를 추가하는 방법과 Prettier를 설치하고 적용하는 방법에 대해서 설명하고 있다.

6장에서는 리액트의 주요 개념인 Props와 State를 설명하고 할 일 목록 앱을 제작해 봄으로써 Props와 State를 이해하려 한다. 또한, 제작한 할 일 목록 앱에 관한 테스트 코드를 작성하여 리액트에서 테스트 코드를 작성하는 방법에 대해서 간단히 살펴볼 예정이다.

7장에서는 클래스 컴포넌트에 대해서 살펴볼 예정이다. 이 책은 리액트의 함수 컴포넌트를 주로 다루고 있다. 하지만, 리액트에서는 함수 컴포넌트 이외에도 클래스 컴포넌트가 존재하며, 이 클래스 컴포넌트를 이해하지 못하면 클래스 컴포넌트를 활용하는 코드를 이해할 수 없다. 또한, 클래스 컴포넌트를 통해 리액트 컴포넌트의 라이프사이클을 이해할 예정이다.

8장에서는 리액트의 Props와 State 이외에 데이터를 다루는 주요 개념인 Context API에 대해서 설명할 예정이다. 또한, 데이터를 저장하기 위한 localStorage를 활용하여 서버에 데이터를 저장하고 가져오는 타이밍과 방법에 대해서 알아볼 예정이다.

9장에서는 리액트에서 페이지 전환을 사용하기 위해 react-router 라이브러리를 사용하는 방법에 대해서 설명한다. 또한, 지금까지 만든 할 일 목록 앱에 react-router를 적용하여 페이지 전환을 하는 방법에 대해서 살펴볼 예정이다.

10장에서는 지금까지 만든 할 일 목록 앱을 테스트 주도 개발 방법론을 활용하여 처음부터 개발해 봄으로써 리액트에서 테스트 주도 개발 방법론을 사용하여 앱을 개발하는 방법에 대해서 알아볼 예정이다.

▶▶ 감사의 글

이 책의 집필과 출판을 할 수 있도록 기회를 주신 김용기님과 비제이퍼블릭에 감사의 인사를 드리고 싶습니다. 또한, 책을 집필하는 동안 응원해 준 와이프와 아들에게 감사 인사를 남깁니다.

- マホちゃん、ハルくん、応援してくれてありがとうございます！愛してます。-

▶▶ 김정헌

한국의 중소기업에서 MFC를 사용한 윈도우 프로그램 개발을 시작으로 안드로이드, iOS, 웹 개발자로 활동을 하였다. 그 후, 웹 프로그래머로서 호주에서 활동하였으며 현재는 일본 기업에서 풀스택 엔지니어로서 리액트, 리액트 네이티브를 사용한 서비스를 개발 중이다.

업무 이외에도 리액트와 리액트 네이티브를 사용한 앱을 개발 중이며 앱 개발 중에 겪었던 일을 블로그로 게재하고 있다.

- 블로그: https://dev-yakuza.posstree.com/ko/
- 저자 앱 리스트: https://dev-yakuza.posstree.com/app/list/ko/

2019년에는 많은 사람이 리액트 네이티브를 사용하여 좀 더 쉽게 iOS와 안드로이드 앱을 개발할 수 있도록, "스무디 한 잔 마시며 끝내는 React Native"를 출간하였다.

- 스무디 한 잔 마시며 끝내는 React Native: https://github.com/bjpublic/Reactnative

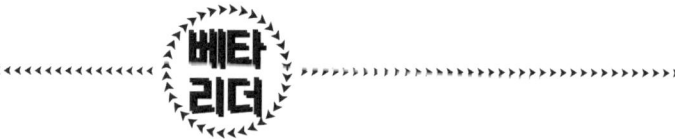

▶▶ 오인규

국내에서 React, React-Native개발을 한다면 한 번쯤은 dev-yakuza 블로그의 도움을 받은 적이 있을 것이다. 깔끔하고 명쾌한 설명으로 자주 블로그를 방문했었는데 책은 블로그에서의 명쾌한 설명에 체계적인 구성까지 한층 더 탄탄해졌다. React 입문에 더할 나위 없이 좋은 책이며 초심자도 부담 없이 읽을 수 있을 정도로 쉽게 서술되어있다.

▶▶ 이준희

개인적으로 관심이 있었던 리액트와 TDD 방식을 접해보고 싶어 베타테스팅에 신청했습니다. 제목처럼 리액트에 가볍게 다가갈 수 있는 책입니다.
개인적으로 새로운 프레임워크 혹은 언어를 배울 때 만들어 보며 배우는 것을 좋아하는데 그런 점에서 이 책은 To-Do 페이지를 구현해보며 '리액트는 이렇게 쓰는구나', '테스트는 이렇게 하는구나'를 익힐 수 있어서 좋았습니다. 책의 코드 또한 저자님의 깃헙 레파지토리에 올라와 있어 따라 하기 수월했습니다.

▶▶ 홍준용

리액트를 처음 접하는 사람이라면 리액트의 출시 배경, 설치, 테스트, 환경구성 등을 체계적으로 손쉽게 배울 수 있는 책이다.
명령어를 직접 보여주면서 친절하게 하나하나 따라 할 수 있게 서술했고, 전체 소스 코드도 내려받을 수 있어 하나씩 따라 하며 쉽게 습득할 수 있다.

초보자를 대상으로 한 책이지만 실전에서 자주 사용되는 컴포넌트도 비중 있게 서술되어 있다. 또한, 에러가 발생하는 부분도 미리 발견하여 에러를 발생시키고 이를 수정하는 것까지 상세히 서술하고 있어 리액트를 처음 접하거나 실무에서 리액트 프로젝트를 하는 분들에게 최고의 개발 서적이 될 것이다.

▶▶ 안상민

리액트에 대한 개념 정리 및 테스트 케이스 작성 등 두 마리 토끼를 잡고 싶은 초급 개발자에게 추천하며, 특히 사내 품질담당자(QA)가 REACT 등의 프로젝트에 대해 코드 품질향상을 위해 가이드할 수 있는 기본서로 추천합니다.

1 리액트란?

1.1 자바스크립트의 역사 ········ 2
1.2 리액트의 특징 ············ 7
   1) 가상 돔
   2) 단방향 데이터 바인딩
   3) JSX
   4) 선언형 프로그래밍

1.3 요약 ·················· 15

2 리액트 개발 환경

2.1 맥 개발 환경 설정 ········ 18
   1) 홈브루 설치
   2) 노드 설치
2.2 윈도우 개발 환경 설정 ····· 21
   1) 초코렛티 설치
   2) 노드 설치
2.3 리액트를 시작하는 방법 ···· 25
2.4 create-react-app ········ 27
2.5 요약 ·················· 32

3 리액트의 테스트 - Jest

3.1 Jest의 장점 ············ 34
   1) 제로 설정
   2) 스냅샷
   3) 모의 객체
   4) 테스트 코드의 분리
   5) 간단한 API

3.2 프로젝트 준비 ············ 36
3.3 Jest 설치 ·············· 37
3.4 사용 방법 ·············· 38
3.5 Matcher ··············· 42
   1) toEqual
   2) toBeTruthy, toBeFalsy
   3) toContain
   4) 기타

3.6 코드 커버리지 ············ 47
3.7 요약 ·················· 50

4 리액트 테스트 - react-testing-library

4.1 react-testing-library ············ 52
4.2 react-testing-library의 장점   53
4.3 프로젝트 준비 ················· 54
4.4 react-testing-library 설치 ··· 54
4.5 사용 방법 ···················· 55
4.6 요약 ························· 63

5 나의 첫 리액트 프로젝트

5.1 타입스크립트 ················ 66
5.2 styled-components ··········· 77
5.3 절대 경로로 컴포넌트 추가 ··· 94
5.4 Prettier······················ 97
5.5 요약 ························ 100

6 Props와 State

6.1 Props와 State란 ············· 102
6.2 프로젝트 준비 ·············· 103
6.3 개발 ······················· 109
   1) App 컴포넌트
   2) Button 컴포넌트
   3) Input 컴포넌트
   4) ToDoItem 컴포넌트
   5) State

6.4 테스트 ···················· 156
   1) Button 컴포넌트
   2) Input 컴포넌트
   3) ToDoItem 컴포넌트
   4) App 컴포넌트

6.5 요약 ······················ 179

7 클래스 컴포넌트

7.1 클래스 컴포넌트 ·················· 182
7.2 프로젝트 준비 ·················· 183
7.3 개발 ·························· 187
    1) Button 컴포넌트
    2) Input 컴포넌트
    3) ToDoItem 컴포넌트
    4) App 컴포넌트

7.4 라이프 사이클 함수 ············ 197
    1) constructor 함수
    2) render 함수
    3) getDerivedStateFromProps 함수
    4) componentDidMount 함수
    5) shouldComponentUpdate 함수
    6) getSnapshotBeforeUpdate 함수
    7) componentDidUpdate 함수
    8) componentWillUnmount 함수
    9) componentDidCatch 함수
    10) 호출 순서

7.5 테스트 ························ 206
7.6 요약 ·························· 209

8 Context API와 localStorage

8.1 Context API ·················· 212
8.2 프로젝트 준비 ·················· 216
8.3 개발 ·························· 220
    1) InputContainer 컴포넌트
    2) ToDoList 컴포넌트
    3) ToDoList 컨텍스트
    4) App 컴포넌트에 프로바이더 적용
    5) InputContainer 컴포넌트에 컨슈머 적용
    6) ToDoList 컴포넌트에 컨슈머 적용

8.4 localStorage ·················· 241
8.5 useEffect 훅 ·················· 245
8.6 테스트 ························ 247
    1) ToDoList 컨텍스트
    2) InputContainer 컴포넌트
    3) ToDoList 컴포넌트
    4) App 컴포넌트

8.6 요약 ·························· 266

9 react-router

9.1 react-router ················ 270
9.2 프로젝트 준비 ············· 271
9.3 개발 ·························· 274
   1) react-router
   2) List 페이지 컴포넌트
   3) Add 페이지 컴포넌트
   4) InputContainer 컴포넌트
   5) ToDoItem 컴포넌트
   6) ToDoList 컴포넌트
   7) Detail 페이지 컴포넌트
   8) PageHeader 컴포넌트
   9) NotFound 페이지 컴포넌트

9.4 테스트 ······················ 309
   1) InputContainer 컴포넌트
   2) PageHeader 컴포넌트
   3) ToDoItem 컴포넌트
   4) ToDoList 컴포넌트
   5) Add 페이지 컴포넌트
   6) Detail 페이지 컴포넌트
   7) List 페이지 컴포넌트
   8) NotFound 페이지 컴포넌트
   9) App 컴포넌트

9.5 요약 ························· 377

10 TDD 맛보기

10.1 테스트 주도 개발이란 ········ 380
10.2 프로젝트 준비 ··············· 381
10.3 개발 ·························· 385
   1) PageHeader 컴포넌트
   2) Button 컴포넌트
   3) List 페이지 컴포넌트
   4) Add 페이지 컴포넌트
   5) Detail 페이지 컴포넌트
   6) Not Found 페이지 컴포넌트
   7) App 컴포넌트

10.4 요약 ························· 503

부록

배포 ······························· 504

찾아보기 ······················ 506

서문 ································ VI
저자소개 ··························· V
베타리더 ·························· VII

리액트란?

01

1.1 자바스크립트의 역사

1.2 리액트의 특징

    1) 가상 돔
    2) 단방향 데이터 바인딩
    3) JSX
    4) 선언형 프로그래밍
    5) 컴포넌트 기반

1.3 요약

리액트란?

이번 장에서는 리액트(React)가 무엇인지, 어떻게 탄생하게 되었는지 살펴본다. 또한, 리액트의 특징을 알아보고 리액트를 사용하는 기업을 확인하여 리액트의 기술성과 장래성에 대해 확인해 본다.

1.1 자바스크립트의 역사

리액트는 자바스크립트(JavaScript) 언어를 기반으로 동작하는 라이브러리이다. 그래서 리액트를 이해하기 위해서는 기본적으로 자바스크립트에 대한 이해가 필요하다. 여기에서 자바스크립트의 모든 역사를 다룰 수는 없지만, 가볍게 자바스크립트의 역사를 훑어보고 리액트가 어떻게 탄생하게 되었는지 이해해 보도록 한다.

자바스크립트의 역사를 이해하기 위해서는 우선, 넷스케이프 커뮤니케이션즈(Netscape Communications)라는 회사를 짚고 넘어가야 한다. 이 회사가 자바스크립트를 만들었으며, 자바스크립트에 큰 영향을 미친 회사이기 때문이다.

최초의 웹 브라우저인 월드와이드웹이 1990년, 하이퍼텍스트 시스템을 개발한 팀 버너스리(Tim Berne rs-Lee)에 의해 소개되면서 웹 브라우저 시대가 열리게 된다. 팀 버너스리가 개발한 월드와이드웹 브라우저는 이후에 월드 와이드 웹과의 용어 충돌을 피하고자 이름을 넥서스(Nexus)로 바꾸게 된다.

1993년, 일리노이 대학교 어배너-샴페인(University of Illinois at Urbana-Champaign)의 NCSA(Natio nal Center for Supercomputing Applications)는 최초의 대중적인 그래픽 웹 브라우저인 NICA 모자이크를 출시한다. 이후에 넷스케이프 커뮤니케이션즈를 창업하는 마크 앤드리센(Marc Andreessen)은 그 당시 이 프로젝트를 주도하였으나, 아르바이트 학생이라는 이유로 제대로 된 평가를 받지 못하고 모자이크의 주력 개발팀에도 뽑히지 못하게 된다.

모자이크의 주력 개발팀으로 뽑히지 못한 마크 앤드리센은 일리노이 대학교를 떠나 실리콘 밸리로 가게 되고, 실리콘 밸리에서 440만 달러의 자금을 투자받아 모자이크 커뮤니케이션(Mosaic Communication Corporation)이라는 회사를 설립하게 된다. 그리고 과거 모자이크를 같이 만들었던 동료들을 불러들여 새로운 브라우저 개발에 착수한다. 하지만, 회사 이름에 모자이크가 들어간 것과 모자이크 브라우저를 개발했던 인원을 데려간 것 등의 이유로 모교인 일리노이 대학으로부터 특허 침해 고소를 당하게 된다. 이 특허 침해 문제로 모자이크 커뮤니케이션은 회사 이름을 넷케이프 커뮤니케이션즈로 변경하고, 모교에 300만 달러에 달하는 합의금을 지급하게 된다.

이렇게 회사명을 변경한 넷스케이프 커뮤니케이션즈는 1994년 10월 그들의 첫 웹 브라우저인 넷스케이프 네비게이터(Netscape Navigator)를 선보인다. 이 브라우저는 회사 내부에서 모질라(Mosaic and Godzilla)라는 코드명으로 시작되었으며, 출시 이후 3개월(10~12월) 사이에 200만 건이 넘는 다운로드를 기록하고 대중적인 웹 브라우저 시대의 시작을 알리게 된다.

1995년, 당시 시장 점유율이 약 90%에 달하던 넷스케이프 커뮤니케이션즈는 정적인 HTML을 동적으로 표현하기 위한 경량 프로그래밍 언어를 도입하기로 하고, 새로운 프로그래밍 언어 개발에 착수하게 된다. 이때 탄생한 것이 자바스크립트(JavaScript)이다.

자바스크립트의 기반이 되는 언어인 모카(Mocha)는 Brendan Erich가 10일 만에 만들었으며, 이는 1993년 3월 넷스케이프 커뮤니케이션즈의 웹 브라우저인 넷스케이프 네비게이터 2(Netscape Navigator 2)에 처음 탑재된다. 그리고 그해 9월 라이브스크립트(LiveScript)로 이름이 변경되고 최종적으로 12월에 자바스크립트(JavaScript)로 명명된다.

자바스크립트는 많은 언어로부터 영감을 받아 만들어졌다. 변수 스코프(Scope)와 클로져(Closure) 등의 규칙은 리스프(Lisp) 언어에서 가져왔으며, 프로토타입 상속은 스몰토크(Smalltalk)에서 파생된 언어인 셀프(Self) 프로그래밍 언어에서 영감을 얻었다. 넷스케이프 커뮤니케이션즈는 그 당시 마이크로소프트와 경쟁하기 위해 썬 마이크로시스템즈(Sun Microsystems)와 협업하고 있었는데 자신들의 새로운 언어가 그 당시 인기 있던 썬의 자바 문법과 유사하길 희망했다.

자바스크립트의 이름 유례에 대해서는 많은 이야기가 있지만, 넷스케이프 커뮤니케이션즈가 마케팅을 위해 자바스크립트라는 이름을 지었다는 설이 가장 유력하다. 자바스크립트는 새로운 언어였으며 넷스케이프 커뮤니케이션즈는 많은 개발자가 이 새로운 언어를 사용하길 바랐다. 많은 개발자가 자바스크립트를 많이 사용하면 자신들이 개발한 브라우저가 시장 점유율을 계속 유지할 수 있기 때문이다. 그래서 넷스케이프 커뮤니케이션즈는 자바스크립트라는 언어가 그 당시 큰 인기를 얻고 있던 자바에서 파생되었다는 인상을 주어 많은 프로그래머가 자바스크립트를 사용하도록 유도하기 위해 이름을 자바스크립트로 명명했다는 것이다.

넷스케이프 커뮤니케이션즈의 넷스케이프 네비게이션 브라우저가 홍행에 힘입어 자바스크립트 언어가 크게 유행하자 그 당시 경쟁 업체였던 마이크로소프트(Microsoft)사에서 자바스크립트와 호환을 할 수 있는 J스크립트(Jscript)라는 언어를 개발하여 내놓게 된다. 이 J스크립트는 인터넷 익스플로러 3.0(Internet Explorer 3.0)에 처음으로 도입되면서 자바스크립트와 경쟁 구도를 가지게 된다.

넷스케이프 네비게이션 브라우저는 그 당시 브라우저 시장 점유율의 약 90%를 차지하고 있었지만, 마이크로소프트는 자신들의 OS인 윈도우(Windows)에 인터넷 익스플로러를 번들로 포함해 판매하며 인터넷 브라우저의 시장 점유율을 조금씩 잠식해 나가기 시작했다.

이렇게 J스크립트를 사용하는 인터넷 익스플로러와 자바스크립트를 사용하는 넷스케이프 네비게이션이 브라우저의 시장을 공유하기 시작하면서 크로스 브라우징(Cross Browsing) 이슈가 발생하기 시작했다. 넷스케이프 커뮤니케이션즈는 자바스크립트에 새로운 스펙(Spec)을 추가하면서 자신들의 브라우저에 새로운 기능을 추가하였고, 마이크로소프트는 J스크립트에 새로운 스펙을 추가하면서 새로운 기능들을 추가하기 시작했다. 자바스크립트와 호환이 되던 처음의 J스크립트는 독자적인 스펙들이 더해지면서 점점 호환되지 않게 되었다. 호환되지 않은 두 브라우저가 브라우저 시장을 공유하면서, 개발자들은 넷스케이프 네비게이션과 인터넷 익스플로러에서 동작하는 웹 페이지를 개발하는 데 큰 어려움을 겪기 시작하였다.

1996년 11월, 넷스케이프 커뮤니케이션즈는 이런 크로스 브라우징 문제를 일으키는 자바스크립트의 파편화를 방지하고 모든 브라우저에서 동일하게 동작하는 표준화된 자바스크립트에 대한 필요성을 느꼈으며, 컴퓨터 시스템의 표준을 관리하는 비영리 표준화 기구인 ECMA 인터내셔널에 자바스크립트 표준화를 요청하게 된다.

1997년 7월, ECMA 인터내셔널에서 ECMA-262라 불리는 표준화된 자바스크립트 초판(ECMAScript 1)의 명세서를 완성하지만, 자바스크립트의 상표권 문제로 인해 ECMAScript로 명명하게 된다. 우리가 알고 있는 ECMAScript가 이렇게 탄생하게 된 것이다.

하지만 비영리 표준화 기구의 표준화된 명세서는 큰 힘이 없었으며, 크로스 브라우징 이슈는 여전히 존재하였다. 또한, 자바스크립트와 J스크립트를 사용한 브라우저의 돔(DOM-Document Object Model) 조작은 너무나 복잡하고 불편하였다.

이런 불편함을 해결하기 위해 2006년 jQuery가 등장하게 된다. jQuery는 당시 가지고 있던 크로스 브라우징 이슈와 더불어 자바스크립트보다 배우기 쉽고 직관적인 API(Application Programing Interface)를 제공함으로써 선풍적인 인기를 끌게 된다. 지금까지도 jQuery는 돔을 다루는 방식에서 가장 쉽고 효율적인 방식으로 인정받고 있으며, 웹 브라우저에서 사실상 표준으로 오랜 기간 사랑받았다.

웹 서비스에서 jQuery가 크게 사랑을 받던 중에 아이폰(2007년)과 안드로이드(2008년)가 등장하면서 애플리케이션(Application)이라는 개념이 대중적으로 크게 확장되었다. 또한, 사용자들이 사용하는 단말기(PC, 스마트폰 등)의 성능이 크게 향상되었다. 이 때문에 그동안 웹 페이지라는 개념이었던 웹 서비스에도 웹 애플리케이션(Web Application)이라는 개념과 이에 대응하는 서비스들이 쏟아져 나오기 시작했다.

2010년, 구글은 이런 웹 애플리케이션 트렌드에 대응하고자 AngularJS라는 웹 애플리케이션 프레임워크를 출시하게 된다. AngularJS는 웹 서비스에 싱글 페이지 애플리케이션(SPA, Single Page Application)이라는 새로운 시대를 열게 된다. AngularJS는 MV*(Model-View-Whatever), 양방향 데이터 바인딩(Two-way Data Binding) 등 웹 애플리케이션에 새로운 개념들을 많이 도입하였다. 하지만, 그 당시 AngularJS는 jQuery를 기반으로 하고 있었으며, 싱글 페이지 애플리케이션을 모두 다루는 프레임워크로써 너무 많은 변화와 새로운 개념으로 많은 개발자가 쉽게 접근하기 어려운 러닝 커브(Learning curve)를 안겨주었다.

2011년, 페이스북 개발자였던 Jordan Walke가 PHP용 HTML 컴포넌트 프레임워크였던 XHP에 영감을 받아 리액트를 개발하게 된다. 이렇게 개발된 리액트는 2011년 페이스북의 뉴스피드에 처음 적용하게 되고 이후 2012년 인스타그램닷컴에 적용된다. 페이스북은 2013년 5월 JSConf US에서 리액트를 오픈 소스로 발표하면서 리액트의 역사가 시작하게 된다.

리액트는 자바스크립트 프레임워크였던 앵귤러(Angular)와 다르게 UI 자바스크립트 라이브러리로 출시된다. 싱글 페이지 애플리케이션의 거의 모든 부분을 담당했던 앵귤러와 다르게 리액트는 UI(User Interface)에 집중한 라이브러리로 출시하게 된다.

거의 새로운 언어에 가깝다는 평을 받던 앵귤러와 다르게 리액트는 자바스크립트에 HTML을 포함하는 JSX(JavaSciprt XML)라는 간단한 문법과 양방향 데이터 바인딩이 가지는 문제점을 보완하고자 단방향 데이터 바인딩(One-way Data Binding)을 채택하였다. 그리고 가상 돔(Virtual DOM)이라는 새로운 개념으로 큰 인기를 끌게 된다.

리액트는 싱글 페이지 애플리케이션의 UI를 만드는 자바스크립트 라이브러리이다. 그러므로 싱글 페이지 애플리케이션 프레임워크였던 앵귤러보다 러닝 커브가 낮다. 하지만 프레임워크가 아닌 라이브러리이므로 부족한 부분들이 존재하고, 이런 부분들을 채우기 위해서는 다른 라이브러리들과 함께 사용해야 한다. 예를 들어, 리액트는 페이지 전환에 관한 기능이 존재하지 않는다. 이 부분은 react-router 등과 같은 다른 라이브러리를 사용해야 한다.

1.2 리액트의 특징

앞에서 살펴본 자바스크립트 역사에서도 잠깐 설명했지만, 리액트는 가상 돔과 같은 새로운 개념과 다른 프레임워크와는 다르게 단방향 데이터 바인딩을 사용하는 등 리액트만의 특징을 뚜렷하게 보여주고 있다.

여기에서는 이런 특징들을 하나씩 자세히 살펴보면서 리액트를 좀 더 이해해 보고자 한다.

1) 가상 돔

리액트는 가상 돔이라는 개념으로 웹 퍼포먼스 향상에 새로운 접근 방식을 제안하였고, 이를 통해 웹 애플리케이션의 성능을 극대화하였다. 가상 돔이 웹 퍼포먼스의 성능을 어떻게 향상하게 시키는지 이해하기 위해서는 우선 브라우저에서 HTML, CSS가 렌더링(Rendering) 되는 부분을 이해할 필요가 있다.

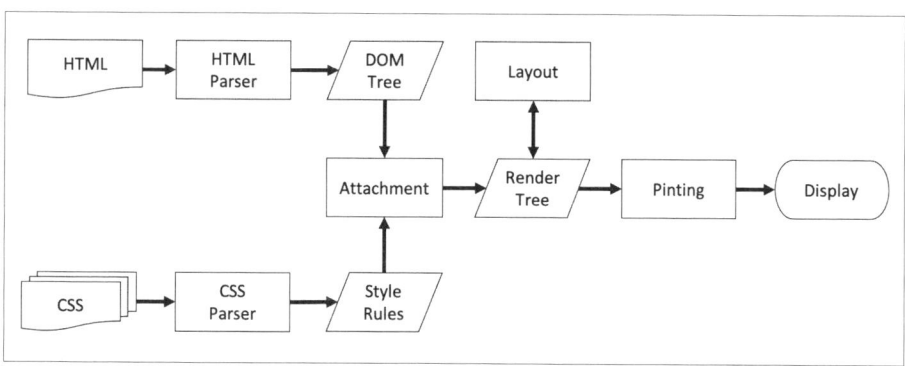

[그림 1-1] 웹 브라우저 렌더링 과정

브라우저가 네트워크를 통해 HTML을 전달받으면 브라우저의 렌더 엔진은 HTML을 파싱하여 돔 노드(DOM Node)로 이루어진 트리를 만든다. 또한, CSS 파일과 각 엘리먼트의 인라인 스타일을 파싱하여 스타일 정보를 가진 새로운 스타일 렌더 트리를 만든다.

이렇게 렌더 트리가 생성되면 브라우저는 Attachment라는 과정을 통해 스타일 정보를 계산하게 된다. 렌더 트리의 모든 노드는 attach라는 메소드를 가지고 있는데, Attachment 과정에서 이 메소드가 호출하게 되며 해당 메소드는 스타일 정보를 계산하고 결과값을 객체 형태로 반환한다. 이 과정은 동기적(Synchronous)으로 작동하며 만약 렌더 트리에 새로운 노드가 추가되면 해당 노드의 attach 메소드가 실행된다.

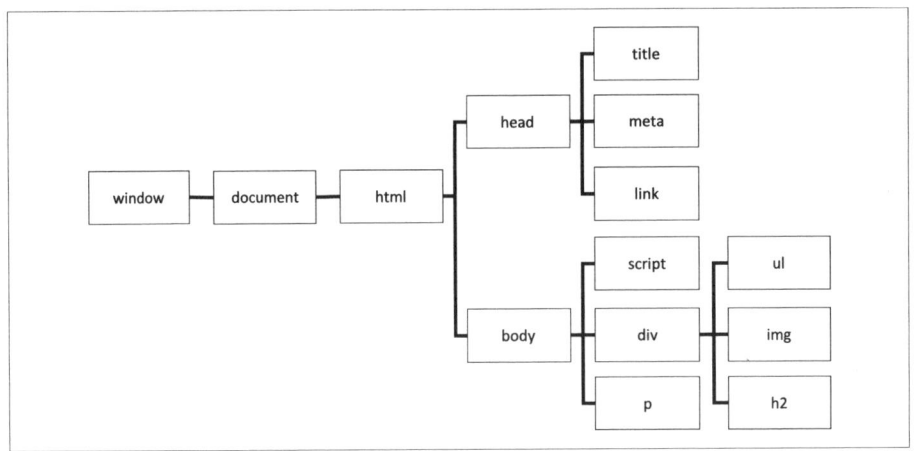

[그림 1-2] 돔 트리

렌더 트리는 Attachment 과정을 거친 후 레이아웃이라는 과정을 거치게 된다. 레이아웃 과정에서는 브라우저가 렌더 트리의 각 노드에 좌표를 부여하고 정확히 어디에 어떻게 표시되는지 결정하게 된다.

마지막으로, 브라우저는 각 노드에 paint() 메소드를 호출하여 렌더링된 요소들에 색상을 입히는 Painting이라는 과정을 거친 후 최종적으로 화면을 표시하게 된다.

이렇게 화면에 표시된 후 자바스크립트를 사용하여 돔을 조작하게 되면 각 노드에 좌표를 계산하고 부여하는 레이아웃 과정이 다시 수행되며, 그 이후 색상을 입히는 페인팅 과정이 다시 수행되게 된다. 여기서 레이아웃 과정이 다시 수행되는 것을 리플로우(Reflow)라 하며 페인팅 과정을 다시 수행하는 것을 리페인트(Repaint)라고 한다. 이 리플로우와 리페인트는 돔의 각 노드에 관해 많은 연산을 수행하므로 이 과정을 많이 수행하게 되면 웹 서비스의 성능 이슈가 발생하게 된다.

정적인 웹 사이트나 화면을 구성하는 돔에 변경이 적은 웹 사이트였으면 크게 문제가 되지 않지만, 싱글 페이지 애플리케이션처럼 돔 변경이 동시다발적으로 빈번히 발생하는 사이트인 경우에는 연산 과정이 많은 리플로우와 리페인트를 많이 수행하면서 사이트의 성능 이슈가 발생하게 된다.

리액트는 리플로우와 리페인트의 문제를 해결하기 위해 화면에 표시되는 돔과 동일한 돔을 메모리상에 만들고, 돔 조작이 발생하면 메모리상에 생성한 가상 돔에서 모든 연산을 한 후 실제 돔을 갱신하여 리플로우와 리페인트의 연산을 최소화하였다.

예를 들어 사용자가 로그인하게 되면 사용자 프로필을 화면에 표시하고, 기존 컨텐츠를 지우고, 해당 사용자의 추천 컨텐츠를 표시하고, 친구 리스트를 표시하는 기능을 생각해 보자. 가상 돔이 없는 시스템에서는 리플로우와 리페인트가 사용자 프로필을 화면에 표시하기 위해 한 번, 기존 컨텐츠를 지울 때 한 번, 추천 컨텐츠를 표시하기 위해 한 번, 친구 리스트를 표시하기 위해 한 번, 총 4번 발생하게 된다. 하지만 리액트는 가상 돔을 통해 프로필 표시, 컨텐츠 표시, 친구 리스트 표시를 모두 가상 돔에서 계산한 후 브라우저에 전달하므로 브라우저는 단 한 번의 리플로우와 리페인트로 화면을 갱신하게 된다. 리액트는 가상 돔을 통해 리플로우와 리페인트를 최소화하여 성능 최적화를 하였다.

2) 단방향 데이터 바인딩

싱글 페이지 애플리케이션의 대표적인 프레임워크인 앵귤러와 뷰(Vue)는 양방향 데이터 바인딩을 사용한다.

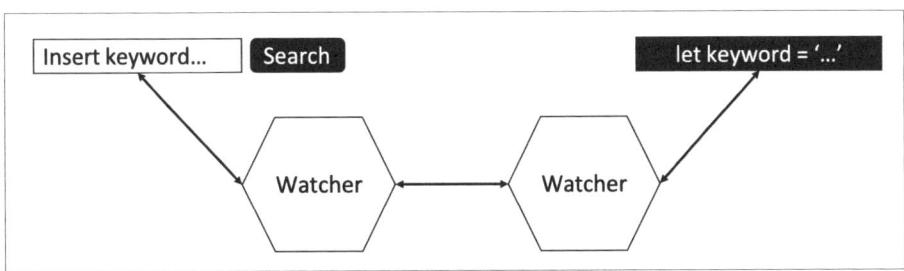

[그림 1-3] 양방향 데이터 바인딩

양방향 데이터 바인딩은 사용자 UI의 데이터 변경을 감시하는 Watcher와 자바스크립트 안에서 변경되는 데이터를 감시하는 Watcher를 통해 UI와 프로그램 안에 데이터를 자동으로 동기화해 주는 시스템이다. 이를 통해 프로그래머는 자바스크립트 내에 데이터 변경과 사용자 UI에서 데이터 변경 및 동기화를 크게 신경 쓰지 않고 프로그램을 작성할 수 있다.

양방향 데이터 바인딩은 자동으로 데이터를 동기화해주는 큰 장점도 있지만, 단점도 있다. 예를 들면 데이터 동기화를 위해 데이터 하나에 두 개의 Watcher가 사용되기 때문에 오버 스펙일 경우가 발생할 수 있다. 또한, 수많은 Watcher에 의해 반대로 성능 저하가 발생할 수 있다. 앵귤러는 이런 오버 스펙과 많은 Watcher에 의한 성능 저하를 방지하기 위해 단방향 데이터 바인딩도 지원하고 있다.

리액트는 양방향 데이터 바인딩이 가지는 문제점과 복잡성을 피하고자 단방향 데이터 바인딩을 채택하고 있다.

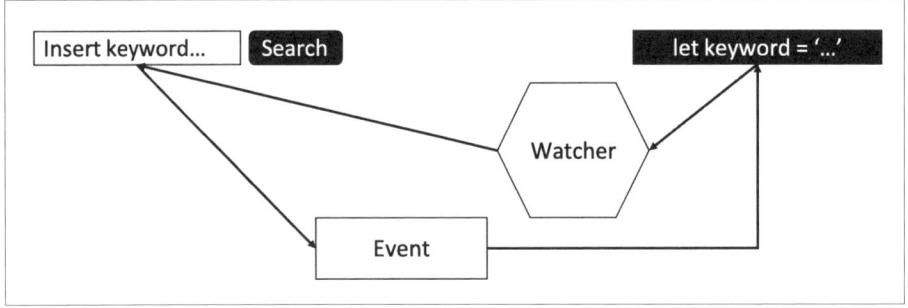

[그림 1-4] 단방향 데이터 바인딩

단방향 데이터 바인딩은 단 하나의 Watcher가 자바스크립트의 데이터 갱신을 감지하여 사용자의 UI 데이터를 갱신한다. 사용자가 UI를 통해 데이터를 갱신할 때는 양방향 데이터 바인딩과 다르게 Watcher가 아닌 Event를 통해 데이터를 갱신하게 된다. 이처럼 하나의 Watcher를 사용하기 때문에 양방향 데이터 바인딩에서 발생하는 문제들을 해결할 수 있으며, 더 확실하게 데이터를 추적할 수 있다.

또한, 리액트는 이런 단방향 데이터 바인딩과 더불어 Flux라는 개념을 도입하여 데이터의 흐름이 한쪽으로만 진행되도록 하고 있다.

3) JSX
리액트에서는 JSX라는 독특한 문법을 가지고 있다. 이 문법 때문에 많은 자바스크립트 개발자들이 큰 혼란을 겪지만, 다른 프로그래밍 언어를 조금이라도 다뤄 봤다면 쉽게 이해할 수 있다.

JSX는 자바스크립트와 HTML을 동시에 사용하며, HTML에 자바스크립트 변수들을 바로 사용할 수 있는 일종의 템플릿 언어(Template language)이다.

```
const App = () => {
  const hello = 'Hello world!';
  return <div>{hello}</div>;
};
```

리액트의 JSX를 사용하여 화면에 "Hello wolrd!"를 출력하는 코드이다. 자바스크립트의 변수인 hello를 HTML 태그인 div 안에 {hello}로 사용하여 출력하고 있음을 확인할 수 있다. 자바스크립트라는 틀 안에서 보면 굉장히 이상한 코드이지만, 다른 언어들의 템플릿 언어를 생각하면 조금 이해가 될 것이다.

예를 들어 자바의 jsp를 살펴보면 다음과 같이 HTML 태그 안에서 자바의 변수를 사용하는 것을 확인할 수 있다.

```
<div><%= hello %></div>
```

이미 우리는 많은 언어에서 템플릿 언어를 사용하고 있다. 이처럼 JSX도 자바스크립트 일종의 템플릿 문법이라고 기억하면 조금 더 쉽게 이해할 수 있다.

4) 선언형 프로그래밍

프로그래밍은 크게 명령형 프로그래밍과 선언형 프로그래밍으로 구별할 수 있다. 명령형 프로그래밍은 프로그래밍할 때 "어떻게(How)"에 집중하여 프로그래밍하는 방법을 말한다. 예를 들어 택시를 타고 "집"에 돌아가는 것을 명령형 프로그래밍으로 설명하면 "첫 번째 사거리에서 우회전하고 삼거리가 나올 때까지 직진한 후, 삼거리에서 좌회전하면 우리 집입니다." 와 같이 어떻게 집으로 돌아가는지에 대해 집중하여 설명한다.

반면에, 선언형 프로그래밍은 명령형 프로그래밍과 다르게 "무엇(What)"에 집중하여 프로그래밍한다. 택시를 타고 "집"에 돌아가는 것을 선언형 프로그래밍으로 설명하면 "집" 자체에 집중하기 때문에 "우리 집은 XXX 번지입니다."로 설명이 끝나게 된다.

좀 더 이해를 돕기 위해 소스 코드를 살펴보면 다음과 같다.

```
// 명령형 프로그래밍
const double = (arr) => {
  let results = [];
  for (let i = 0; i < arr.length; i ++) {
    results.push(arra[i] * 2);
  }
  return results;
}

// 선언형 프로그래밍
const double = (arr) => {
  return arr.map((elem) => elem * 2);
}
```

두 함수는 같은 동작을 하는 자바스크립트 함수이다. 첫 번째는 명령형 프로그래밍으로 작성된 함수이며, 두 번째 함수는 선언형 프로그래밍으로 작성된 함수이다.

첫 번째 함수는 주어진 배열에 값을 두 배로 늘리기 위해 for 문을 사용했으며, i변수와 배열의 크기(length)를 사용하여 배열의 값을 하나씩 가져와 두 배로 만든 후, results라는 새로운 배열에 추가하고 결과값으로 반환하였다. 이렇게 명령형 프로그래밍은 과정을 중심으로 프로그래밍을 하게 된다.

반면에, 선언형 프로그래밍은 map 함수를 사용하여 주어진 배열 값을 두 배로 만들어 반환하였다. map이 어떻게 동작하는지는 크게 신경 쓰지 않고 결과인 배열 값을 두 배로 만들기에 집중하여 프로그래밍하게 된다.

앞의 예제에서 명령형 프로그래밍으로 얻은 결과값과 선언형 프로그래밍으로 얻은 결과값은 같다. 하지만, 명령형 프로그래밍은 그 값을 얻기 위해 "어떻게" 하는지에 집중하고 있는 것을 알 수 있다. 그리고 선언형 프로그래밍은 자바스크립트의 기본 제공 함수인 map을 사용하여 결과값이 "무엇"인지에 집중하고 있다. 이처럼, 라이브러리나 프레임워크 등으로 비선언형 부분을 캡슐화함으로써 명령형 프로그래밍 언어로 선언형 프로그래밍을 할 수 있다.

리액트에서는 특히 JSX를 사용함으로써 더욱 명확하게 선언형 프로그래밍을 활용하고 있다. 다음의 예를 확인해 보자.

```
<script>
var arr = [1, 2, 3, 4, 5]
var elem = document.querySelector("#list");

for(var i = 0; i < arr.length; i ++) {
  var child = document.createElement("li");
  child.innerHTML = arr[i];
  elem.appendChild(child);
}
</script>
```

앞의 예제는 자바스크립트를 사용하여 HTML에 새로운 리스트를 추가하는 코드이다. 예제를 자세히 살펴보면 명령형 프로그래밍으로써 새로운 리스트를 표시할 ul 태그를 작성한 후 자바스크립트의 querySelector를 사용하여 표시할 위치를 가져오고, For 문을 사용하여 리스트에 아이템을 하나씩 추가하고 있다.

리액트의 JSX 코드를 사용하여 위 코드를 선언형 프로그래밍으로 변환하면 다음과 같다.

```
const arr = [1, 2, 3, 4, 5];
return (
  <ul>
    {arr.map((elem) => (
```

```
      <li>{elem}</li>
    ))}
  </ul>
);
```

리액트는 JSX라는 문법을 사용하기 때문에 위와 같이 HTML 안에서 map 함수를 사용하여 리스트에 아이템을 추가할 수 있다. 이처럼 리액트는 JSX를 활용하여 HTML을 조작할 때에도 선언형 프로그래밍을 할 수 있다.

이런 선언형 프로그래밍은 코드를 예측할 수 있게 하고 디버깅을 쉽게 할 수 있도록 도와주므로 전체적인 코드 퀄리티의 상승과 코드의 이해를 도와주는 효과를 얻을 수 있다.

4) 컴포넌트 기반

리액트로 웹 UI를 개발할 때는 "컴포넌트"라고 불리는 작고 고립된 코드들을 이용하여 구현하게 된다.

```
const Title = () => {
  return <h1>Hello world</h1>;
};

const Button = () => {
  return <button>This is a Button</button>;
};

const App = () => {
  return (
    <div>
      <Title />
      <Button />
    </div>
  );
```

```
};
```

앞의 예제처럼 리액트에서는 Title과 Button 컴포넌트를 만든 후에, App 컴포넌트에서는 이미 만들어진 UI 컴포넌트를 활용하여 페이지를 제작한다. 물론 Title 컴포넌트와 Button 컴포넌트는 다른 컴포넌트에서도 반복적으로 사용할 수 있다. 이처럼 리액트는 JSX를 활용하여 UI를 제작할 때 기본적으로 컴포넌트 기반 프로그래밍을 하게 된다.

앞으로 예제를 다루면서 배우게 되겠지만, 여러분은 리액트의 JSX를 활용하여 필요한 컴포넌트를 제작하고 제작한 컴포넌트를 조합하여 화면을 구성하는 컴포넌트 기반 프로그래밍을 경험하게 될 것이다.

1.3 요약

이번 장에서는 자바스크립트의 역사를 통해 리액트가 무엇이며, 어떻게 탄생하게 되었는지에 대해서 살펴보았다. 또한 리액트의 특징들을 살펴보면서 리액트를 좀 더 깊게 이해하는 시간을 가졌다.

마지막으로, 리액트를 사용하는 기업들을 살펴보면서 이번 장을 마무리하려 한다. 리액트를 사용하는 기업을 살펴보려는 이유는 리액트가 오픈 소스이기 때문이다. 리액트가 오픈 소스이기 때문에 이 오픈 소스에 이바지하는 커뮤니티와 지원하는 기업들이 많을수록 해당 기술이 오래 살아남을 수 있다.

현재 리액트를 사용하고 있는 유명한 기업들은 트위터, 넷플릭스, 드롭박스, Atlassian, 세일즈포스, 레딧, 깃헙, 페이팔, 우버 등이 있다. 물론 리액트를 개발한 페이스북과 페이스북 자회사인 인스타그램 등 많은 기업이 사용하고 있다.

또한, 마이크로소프트에서도 리액트에 많은 이바지를 하고 있다. 심지어 리액트를 기반으로 새로운 크로스 플랫폼 라이브러리를 만들어 제공하고 있다.

▶ ReactXP: https://microsoft.github.io/reactxp/

글을 쓰는 2020년 11월12일 현재 리액트 깃헙은 159k 스타와 31.6k 포크 그리고 1,561명의 컨트리뷰터들이 활동하고 있다.

▶ 리액트 깃헙: https://github.com/facebook/react

02

리액트 개발 환경

2.1 맥 개발 환경 설정
  1) 홈브루 설치
  2) 노드 설치

2.2 윈도우 개발 환경 설정
  1) 초코렛티 설치
  2) 노드 설치

2.3 리액트를 시작하는 방법

리액트 개발 환경

이번 장에서는 리액트를 사용하기 위한 개발 환경 구성부터 구성된 개발 환경을 사용하여 리액트 프로젝트를 생성하는 방법을 알아본다.

2.1 맥 개발 환경 설정

맥에서 리액트를 사용하기 위해서는 노드(Node) 설치가 필요하다. 리액트의 맥 개발 환경 설정을 단계별로 진행하여 확인해 보자.

1) 홈브루 설치

홈브루(Homebrew)는 맥에서 패키지를 설치하고 관리할 수 있는 맥용 패키지 관리자이다. 홈브루를 통해 맥에 필요한 패키지를 간단하게 설치할 수 있다. 우선, 자신의 맥에 홈브루가 설치되어 있는지 확인하기 위해 [터미널]을 열어 다음 명령어를 입력한다.

```
brew --version
```

명령어를 실행하여 아래와 같은 결과를 얻었다면 홈브루가 설치된 것이므로 다음 단계로 넘어간다.

```
Homebrew 2.1.7
Homebrew/homebrew-core (git revision f487; last commit 2019-07-20)
```

만약 홈브루에 버전이 표시되지 않는다면 홈브루를 설치할 필요가 있다. 다음 링크를 사용하여 홈브루 사이트로 이동한다

▶ 홈브루 사이트: https://brew.sh/

홈브루 사이트로 이동하면 [그림2-1]과 같이 "Install Homebrew" 항목 밑에 홈브루 설치 명령어를 확인할 수 있다.

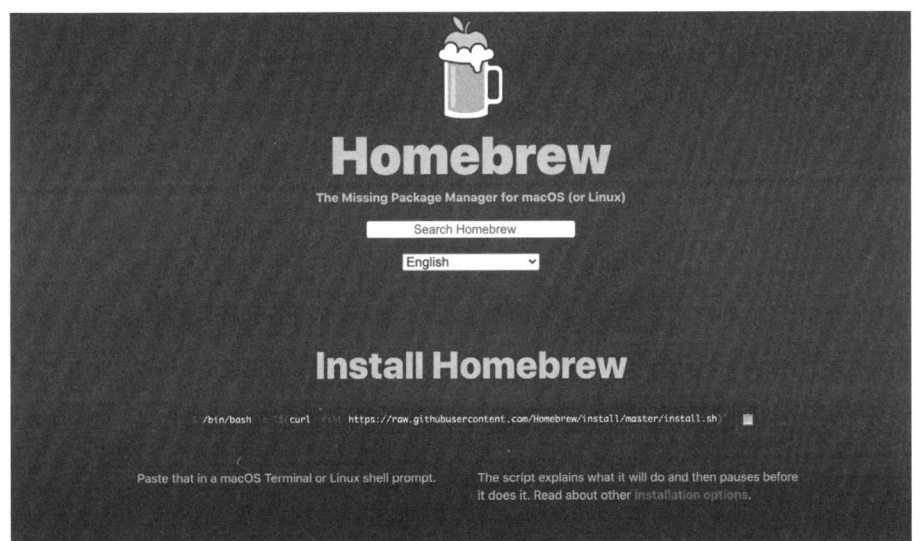

[그림 2-1] 홈브루 설치

맥에서 [터미널]을 실행하고 해당 명령어를 복사한 후 실행하여 홈브루를 설치한다.

```
/usr/bin/ruby -e "$(curl -fsSL https://raw.githubusercontent.com/Homebrew/install/master/install)"
```

설치가 완료되면 홈브루가 제대로 설치되었는지 다음 명령어를 실행하여 확인한다.

```
brew --version
```

문제없이 홈브루를 설치하였다면 다음과 같이 홈브루의 버전을 확인할 수 있다.

```
Homebrew 2.1.7
```

```
Homebrew/homebrew-core (git revision f487; last commit 2019-07-20)
```

2) 노드 설치

리액트는 자바스크립트 라이브러리로써 프로젝트를 생성하고 개발에 필요한 외부 라이브러리를 사용할 때에 노드 패키지(Node Package)를 이용하게 된다. 따라서 리액트를 개발하기 위해서는 노드의 설치가 필요하다. 맥용 패키지 관리자인 홈브루를 통해 노드를 설치해 보자.

[터미널]을 열고 다음 명령어를 실행하여 노드를 설치한다.

```
brew install node
```

설치가 완료되면 다음 명령어로 노드가 제대로 설치되었는지 확인한다.

```
node --version
```

노드가 제대로 설치되었다면 다음과 같이 노드의 버전을 확인할 수 있다.

```
v12.6.0
```

또한, 노드를 설치하면 노드의 패키지를 관리하는 노드 패키지 매니저(NPM, Node Package Manager)도 같이 설치된다. 노드 패키지 매니저가 잘 설치되었는지 확인하기 위해 다음 명령어를 [터미널]에서 실행한다.

```
npm --versrion
```

노드 패키지 매니저가 잘 설치되었다면 다음과 같이 버전을 확인할 수 있다.

```
6.9.0
```

참고로 이 책에서는 맥의 터미널이라는 용어 대신 윈도우의 명령 프롬프트라는 용어를 사용하여 진행할 예정이므로 명령 프롬프트라는 용어가 나오면 터미널이라고 이해하도록 하자.

2.2 윈도우 개발 환경 설정

윈도우(Windows)에서도 리액트를 사용하기 위해서는 노드의 설치가 필요하다. 윈도우에서 리액트 개발 환경을 구성하는 방법에 대해서 살펴보도록 하자.

1) 초코렛티 설치

맥에 홈브루라는 패키지 매니저가 있다면, 윈도우에는 초코렛티(Chocolatey)라는 패키지 매니저가 있다. 윈도우 패키지 매니저인 초코렛티를 설치하는 방법에 대해서 알아보자.

아래의 링크를 통해 초코렛티 다운로드 설치 페이지로 이동한다.

▶ 초코렛티 설치 페이지: https://chocolatey.org/install

초코렛티 설치 페이지로 이동하면 [그림 2-2]와 같이 초코렛티 설치에 관한 방법이 자세히 나와 있는 것을 확인할 수 있다.

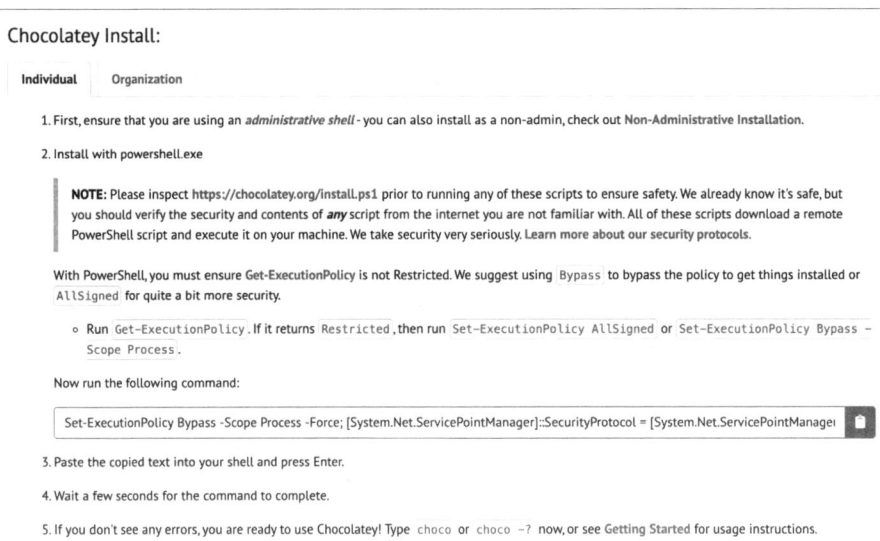

[그림 2-2] 초코렛티 설치 사이트

초코렛티 설치 페이지 하단에 있는 Now run the following command 명령어를 오른쪽 복사 버튼을 눌러 클립보드에 복사해 둔다.

초코렛티를 설치하기 위해서는 명령 프롬프트(cmd)를 관리자 권한으로 실행할 필요가 있다. [그림 2-3]과 같이 [명령 프롬프트]를 검색하고 검색 결과의 오른쪽에 있는 관리자 권한 실행을 눌러 [명령 프롬프트]를 관리자 권한으로 실행시킨다.

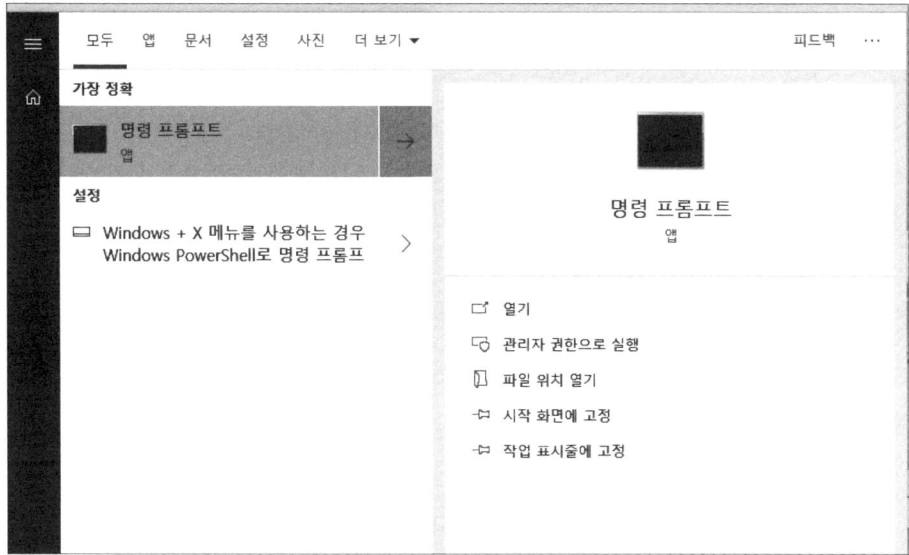

[그림 2-3] 초코렛티 설치 사이트

이제 초코렛티 사이트에서 복사한 명령어를 [명령 프롬프트](또는 파워쉘, 이하 명령 프롬프트)에서 실행하여 초코렛티를 설치한다.

```
Set-ExecutionPolicy Bypass -Scope Process -Force; [System.Net.ServicePointManager]::SecurityProtocol = [System.Net.ServicePointManager]::SecurityProtocol -bor 3072; iex ((New-Object System.Net.WebClient).DownloadString('https://chocolatey.org/install.ps1'))
```

설치가 완료되면 다음 명령어를 실행시켜 초코렛티가 잘 설치되었는지 확인한다.

```
choco -version
```

문제없이 잘 설치되었다면 다음과 같이 초코렛티의 버전을 확인할 수 있다.

```
0.10.15
```

가) 노드 설치

맥 환경 설정에서도 설명하였지만, 리액트는 자바스크립트 리이브러리이다. 따라서 리액트로 개발하기 위해서는 자바스크립트 런타임(Javascript Runtime)인 노드가 필요하다. 여기에서는 윈도우 패키지 매니저인 초코렛티를 사용하여 윈도우에 노드를 설치하는 방법에 대해서 알아본다.

윈도우의 [명령 프롬프트]를 관리자 권한으로 실행시키고 다음 명령어를 실행 시켜 노드를 설치한다.

```
choco install -y nodejs.install
```

설치가 완료되면 [명령 프롬프트]를 종료하고 다시 실행시킨다. 명령 프롬프트가 다시 실행되면 다음 명령어를 [명령 프롬프트]에서 실행하여 노드가 잘 설치되었는지 확인한다.

```
node --version
```

문제없이 설치되었다면 다음과 같이 노드의 버전을 확인할 수 있다.

```
v12.6.0
```

노드를 설치하면 노드 패키지 매니저(NPM, Node Package Manager)도 같이 설치된다. 노드 패키지 매니저가 잘 설치되었는지 확인하기 위해 다음 명령어를 실행시킨다.

```
npm --version
```

노드 패키지 매니저가 잘 설치되었다면 다음과 같이 노드 패키지 매니저의 버전을 확인할 수 있다.

```
6.10.0
```

2.3 리액트를 시작하는 방법

리액트를 사용하여 프로젝트를 시작하는 방법에는 다음과 같이 다양한 방법이 있다. 이 책에서는 create-react-app을 사용하여 진행할 예정이지만, 다른 방법들은 어떤 것들이 있는지, 어떤 차이가 있는지 잠깐 살펴보도록 하겠다.

- ▶ 스크립트 태그 추가
- ▶ Webpack과 Babel을 설정하여 개발
- ▶ create-react-app
- ▶ Next.js 프레임워크

리액트는 자바스크립트 라이브러리이므로 jQuery와 같은 보통의 자바스크립트 사용 방법과 동일하게 스크립트 태그를 추가하여 사용할 수 있다.

```html
<body>
  ...
  <div id="app"></div>
  ...
  <script src="https://unpkg.com/react@17/umd/react.development.js" crossorigin></script>
  <script src="https://unpkg.com/react-dom@17/umd/react-dom.development.js" crossorigin></script>

  <script src="./app.js"></script>
</body>
```

우선 리액트를 사용할 부분에 div 태그와 id를 추가한 후 리액트에서 제공하는 리액트 라이브러리의 스크립트를 <script/> 태그를 사용하여 추가한다. 그리고 자신이 개발한 리액트 코드를 <script/> 태그를 통해 추가함으로써 리액트를 사용할 수 있다.

스크립트 추가 방식은 쉽고 빠르게 기존의 웹 서비스에 리액트를 시작하는 방법이다. 하지만 Webpack, Babel 등을 사용하지 않으므로 모든 브라우저에서 동작하는 순수 자바스크립트로 리액트 코드를 작성해야 한다.

크로스 브라우징 이슈와 최신 ECMAScript, Typescript 등을 사용하여 리액트 프로젝트를 진행하기 위해서는 Webpack, Babel을 설정하여 개발하는 방법이 있다.

▶ Webpack으로 리액트 시작하기: https://dev-yakuza.posstree.com/ko/react/start/

그러나 이 방법은 Webpack과 Babel을 잘 알아야 하고 많은 설정을 해야 리액트 프로젝트를 시작할 수 있다. 그러므로 리액트만을 집중하여 개발하기가 어렵고 처음 리액트를 접하는 사람에게는 큰 어려움으로 다가온다.
이런 어려움을 인지한 페이스북에서 create-react-app이라는 CLI(Command Line Interface) 툴을 만들어 배포하였다.

▶ create-react-app: https://create-react-app.dev/

이 툴을 사용하면 우리는 더 이상 리액트를 개발하기 위한 설정들은 신경 쓰지 않고 오로지 리액트에만 집중하여 개발할 수 있다.

리액트는 웹 서비스의 UI를 담당하는 자바스크립트 라이브러리이다. 프레임워크가 아닌 라이브러리이므로 UI 이외에 페이지 전환과 같은 기능은 제공하지 않고 있다. 이런 UI 이외의 기능들을 구현하기 위해서는 외부 라이브러리를 함께 사용해야 한다. 예를 들어 페이지 전환에는 react-router와 같은 외부 라이브러리를 함께 사용해야 한다. Next.js는 리액트로 웹 서비스를 만들 때 주로 사용되는 기능 등을 함께 묶어 제공하는 리액트 프레임워크이다. Next.js를 사용하면 react-router와 같은 외부 라이브러리를 사용하지 않고도 페이지 전환 기능 등을 사용할 수 있다. 또한, 서버 사이드 렌더링(SSR, Server Side Rendering)과 같은 리치(Rich) 기능들도 제공하고 있다. 하지만 Next.js는 프레임워크이므로 리액트와 상관없이 해당 프레임워크만의 고유한 사용 방법이 있다. 따라서, 처음 리액트에 익숙하지 않은 개발자들이 Next.js로 리액트 개발을 시작하면 어디까지가 리액트이고 어디까지가 프레임워크의 기능인지 잘 알 수 없다.

2.4 create-react-app

이제 create-react-app을 설치하고 리액트 프로젝트를 생성하는 방법에 대해서 알아보자. 다음의 명령어를 실행하여 create-react-app을 설치한다.

```
npm install -g create-react-app
```

설치가 완료되었다면 다음 명령어를 사용하여 문제없이 설치되었는지 확인한다.

```
npx create-react-app --version
```

문제없이 설치되었다면 다음과 같이 create-react-app의 버전을 확인할 수 있다.

```
4.0.0
```

여기서 사용한 npx는 오타가 아니다. npx는 노드 패키지 매니저의 5.2 이상 버전부터 지원하는 패키지 실행 도구이다. npm은 패키지를 설치할 때 사용하고, npx는 패키지를 실행할 때 사용한다. 앞으로도 npm과 npx를 사용하므로 잘 구별하여 사용하도록 하자.

다음은 create-react-app을 사용하여 리액트 프로젝트를 생성하는 방법을 살펴보자. 다음의 명령어를 실행하여 create-react-app으로 리액트 프로젝트를 생성한다.

```
npx create-react-app my-app
```

프로젝트 생성이 완료되면 다음 명령어를 실행하여 리액트 프로젝트를 실행해 본다.

```
cd my-app
npm start
```

문제없이 리액트 프로젝트가 실행되었다면 웹 브라우저에 [그림 2-4]와 같은 화면이 자동으로 열리는 것을 확인할 수 있다.

[그림 2-4] 리액트 프로젝트

create-react-app으로 생성한 리액트 프로젝트는 이렇게 npm start를 사용하고 개발 서버를 실행하여 개발하게 된다.

이제 create-react-app으로 생성된 프로젝트를 자세히 살펴보자. my-app 폴더에는 [그림 2-5]와 같이 폴더와 파일들이 생성된 것을 확인할 수 있다.

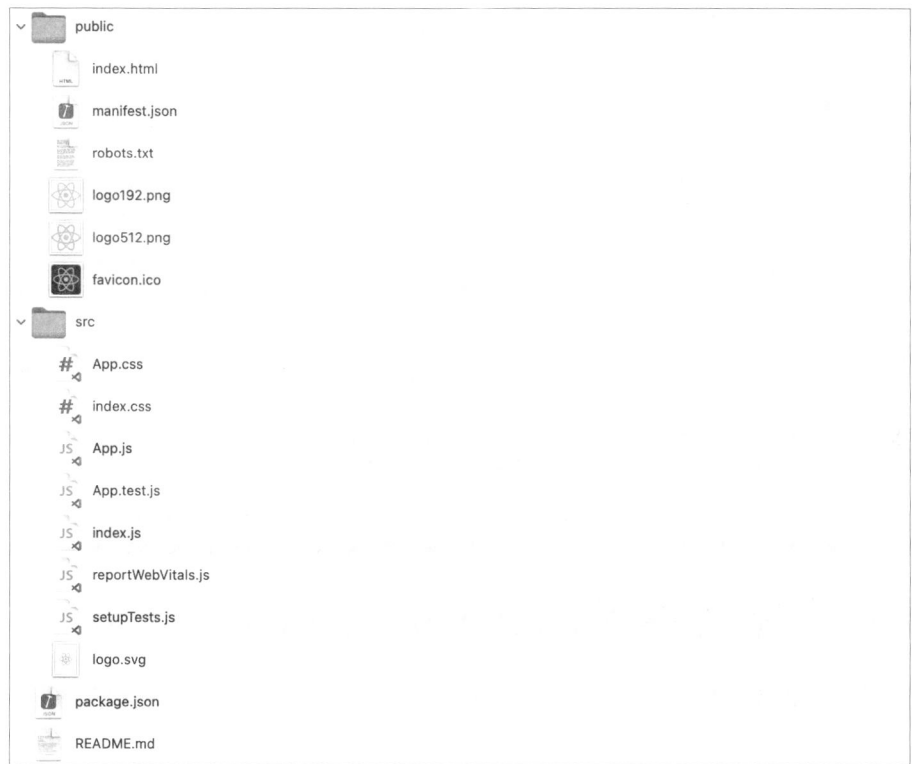

[그림 2-5] create-react-app의 폴더, 파일 구조

create-react-app은 크게 public 폴더와 src 폴더를 확인할 수 있다. public 폴더는 리액트 프로젝트에 필요한 HTML 파일과 favicon 등 정적인(Static) 파일들이 담겨있다. src 폴더는 우리가 실제로 리액트를 사용해 프로그래밍할 자바스크립트 파일들을 보관하는 장소이다.

리액트도 웹 서비스이므로 기본적으로 HTML 파일이 필요하다. public/index.html가 이 역할을 하고 있으며, 우리가 만든 리액트 앱이 이 HTML 파일 위에서 구동하게 된다. HTML 파일을 열어서 확인해 보면 <div id="root"></div> 부분을 확인할 수 있다. 이 부분에 우리가 개발한 리액트 애플리케이션이 들어가게 된다.

src/index.js 파일을 열어보면 다음과 같은 부분을 찾을 수 있다.

```
ReactDOM.render(
  <React.StrictMode>
    <App />
  </React.StrictMode>,
  document.getElementById('root')
);
```

이 부분이 HTML의 div 태그에 리액트 애플리케이션을 삽입하는 코드이다. 앞에서 보았던 HTML의 요소(Element)를 document.getElementById('root')를 사용하여 찾는 것을 확인할 수 있다. 그리고 리액트의 ReactDOM.render를 통해 해당 요소에 [그림 2-6]과 같이 리액트 애플리케이션을 표시하는 것을 알 수 있다.

```
... ▼<div id="root"> == $0
     ▼<div class="App">
       ▶<header class="App-header">…</header>
       </div>
     </div>
```

[그림 2-6] HTML에 표시된 리액트

화면에 표시된 내용은 src/App.js 파일의 내용이며 src/index.js에서 App.js 파일을 불러와 표시하고 있음을 확인할 수 있다.

```
import App from './App';
…
ReactDOM.render(
  <React.StrictMode>
    <App />
  </React.StrictMode>,
  …
);
```

src/reportWebVitals.js은 리액트의 성능을 측정하기 위해 제공되는 파일이며 src/setupTests.js은 리액트 프로젝트를 테스트하는 데 필요한 설정 파일이다.

package.json 파일은 리액트 애플리케이션 개발에 필요한 라이브러리들을 관리하거나 프로젝트에서 사용하는 명령 스크립트 등을 관리하는 파일이다. package.json 파일을 열면 다음과 같은 내용을 확인할 수 있다.

```
"scripts": {
    "start": "react-scripts start",
    "build": "react-scripts build",
    "test": "react-scripts test",
    "eject": "react-scripts eject"
},
```

앞에서 리액트 프로젝트를 실행하기 위해 사용한 npm start는 이곳에 정의된 start 스크립트를 실행한 것이다. 이 밖에도 리액트 프로젝트를 배포하기 위해 배포 파일을 생성하는 build 스크립트, 테스트를 위한 test 스크립트, create-react-app에서 관리하는 리액트 프로젝트를 일반 리액트 프로젝트로 변경하는 eject 스크립트를 사용할 수 있다.

start 스크립트는 npm start를 사용하여 실행할 수 있지만, 다른 스크립트들은 npm run을 통해 실행해야 한다. 예를 들어 build 스크립트를 실행하기 위한 npm run build의 test 스크립트를 실행하기 위해서는 npm start build로 실행해야 한다.

참고

create-react-app으로 생성한 리액트 프로젝트는 npm start를 통해 개발 서버를 실행하여 개발하게 된다. 이렇게 개발 서버를 사용하면 프론트엔드(Frontend)를 개발하기 위해 별도의 서버를 설정하지 않아도 되므로 무척 편리하다. 또한, create-react-app의 개발 서버는 개발하고 있는 파일이 수정되면 자동으로 웹 페이지에 적용해주는 Fast Refresh라는 기능을 기본적으로 제공한다. 그러므로 파일을 수정할 때마다 웹 페이지를 새로고침 할 필요가 없다.

2.5 요약

이것으로 리액트를 사용하기 위한 개발 환경 구성에 대해 알아보았다. 또한, create-react-app을 사용하여 리액트 프로젝트를 생성하고 생성된 결과물에 대해서도 자세히 알아보았다.

이번 장에서는 리액트 프로젝트를 시작하는 방법에는 여러 가지가 있음을 알 수 있었다. 이 책에서는 create-react-app을 사용하여 리액트에만 집중할 예정이지만, 이 책을 공부한 이후 Webpack과 Babel을 사용하여 리액트 개발 환경을 구축해보거나 Next.js를 사용하여 리액트 프레임워크를 공부해 보는 것을 추천한다.

앞으로 이 책에서 소개하는 모든 소스 코드는 아래의 깃헙 링크에서 확인할 수 있다. 소스 코드를 미리 확인하고 싶다면 아래의 소스 코드를 다운로드해서 확인하도록 하자.

▶ 소스 코드 깃헙: https://github.com/bjpublic/reacttdd

03

리액트의 테스트 - Jest

3.1 Jest의 장점
   1) 제로 설정
   2) 스냅샷
   3) 모의 객체
   4) 테스트 코드의 분리
   5) 간단한 API

3.2 프로젝트 준비

3.3 Jest 설치

3.4 사용 방법

3.5 Matcher
   1) toEqual
   2) toBeTruthy, toBeFalsy
   3) toContain
   4) 기타

3.6 코드 커버리지

3.7 요약

리액트의 테스트 - Jest

소프트웨어를 개발하고 서비스를 유지하기 위해서는 테스트 코드 작성은 중요하다. 테스트 코드는 수동으로 모든 기능을 확인하는 시간을 줄여주고, 버그의 발생을 줄여주거나 발생한 버그가 다시 발생지 않도록 해주며 코드를 수정할 때 수정한 코드가 다른 코드에 영향을 주어 버그를 발생시키는지를 간단하게 확인할 수 있게 해준다. 또한, 다른 팀원들에게 신뢰할 수 있는 코드를 공유할 수 있으며 서비스를 안정적으로 유지할 수 있도록 도와준다.

테스트 코드 작성은 개발 시간이 오래 걸려 당장은 비용이 증가하는 것처럼 보이지만, 새로운 기능 추가에 의한 사이드 이펙트(Side-effect), 버그 발생 빈도 및 버그의 재발생률, 수동 테스트에 걸리는 시간 등 테스트 코드가 없는 서비스가 가지는 문제 비용과 비교하면 비용이 더 저렴한 것을 알 수 있다.

이번 장에서는 리액트 테스트에 많이 사용되는 자바스크립트 테스트 프레임워크인 Jest에 대해서 살펴보도록 한다.

▶ Jest 공식 홈페이지: https://jestjs.io/

3.1 Jest의 장점

Jest는 페이스북에서 개발, 관리하는 자바스크립트 테스트 프레임워크로써 단순함에 집중한 테스트 프레임워크이다. Jest는 자바스크립트 테스트 프레임워크이므로 리액트 이외에 Typescript, Node, Angular, Vue 등에서도 사용할 수 있다.

자바스크립트 테스트 프레임워크에는 Jest 이외에도 Mocha, Jasmine, Karma 등이 있다. 리액트에서는 Jest가 특히 많이 사용되고 있다. 리액트의 테스트에 Jest가 많이 사용되는 이유는 리액트를 개발, 관리하는 기업인 페이스북에서 만들었기 때문이고 리액트를 설치하면 기본적으로 Jest도 함께 설치되기 때문이다.

그러나 이런 단순한 이유로 많은 리액트 프로젝트의 테스트에 Jest를 사용하는 것은 아니다. Jest의 장점을 살펴보면서 Jest가 많이 사용되는 이유를 설명하겠다.

1) 제로 설정
많은 테스트 프레임워크들이 테스트를 하기 위해 많은 설정을 해야 한다. Jest는 이런 설정 때문에 테스트를 쉽게 시작하지 못하고, 테스트에 집중하지 못하는 단점을 보완하기 위해 제로 설정을 지향하고 있다.

2) 스냅샷
테스트하다 보면 값을 일일이 확인하기 힘든 큰 자바스크립트 오브젝트가 존재할 때가 있다. Jest는 이렇게 값 확인이 어려운 큰 오브젝트를 그대로 저장한 후 추후에 값이 변경되면 에러를 표시하는 스냅샷 기능을 제공한다. 리액트에서는 이 스냅샷 기능을 통해 랜더링된 컴포넌트의 변경 사항이 있는지를 체크한다.

3) 모의 객체
Jest는 쉽게 모의 객체(Mocking)를 생성할 수 있다. 이를 통해 테스트 범위를 벗어나는 객체들을 간단하게 모의 객체로 만듦으로써 실제로 테스트해야 할 부분을 집중해서 테스트할 수 있도록 한다.

4) 테스트 코드의 분리
Jest의 테스트 코드는 완전히 분리되어 있으며, 이렇게 분리된 테스트는 동시에 실행할 수 있도록 한다. 따라서 분리된 테스트를 제공하는 Jest는 테스트 코드를 동시에 실행하여 빠른 성능을 제공한다.

5) 간단한 API
Jest는 쉽고 간단하게 테스트할 수 있는 뛰어난 API를 제공하고 있다. 또한, --coverage 옵션을 통해 코드 커버리지(Code coverage)를 간단하게 확인할 수 있다.

Jest는 페이스북에서 개발, 관리하는 프레임워크라는 이유뿐만 아니라 이와 같은 장점들 때문에 리액트의 테스트에 많이 사용되고 있다. 이 책에서도 Jest를 기본으로 리액트의 테스트 코드를 작성할 예정이다.

3.2 프로젝트 준비

자바스크립트 테스트 프레임워크인 Jest를 사용하는 방법에 대해서 살펴보기 위해 간단한 자바스크립트 프로젝트를 생성할 예정이다.

여기서 설명하는 소스 코드는 아래에 깃헙 링크를 통해 확인할 수 있다. 소스 코드를 직접 타이핑하면서 공부하는 걸 추천하지만, 아래의 링크를 통해 소스 코드를 다운로드할 수 있다.

▶ 소스 코드 깃헙: https://github.com/bjpublic/reacttdd/ch3.jest-test

우선 자바스크립트 프로젝트를 위해 폴더를 만든 후에 다음의 명령어를 실행하여 자바스크립트 프로젝트를 준비한다.

```
# cd jest-test
npm init
```

이 책에서는 jest-test라는 폴더를 만들고 해당 명령어를 실행하였다. 위의 명령어를 실행하면 다음과 같이 package.json을 만들기 위한 질문들이 나오는데 아무것도 입력하지 않고 Enter 키를 눌러 진행한다.

```
package name: (jest-test)
version: (1.0.0)
description:
entry point: (index.js)
```

```
test command:
git repository:
keywords:
author:
license: (ISC)
```

Enter 키를 눌러 진행하였다면 해당 폴더에 package.json이라는 파일이 생성된 것을 확인할 수 있다.

이제 package.json 파일과 같은 위치에 자바스크립트 코드를 추가할 index.js 파일을 생성한다. 이 파일에 테스트 대상이 될 자바스크립트 코드를 작성할 예정이다.

3.3 Jest 설치

이제 자바스크립트 테스트 프레임워크인 Jest를 설치하고 실제로 Jest를 사용하여 테스트하기 위한 준비를 해 보자. 다음의 명령어를 실행하여 Jest를 설치한다.

```
# cd jest-test
npm install --save-dev jest
```

Jest의 설치가 완료되었다면 package.json 파일을 열어 package.json의 명령어를 모아두는 scripts 부분을 다음과 같이 수정한다.

```
"scripts": {
  "test": "jest --watch"
},
```

이제 package.json 파일에 만든 명령어를 실행하기 위해 다음의 명령어를 실행하여 Jest를 실행해 보도록 하자.

```
npm run test
```

우리는 test라는 명령 스크립트에 jest라는 명령어를 --watch 옵션으로 실행하도록 하였다. jest의 watch 옵션은 파일을 감시하고 있다가 파일이 변경되면 해당 파일의 테스트 코드를 다시 실행하기 위한 옵션이다.

명령어가 실행되면 다음과 같은 화면을 볼 수 있다.

```
Watch Usage
 › Press a to run all tests.
 › Press f to run only failed tests.
 › Press p to filter by a filename regex pattern.
 › Press t to filter by a test name regex pattern.
 › Press q to quit watch mode.
 › Press Enter to trigger a test run.
```

watch 옵션 때문에 자동으로 테스트가 실행되지만, 위와 같이 명령 프롬프트에 표시된 키를 눌러 해당 동작을 실행시킬 수도 있다. 예를 들어 a 키를 누르면 변경된 파일과 관계없이 모든 테스트를 실행시킬 수 있다.

3.4 사용 방법

자바스크립트 테스트 프레임워크인 Jest의 사용 방법을 확인하기 위해 package.json 파일이 존재하는 폴더에 index.test.js 파일을 생성하자. Jest는 파일 확장자가 .test.js로 끝나는 파일들을 테스트 파일로써 인식하고 해당 파일을 실행한다. 우리는 이 테스트 파일에 index.js 파일에 관한 테스트를 작성할 것이다.

간단한 함수와 테스트 코드를 작성하여 Jest의 사용법을 익혀보도록 하자. index.js 파일을 열어 다음과 같이 수정한다.

```javascript
const sum = (a, b) => {
  return a + b;
};

module.exports = {
  sum,
};
```

매우 간단한 함수이다. 이 함수는 a, b 두 개의 매개변수를 받아 더한 결과값을 반환하는 sum 함수이다. Jest를 사용하여 이 함수를 테스트하는 코드를 작성하고 Jest의 사용법을 확인해 보자. Jest의 테스트 파일인 index.test.js 파일을 열어 다음과 같이 수정한다.

```javascript
const { sum } = require('./index');

describe('test index.js file', () => {
  it('sums 1 + 2 to equal 3', () => {
    expect(sum(1, 2)).toBe(3);
  });
});
```

describe함수는 Jest가 제공하는 함수로써 여러 테스트를 한 그룹으로 묶고 설명을 붙이기 위해 사용한다. 첫 번째 매개변수는 명령 프롬프트에 표시할 설명이고, 두 번째 매개변수는 여러 테스트를 그룹으로 묶을 콜백(Callback) 함수이다.

Jest가 제공하는 it 함수는 실제 테스트가 실행되는 테스트 명세를 작성할 때 사용한다. 첫 번째 매개변수는 테스트명세의 설명을, 두 번째 매개변수에는 실제로 테스트를 실행하는 테스트 코드를 작성한다.

우리는 npm run test로 Jest가 파일을 감시하고 있다가 변경되면 테스트를 다시 실행하도록 jest --watch 명령어를 실행해 두었기 때문에 위와 같이 파일을 작성하고 저장하면 Jest가 파일의 변경을 감지하고 자동으로 테스트 코드를 실행한다. 따라서 명령 프롬프트에 다음과 같은 화면을 확인할 수 있다.

```
PASS   ./index.test.js
  test index.js file
    √ sums 1 + 2 to equal 3 (1 ms)


Test Suites: 1 passed, 1 total
Tests:       1 passed, 1 total
Snapshots:   0 total
Time:        0.227 s, estimated 1 s
Ran all test suites related to changed files.
```

여기서 우리는 변경된 ./index.test.js 파일이 실행되었음을 알 수 있다. 또한, index.test.js 파일에 Jest의 describe함수로 작성한 메시지(test index.js file)가 표시되고, it 함수의 메시지(√ sums 1 + 2 to equal 3)가 표시되는 것을 확인할 수 있다.

index.js 파일을 열어 다음과 같이 수정하여 테스트에 실패하도록 만들어 보자.

```
const sum = (a, b) => {
  return a * b;
};
```

우리가 index.test.js 파일에 작성한 테스트가 실패하도록 만들기 위해 더하기 부분을 곱하기로 변경하였다. 위와 같이 수정한 후 저장하면 Jest가 변경을 감지하고 테스트 코드를 다시 실행하여 명령 프롬프트에 다음과 같은 테스트 실패 화면을 출력하는 것을 확인할 수 있다.

```
FAIL   ./index.test.js
  test index.js file
    ✕ sums 1 + 2 to equal 3 (2 ms)


  ● test index.js file › sum 1 + 2 to equal 3
```

```
    expect(received).toBe(expected) // Object.is equality


    Expected: 3
    Received: 2


      3 | describe('test index.js file', () => {
      4 |   it('sum 1 + 2 to equal 3', () => {
    > 5 |     expect(sum(1, 2)).toBe(3);
        |                       ^
      6 |   });
      7 | });
      8 |

      at Object.<anonymous> (index.test.js:5:23)


Test Suites: 1 failed, 1 total
Tests:       1 failed, 1 total
Snapshots:   0 total
Time:        0.401 s, estimated 1 s
Ran all test suites.
```

테스트가 실패하면 실패한 테스트 명세(it 함수 내용) 앞에 체크(✓)가 아닌 엑스(✗)가 표시되고 실패한 내용이 자세히 나오는 것을 확인할 수 있다.

이렇게 우리는 우리가 작성한 테스트 명세가 성공하는지 실패하는지 알 수 있으며, 테스트가 실패하면 실패한 내용을 자세히 확인할 수 있다.

3.5 Matcher

우리는 [3.4 사용법]에서 toBe라는 Matcher를 사용하여 테스트 코드를 작성하였다. Matcher는 Jest가 제공하는 함수로써 결과값을 비교하여 테스트의 성공 여부를 판단할 때 사용한다. 여기서는 Jest에서 자주 사용되는 Matcher를 소개한다.

1) toEqual

toEqual은 오브젝트(Object)를 비교할 때 사용되는 Matcher이다. toEqual의 사용법을 확인하기 위해 index.js를 다음과 같이 수정한다.

```javascript
...
const person = (name, age) => {
  return {
    name,
    age,
  };
};

module.exports = {
  ...
  person,
};
```

person 함수는 이름(name)과 나이(age) 매개변수를 전달받아 person 오브젝트를 반환하는 함수이다. 이제 index.test.js 파일을 열어 다음과 같이 수정한다.

```javascript
const { ..., person } = require('./index');

describe('test index.js file', () => {
  ...
  it('makes a person', () => {
```

```
    expect(person('Kim', 20)).toEqual({
      name: 'Kim',
      age: 20,
    });
  });
});
```

자바스크립트에서는 오브젝트의 내용이 같아도 다른 값으로 인식한다. 따라서, 단순히 person 함수를 통해 생성한 값과 toEqual에서 사용한 값을 단순히 비교(===)하면 다른 값이라고 판단하게 된다. 이와 같은 문제가 있으므로 Jest에서 오브젝트를 테스트할 때는 toEqual을 사용하여 위와 같이 테스트한다. 만약 이곳에 toBe를 사용하면 단순히 값을 비교하므로 에러가 발생하며 테스트를 통과하지 못한다.

이렇게 파일을 수정하고 수정한 파일들을 저장하면 우리가 실행한 명령어에 의해 테스트 코드가 자동으로 실행되며 다음과 같이 성공적으로 테스트가 실행되었음을 확인할 수 있다.

```
PASS  ./index.test.js
  test index.js file
    √ sums 1 + 2 to equal 3 (1 ms)
    √ makes a person

Test Suites: 1 passed, 1 total
Tests:       2 passed, 2 total
Snapshots:   0 total
Time:        0.295 s, estimated 1 s
Ran all test suites related to changed files.
```

2) toBeTruthy, toBeFalsy

toBeTruthy와 toBeFalsy는 참/거짓 값(Boolean)을 체크할 때 사용하는 Matcher이다. toBeTruthy와 toBeFalsy를 사용하여 테스트하기 위해 index.js 파일을 열어 다음과 같이

수정한다.

```
…
const toggle = (a) => {
  return !a;
};

module.exports = {
  …
  toggle,
};
```

toggle 함수는 전달받은 매개변수의 반대값을 반환하는 간단한 함수이다. 이제 Jest의 toBeTruthy와 toBeFalsy를 사용하여 toggle 함수를 테스트하기 위해 index.test.js 파일을 열어 다음과 같이 수정한다.

```
const { …, toggle } = require('./index');

describe('test index.js file', () => {
  …
  it('returns false', () => {
    expect(toggle(true)).toBeFalsy();
    expect(toggle(true)).not.toBeTruthy();
  });
});
```

우리가 만든 toggle 함수에 참값(true)을 매개변수로 전달하였고 우리가 결과값으로 예상하는 값인 거짓값을 확인하기 위해 toBeFalsy를 사용한 것을 확인할 수 있다. 또한, not과 toBeTruthy를 사용하여 반환된 값이 참이 아님을 확인했다.

이렇게 파일을 수정하고, 수정한 파일들을 저장하면 Jest가 수정된 테스트 파일을 실행하고 명령 프롬프트에 다음과 같이 테스트가 성공했음을 표시한다.

```
PASS  ./index.test.js
  test index.js file
    √ sums 1 + 2 to equal 3 (1 ms)
    √ makes a person
    √ returns false

Test Suites: 1 passed, 1 total
Tests:       3 passed, 3 total
Snapshots:   0 total
Time:        0.223 s, estimated 1 s
Ran all test suites related to changed files.
```

3) toContain

Jest에서는 배열(Array)에 특정값이 포함되어 있는지를 확인할 때 toContain을 사용한다. Jest의 toContain을 사용하여 배열값을 확인하기 위해 index.js 파일을 열어 다음과 같이 수정한다.

```
...
const range = (start, end) => {
  let result = [];
  for (let i = start; i <= end; i++) {
    result.push(i);
  }
  return result;
};

module.exports = {
  ...
```

```
    range,
}
```

range 함수는 배열에 시작과 끝값을 전달받아서 배열을 만들어 반환하는 함수이다. Jest의 toContain을 사용하여 이 함수를 테스트하기 위해 index.test.js 파일을 열어 다음과 같이 수정한다.

```
const { ..., range } = require('./index');

describe('test index.js file', () => {
  ...
  it('has 2', () => {
    expect(range(1, 3)).toContain(2);
  });
});
```

toContain을 사용해서 1로 시작하여 3으로 끝나는 배열에 2가 포함되어 있는지 확인하는 테스트 코드를 작성하였다.

이렇게 파일을 수정하고, 수정한 파일을 저장하면 다음과 같이 모든 테스트가 성공적으로 실행됨을 확인할 수 있다.

```
PASS   ./index.test.js
  test index.js file
    √ sums 1 + 2 to equal 3 (2 ms)
    √ makes a person (1 ms)
    √ returns false
    √ has 2

Test Suites: 1 passed, 1 total
Tests:       4 passed, 4 total
```

```
Snapshots:      0 total
Time:           0.297 s, estimated 1 s
Ran all test suites related to changed files.
```

4) 기타

이 밖에도 Jest에는 많은 Matcher가 존재한다. 다음 링크에서 Jest에서 사용 가능한 다른 Matcher를 확인할 수 있다. 앞으로 Jest를 사용하여 계속 테스트할 예정이므로 아래 링크를 한 번 방문하여 어떤 Matcher가 존재하는지 확인해 보길 권장한다.

▶ Jest Expect: https://jestjs.io/docs/en/expect

3.6 코드 커버리지

테스트에서 코드 커버리지(Code coverage)란 테스트 대상이 되는 소스 코드 중 테스트 코드를 통해 검증된 코드의 비율을 의미하며, 테스트 수행 결과를 정량적으로 나타내는 수치이다.

코드 커버리지를 통해 테스트 코드가 얼마나 많은 소스 코드를 테스트하고 있는지 나타내는 중요한 지표이다. 이 지표를 통해 우리는 테스트 코드가 작성되지 않은 코드를 확인할 수 있다.

Jest에서는 다음의 명령어를 통해 간단하게 코드 커버리지를 확인할 수 있다.

```
npx jest --coverage
```

우리가 앞서 테스트 코드를 작성한 폴더에서 위 명령어를 실행해 보면 다음과 같은 결과를 얻을 수 있다.

```
PASS   ./index.test.js
```

```
test index.js file
  ✓ sums 1 + 2 to equal 3 (1 ms)
  ✓ makes a person (1 ms)
  ✓ returns false
  ✓ has 2 (1 ms)

----------|---------|----------|---------|---------|-------------------
File      | % Stmts | % Branch | % Funcs | % Lines | Uncovered Line #s
----------|---------|----------|---------|---------|-------------------
All files |   100   |   100    |   100   |   100   |
 index.js |   100   |   100    |   100   |   100   |
----------|---------|----------|---------|---------|-------------------
Test Suites: 1 passed, 1 total
Tests:       4 passed, 4 total
Snapshots:   0 total
Time:        0.93 s, estimated 1 s
```

현재 우리는 index.js 파일의 모든 함수에 관한 테스트 코드를 index.test.js에 작성한 상태이므로 코드 커버리지가 100%인 것을 확인할 수 있다.

실제로 Jest의 코드 커버리지가 잘 동작하는지 확인하기 위해 index.test.js 파일을 열어 다음과 같이 마지막 테스트 코드를 주석 처리한다.

```
// it('has 2', () => {
//   expect(range(1, 3)).toContain(3);
// });
```

그리고 다시 명령 프롬프트에서 Jest 코드 커버리지를 확인하기 위해 다음 명령어를 실행한다.

```
npx jest --coverage
```

이전과는 다르게 다음과 같은 결과를 확인할 수 있다.

```
PASS   ./index.test.js
  test index.js file
    √ sums 1 + 2 to equal 3 (1 ms)
    √ makes a person (1 ms)
    √ returns false

----------|----------|----------|----------|----------|-----------------
File      | % Stmts  | % Branch | % Funcs  | % Lines  | Uncovered Line #s
----------|----------|----------|----------|----------|-----------------
All files |  61.54   |   100    |    75    |  66.67   |
 index.js |  61.54   |   100    |    75    |  66.67   | 17-21
----------|----------|----------|----------|----------|-----------------

Test Suites: 1 passed, 1 total
Tests:       3 passed, 3 total
Snapshots:   0 total
Time:        0.843 s, estimated 1 s
```

우리가 작성한 모든 테스트 코드는 정상적으로 통과하였으나, 이전과 다르게 코드 커버리지가 100%가 아님을 확인할 수 있다. 또한, index.js 파일에 테스트가 실행되지 않은 부분의 라인(17-21)까지 친절하게 표시해 주는 것도 확인할 수 있다.

이렇게 Jest의 코드 커버리지를 통해 우리가 실제로 사용하는 코드에 대한 테스트 코드가 얼마나 많이 작성되어 있는지, 작성되어 있지 않은 부분은 어디인지 한눈에 확인할 수 있다.

3.7 요약

이번 장에서는 자바스크립트 테스트 프레임워크인 Jest에 대해 살펴보았다. Jest는 여기서 소개한 기능 이외에도 많은 기능이 있다. 시간이 있다면 다음 링크를 통해 공식 문서를 확인해 보길 바란다.

▶ Jest: https://jestjs.io/docs/en/getting-started/

이번 장에서는 앞으로 우리가 리액트를 공부하면서 리액트를 테스트할 때 필요한 최소한의 기능만 살펴보았다. 앞으로 예제를 통해 리액트 테스트에 필요한 Jest 기능들도 함께 소개하며 Jest의 기능들을 함께 살펴볼 예정이다.

리액트 테스트 - react-testing-library

4.1 react-testing-library
4.2 react-testing-library의 장점
4.3 프로젝트 준비
4.4 react-testing-library 설치
4.5 사용 방법
4.6 요약

리액트 테스트 - react-testing-library

이번 장에서는 자바스크립트 테스트 프레임워크인 Jest와 함께 리액트를 테스트할 때 자주 사용되는 테스트 라이브러리인 react-testing-library에 대해 알아본다.

아직 리액트를 자세히 공부하지 않은 상태이므로 조금 내용이 어려울 수 있다. 이해가 잘 되지 않더라도 이런 게 있구나 하고 우선 읽고 넘어가자. 앞으로 다룰 예제들을 통해 리액트를 공부하며 더욱 자세히 공부할 예정이므로 지금 당장 이해가 되지 않더라도 너무 걱정하지 말자.

4.1 react-testing-library

Jest는 자바스크립트 테스트 프레임워크로 자바스크립트를 전반적으로 테스트하기 위한 프레임워크이다. 리액트도 자바스크립트이기는 하지만, JSX를 사용하고 있으므로 일반적인 자바스크립트는 아니다. 또한, 리액트의 JSX는 HTML의 DOM을 다루기 때문에 단순한 자바스크립트의 테스트로 정확한 오류를 잡아내기는 어렵다.

리액트뿐만 아니라 최근 프론트엔드(Frontend) 프레임워크, 라이브러리인 앵귤러와 Vue도 자바스크립트에서 DOM을 직접 다루기 때문에 일반적인 자바스크립트 테스트 프레임워크로는 모든 테스트를 수행하기 어렵다.

@testing-library는 이런 문제를 해결하고자 만들어진 DOM 테스팅 라이브러리(DOM Testing Library)이다. @testing-library는 사용자 중심 방식으로 UI 컴포넌트를 테스트하

는 데 도움을 주는 라이브러리이다.

▶ @testing-library 공식 홈페이지: https://testing-library.com/

@testing-library는 리액트 이외에도 앵귤러, Vue, Sevelte 등 UI 컴포넌트를 다루는 최신 라이브러리를 각각 지원하고 있다. 리액트를 지원하는 @testring-library는 react-testing-library로 깃헙에서 소스 코드를 확인할 수 있다.

▶ react-testing-library 깃헙: https://github.com/testing-library/react-testing-library

4.2 react-testing-library의 장점

react-testing-library는 리액트 컴포넌트를 테스트하기 위한 매우 가벼운 솔루션으로, 유지 보수가 가능한 리액트 컴포넌트용 테스트 코드를 작성할 수 있다.

Jest는 자바스크립트 테스트 프레임워크로써 자바스크립트 테스트 코드를 작성하게 해준다. 3장에서 살펴본 바와 같이 자바스크립트 함수가 어떻게 구현되어 있는지 세부 사항을 포함하지 않고 입력과 출력을 통해 테스트하였다.

react-testing-library도 같은 원리로 리액트 컴포넌트용 테스트 코드 작성을 도와준다. 이 말은 즉, 테스트 코드를 작성할 때 컴포넌트 세부 구현 사항을 포함하지 않으면서도 신뢰할 수 있는 테스트 코드 작성에 도움을 준다. 이렇게 컴포넌트의 세부 구현 사항을 포함하지 않은 테스트 코드를 작성하면 컴포넌트의 세부 구현 부분을 리팩토링하여도 테스트 코드를 수정할 필요가 없다. 이로 인해 한번 작성한 테스트 코드는 긴 시간 유지할 수 있으며 오랜 기간 유지 가능한 테스트 코드는 테스트 코드를 자주 수정하지 않아도 되므로 개발 생산성을 향상 시켜준다.

react-testing-library는 react-dom위에서 동작한다. 다른 테스트 프레임워크는 리액트 컴포넌트를 단순히 인스턴스로 처리하지만, react-testing-library는 실제 DOM 노드에서 작동하므로 더 신뢰할 수 있는 테스트를 할 수 있다.

react-testing-library는 사용자 중심의 테스트 유틸리티를 제공한다. 사용자 중심의 테스트 유틸리티란 react-testing-library를 사용하여 DOM을 찾는 기능들이 실제 사용자가 DOM을 사용하는 방식과 유사한 형태로 제공되고 있음을 의미한다. 예를 들어, 텍스트로 폼(Form)의 요소를 찾거나 텍스트에서 링크 및 버튼 등을 찾는 테스트 코드는 마치 사용자가 화면을 보면서 찾는 것과 같은 형태로 테스트 코드를 작성할 수 있도록 돕는다.

react-testing-library는 테스트 실행기 또는 프레임워크가 아니다. 따라서 react-testing-library를 사용하기 위해서는 다른 테스트 프레임워크와 함께 사용해야 한다. react-testing-library의 공식 사이트에서는 함께 사용할 테스트 프레임워크로 Jest를 추천하고 있지만, react-testing-library는 특정 테스트 프레임워크에 종속되어 있지 않았으므로 Jest이외에 다른 테스트 프레임워크에서도 동작한다.

4.3 프로젝트 준비

react-testing-library는 리액트의 컴포넌트를 테스트하기 위한 라이브러리이므로 react-testing-library를 사용하기 위해서는 리액트 프로젝트를 준비할 필요가 있다.

다음 명령어를 실행하여 react-testing-library를 사용할 리액트 프로젝트를 생성하자.

```
npx create-react-app react-testing-library-test
```

4.4 react-testing-library 설치

react-testing-library는 Jest와 마찬가지로 create-react-app으로 생성한 리액트 프로젝트에 기본적으로 같이 설치된다. 우리는 create-react-app을 사용하여 리액트 프로젝트를 생성하였으므로 추가적인 설치 과정을 진행하지 않아도 된다.

만약 create-react-app으로 프로젝트를 생성하지 않는 경우에는 다음의 명령어를 실행하여 react-testing-library를 설치해야 한다.

```
npm install --save-dev @testing-library/react
```

4.5 사용 방법

create-react-app으로 생성한 리액트 프로젝트의 src 폴더를 열어보면 리액트 컴포넌트가 작성된 App.js 파일과 그에 관한 테스트 코드가 작성된 App.test.js 파일을 확인할 수 있다.

우선, 리액트 컴포넌트가 작성된 App.js 파일을 열어 컴포넌트의 내용을 확인해 보자.

```
function App() {
  return (
    <div className="App">
      <header className="App-header">
        <img src={logo} className="App-logo" alt="logo" />
        <p>
          Edit <code>src/App.js</code> and save to reload.
        </p>
        <a
          className="App-link"
          href="https://reactjs.org"
          target="_blank"
          rel="noopener noreferrer"
        >
          Learn React
        </a>
      </header>
    </div>
  );
}
```

이 App 컴포넌트는 이미지(<img />)와 설명문(<p />), 그리고 리액트 공식 사이트로 이동할 수 있는 링크(<a />)를 JSX 문법을 사용하여 화면에 표시하는 단순한 컴포넌트이다.

이제 App.test.js 파일을 열어 이 App 컴포넌트를 테스트하는 테스트 코드를 확인해 보자.

```
import { render, screen } from '@testing-library/react';
import App from './App';

test('renders learn react link', () => {
  render(<App />);
  const linkElement = screen.getByText(/learn react/i);
  expect(linkElement).toBeInTheDocument();
});
```

App.test.js 파일을 보면 @testing-library/react에서 render와 screen을 불러와 테스트에 사용하고 있음을 알 수 있다. 또한, Jest의 test 함수(it 함수와 같은 역할을 하는 함수)를 사용하여 테스트 명세를 작성한 테스트 코드임을 알 수 있다.

테스트 코드를 자세히 살펴보면 우선, @testing-library/react에서 불러온 render 함수는 리액트 컴포넌트를 화면에 표시하기 위함이고, screen은 리액트 컴포넌트가 표시된 화면을 의미한다. 여기서는 이해하기 쉽도록 표시된 화면이라고 표현했지만, 실제로는 화면에 표시되지는 않는다. 여기서 render 함수는 메모리상에 돔을 만들고 screen을 통해 해당 돔에 접근하는 것을 의미한다.

react-testing-library의 render 함수를 사용하여 App이라는 컴포넌트를 렌더링하였다. 이렇게 렌더링된 컴포넌트에서 screen.getByText를 통해 화면에서 'learn react'라는 글자를 가지고 있는 돔 요소(DOM Element)를 찾고 찾은 요소를 Jest의 expect(). toBeInTheDocument()를 사용하여 돔에 표시되어 있는지 확인하였다.

이제 테스트 코드를 실행하기 위해 package.json 파일을 열어 스크립트의 내용을 확인해 본다.

```
"scripts": {
  "start": "react-scripts start",
  "build": "react-scripts build",
  "test": "react-scripts test",
  "eject": "react-scripts eject"
},
```

create-react-app에서는 이미 test 스크립트를 기본적으로 지원하고 있음을 확인할 수 있다. 다음의 명령어를 실행하여 Jest 테스트를 실행해 본다.

```
npm run test
```

명령어를 실행하면 Jest가 App.test.js 파일의 테스트 코드를 실행하여 테스트를 수행하고 다음과 같은 결과를 표시하는 것을 확인할 수 있다.

```
PASS  src/App.test.js
  √ renders learn react link (23 ms)

Test Suites: 1 passed, 1 total
Tests:       1 passed, 1 total
Snapshots:   0 total
Time:        2.273 s
Ran all test suites related to changed files.
```

이것으로, create-react-app으로 생성한 리액트 프로젝트에 자동으로 생성된 컴포넌트와 테스트에 대해 알아보고 해당 테스트 코드를 실행하는 방법에 대해서 알아보았다.

이제 App.test.js 파일의 테스트 코드를 수정하여 react-testing-library의 사용법을 익혀보도록 하자. App 컴포넌트는 이미지와 설명문도 표시하고 있으므로 해당 이미지와 설명문이 잘 표시되었는지 확인하는 테스트 코드를 추가해 보도록 하겠다.

우선, 이미지와 설명문을 잘 표시하는지 확인하기 전에 테스트의 명세를 다음과 같이 수정한다.

```
describe('<App />', () => {
  it('renders component correctly', () => {
    render(<App />);
    const linkElement = screen.getByText(/learn react/i);
    expect(linkElement).toBeInTheDocument();
  });
});
```

3장에서 배운 Jest의 내용을 복습하기 위해 Jest의 describe 함수와 it 함수를 사용하였다. 또한, 테스트 명세 안에 링크 이외에 다른 항목도 테스트할 예정이므로 테스트 명세의 설명문을 알기 쉽게 수정하였다.

이미지가 잘 표시되는지 확인하기 위해 다음과 같이 테스트 코드를 수정한다.

```
describe('<App />', () => {
  it('renders component correctly', () => {
    const { container } = render(<App />);
    ...
    expect(container.getElementsByClassName('App-logo')).toHaveLength(1);
    expect(container.getElementsByClassName('App-logo')[0]).toHaveAttribute(
        'src',
        'logo.svg'
    );
  });
});
```

react-testing-library의 render 함수는 유용한 오브젝트들을 반환하는데 그중 하나인 container를 받아서 사용하였다. container는 리액트 컴포넌트에서 화면에 표시되는 부분을 담고 있는 오브젝트이다. 이 container를 사용하여 getElementsByClassName 함수로 화면에 표시되고 있는 <img />를 클래스명으로 찾아가져 왔으며 가져온 HTML 요소 한 개가 존재하는지를 toHaveLength 함수로 체크하였다.

또한, getElementsByClassName 함수를 통해 우리가 찾고자 하는 이미지가 존재하는지 확인하였고 해당 이미지가 실제로 우리가 원하는 이미지를 표시하고 있는지 toHaveAttribute 함수를 사용하여 <img /> 태그의 src를 가져와 비교하였다.

현재 npm run test로 Jest의 테스트가 계속 실행 중이므로 이렇게 App.test.js 파일을 수정한 후 저장하면 명령 프롬프트에 다음과 같은 결과가 표시되는 것을 확인할 수 있다.

```
PASS  src/App.test.js
  <App />
    ✓ renders component correctly (31 ms)
```

이제 화면에 설명문(<p />)이 잘 표시되는지 확인해 보자. 화면에 설명문이 잘 표시되는지 확인하기 위해 테스트 명세를 다음과 같이 수정한다.

```
describe('<App />', () => {
  it('renders component correctly', () => {
    const { container } = render(<App />);
    …
    expect(container.getElementsByTagName('p')).toHaveLength(1);
    expect(container.getElementsByTagName('p')[0]).
toHaveTextContent(
        'Edit src/App.js and save to reload.'
    );
  });
});
```

이번에는 container 오브젝트에서 getElementsByTagName 함수를 사용하여 <p> 태그를 찾고 해당 태그가 한 개 존재하고 있음을 toHaveLength 함수를 통해 테스트하였다. 또한, 해당 <p> 태그가 우리가 화면에 표시되길 원하는 문자열(Edit src/App.js and save to reload.)을 잘 표시하고 있는지 toHaveTextContent 함수를 사용하여 테스트하였다.

이렇게 수정한 후 저장하면 역시 다음과 같이 모든 테스트가 성공한 화면을 명령 프롬프트에서 확인할 수 있다.

```
PASS  src/App.test.js
  <App />
    √ renders component correctly (31 ms)
```

이제 App 컴포넌트의 모든 요소가 화면에 잘 표시되는 것을 테스트 코드를 통해 확인하였다. 마지막으로, 화면에 표시되는 내용이 변경되었는지 알기 위해 스냅샷 테스트를 추가한다.

```
describe('<App />', () => {
  it('renders component correctly', () => {
    const { container } = render(<App />);
    …
    expect(container).toMatchSnapshot();
  });
});
```

이렇게 파일을 수정하여 스냅샷 테스트를 추가한 후 저장하면 이전과는 다르게 다음과 같은 화면을 명령 프롬프트에서 확인할 수 있다.

```
PASS  src/App.test.js
  <App />
    √ renders component correctly (31 ms)

› 1 snapshot written.
```

```
Snapshot Summary
 › 1 snapshot written from 1 test suite.
```

또한, src/__snapshots__/App.test.js.snap이라는 파일이 생성된 것을 확인할 수 있다. 파일을 열어 내용을 확인해 보면 App 컴포넌트가 화면에 렌더링될 때 표시되는 HTML 내용이 저장된 것을 확인할 수 있다.

```
exports[`<App /> renders component correctly 1`] = `
<div>
  <div
    class="App"
  >
    <header
      class="App-header"
    >
      <img
        alt="logo"
        class="App-logo"
        src="logo.svg"
      />
      <p>
        Edit
        <code>
          src/App.js
        </code>
         and save to reload.
      </p>
      <a
        class="App-link"
        href="https://reactjs.org"
        rel="noopener noreferrer"
```

```
          target="_blank"
        >
          Learn React
        </a>
      </header>
    </div>
  </div>
`;
```

이렇게 저장된 스냅샷은 App 컴포넌트가 수정되어 화면에 표시되는 HTML 구조가 변경되면 에러를 표시하게 된다. 이렇게 스냅샷은 화면에 표시되는 컴포넌트가 변경되었는지 감지하기 위한 테스트로 많이 사용된다.

스냅샷 테스트가 제대로 동작하는지 확인하기 위해 App.js 파일을 열어 다음과 같이 수정한다.

```
function App() {
  return (
    ...
        </p>
        test
        <a
    ....
  );
}
```

위와 같이 App.js 파일을 수정한 후 저장하면 명령 프롬프트에 [그림 4-1]과 같이 테스트 코드가 실패하는 것을 확인할 수 있다.

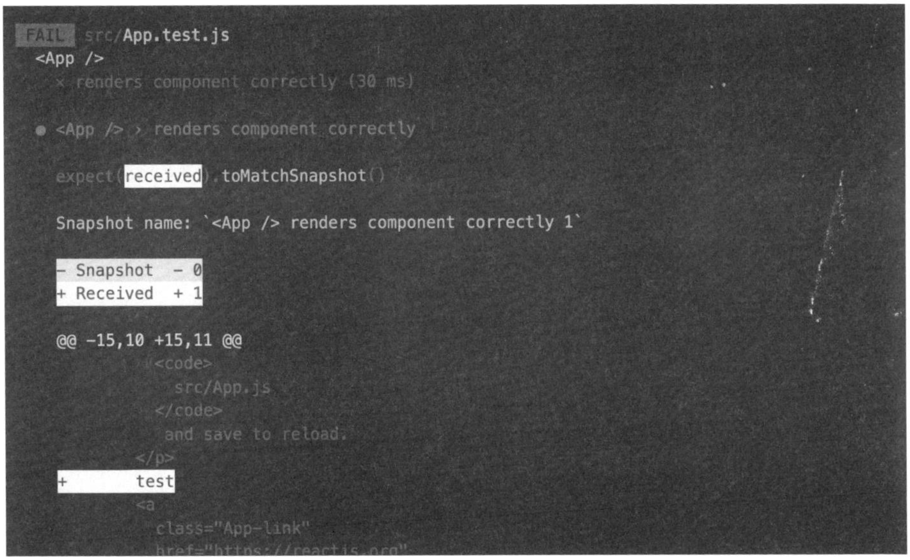

[그림 4-1] 스냅샷 테스트 결과

이런 스냅샷 테스트는 우리가 리액트 컴포넌트를 수정하였을 때 수정한 내용이 의도치 않게 화면 표시를 변경하는 실수를 알 수 있게 해준다.

만약 컴포넌트를 수정하여 화면 표시가 변경된 것이 의도된 수정이었다면 스냅샷 테스트로 저장된 파일을 업데이트해 주어야 한다. 명령 프롬프트에 [그림4-1]과 같은 에러가 표시된 상태에서 키보드의 'u' 키를 누르면 스냅샷으로 생성된 파일이 업데이트된다. 그러면 새롭게 업데이트된 스냅샷 파일이 다시 기준이 되어 변경을 감지하고 에러를 표시하게 된다.

4.6 요약

이번 장에서는 react-testing-library가 무엇인지 어떻게 설치하는지 살펴보았다. 또한, react-testing-library의 사용법을 익히기 위해 create-react-app으로 생성한 리액트 프로젝트에서 react-testing-library를 사용하여 테스트 코드를 작성해 보았다.

react-testing-library의 사용법은 다양하다. 여기서 설명한 사용 방법 이외에도 다른 방법으로 같은 결과를 내는 테스트 명세를 작성할 수 있다. 어떤 방법이 정답이라고 말하기가 어렵다. 그러므로 책에서 소개한 방법 말고도 여러 방법으로 같은 테스트 코드를 작성해보고 자신이 사용하기 편한 방법으로 테스트해보기를 바란다.

아직 리액트를 잘 모르는 분들은 조금 어려운 내용이었을 것이다. 그러나 너무 걱정할 필요는 없다. 앞으로 예제를 통해 리액트의 개념을 배움과 동시에 테스트 코드도 작성할 예정이다. 이를 통해 리액트의 개념을 잡아가며 테스트 코드도 연습하면 충분히 이해할 수 있을 것이다.

# 05

나의 첫 리액트 프로젝트

5.1 타입스크립트
5.2 styled-components
5.3 절대 경로로 컴포넌트 추가
5.4 Prettier
5.5 요약

나의 첫 리액트 프로젝트

지금까지 리액트 프로젝트를 개발하기 위한 개발 환경 구성부터 프로젝트 생성을 위한 create-react-app 설치 및 사용법, 테스트 코드 작성 등 리액트 프로젝트를 진행하기 위한 준비를 하였다.

이번 장에서는 리액트 프로젝트를 생성해 보고 실전에서 자주 사용되는 라이브러리인 타입스크립트(Typescript)와 styled-components를 설치하고 사용하는 방법에 대해 알아본다.

여기서 설명하는 소스 코드는 아래의 깃헙 링크를 통해 확인할 수 있다. 소스 코드를 직접 타이핑하면서 공부하는 걸 추천하지만, 아래의 링크를 통해 소스 코드를 다운로드할 수 있다.

▶ 소스 코드 깃헙: https://github.com/bjpublic/reactdd/ch5.first-react-app

5.1 타입스크립트

리액트는 자바스크립트이며, 자바스크립트는 동적 프로그래밍 언어(Dynamic Programming Language)이다. 동적 프로그래밍 언어는 런타임 시 변수의 타입이 결정된다. 이렇게 런타임 중 변수의 타입이 결정되면 변수의 타입 때문에 발생하는 버그와 에러는 자바스크립트를 실행해 보지 않으면 알 수가 없다. 리액트에서는 이런 문제를 해결하고자 플로우(Flow)라는 정적 타입 분석기를 사용할 수 있다.

플로우는 페이스북에서 만든 정적 타입 분석기로써 리액트, 리액트 네이티브에서 변수의 타입을 미리 지정하여 변수의 타입으로 발생하는 문제를 해결하고 있다.

하지만 이 책에서는 정적 타입 분석기로 마이크로소프트(Microsoft)의 타입스크립트를 사용하려고 한다. 타입스크립트를 설명하기 위해 책 한 권은 필요하지만, 이 책에서는 타입스크립트를 타입 체크에 사용하여 간단하게 타입스크립트를 도입하고자 한다. 타입스크립트에 대해 더 자세히 공부하고 싶다면 타입스크립트의 공식 사이트를 참고하기 바란다.

▶ 타입스크립트: https://www.typescriptlang.org/

이 책에서 플로우보다 타입스크립트를 권장하는 이유는 타입스크립트는 자바스크립트 전반에 걸쳐 사용할 수 있기 때문이다. 따라서 플로우보다 좀 더 범용적으로 사용할 수 있다. 또한, 많은 자바스크립트 라이브러리에서 이미 타입스크립트의 타입 정의 파일(DefinitelyTyped)을 제공하고 있다. 우리는 타입 정의 파일을 통해 라이브러리를 사용하기 위한 올바른 데이터 타입, 매개변수를 쉽게 확인할 수 있다.

마지막으로, 텍스트 에디터에서의 지원이 좋다. 특히 마이크로소프트가 만든 VSCode 에디터는 기본적으로 타입스크립트를 지원하고 있으며, 이는 개발 생산성에 크게 도움이 된다. 물론 아톰, WebStorm, Sublime Text 등 많은 에디터에서도 사용할 수 있다. 타입스크립트의 공식 사이트를 확인하여 자신의 에디터에 맞는 방법으로 에디터를 설정하길 바란다.

▶ 타입스크립트 에디터: https://github.com/Microsoft/TypeScript/wiki/TypeScript-Editor-Support

이제 create-react-app으로 생성한 리액트 프로젝트에 타입스크립트를 적용하기 위해 리액트 프로젝트를 준비해 보자.

다음 create-react-app의 명령어를 실행하여 리액트 프로젝트를 생성한다.

```
npx create-react-app my-app
```

create-react-app으로 생성한 리액트 프로젝트에 타입스크립트를 적용하기 위해서는 타입스크립트 라이브러리와 리액트의 타입이 정의된 타입 정의 파일을 설치할 필요가 있다. 다음 명령어를 사용하여 타입스크립트와 타입 정의 파일을 설치한다.

```
# cd my-app
npm install --save-dev typescript @types/node @types/react @types/
react-dom @types/jest
```

여기서 설치한 라이브러리와 타입 정의 파일은 다음과 같다.

- typescript: 타입스크립트 라이브러리
- @types/node: 노드의 타입이 정의된 타입 정의 파일
- @types/react: 리액트의 타입이 정의된 타입 정의 파일
- @types/react-dom: react-dom의 타입이 정의된 타입 정의 파일
- @types/jest: Jest의 타입이 정의된 타입 정의 파일

이제 프로젝트에 타입스크립트를 설정하기 위해 tsconfig.json 파일을 프로젝트 루트 폴더(./my-app/tsconfig.json)에 만들고 다음 내용을 추가한다.

```
{
  "compilerOptions": {
    "target": "es5",
    "lib": [
      "dom",
      "dom.iterable",
      "esnext"
    ],
    "allowJs": true,
    "skipLibCheck": true,
    "esModuleInterop": true,
    "allowSyntheticDefaultImports": true,
    "strict": true,
    "forceConsistentCasingInFileNames": true,
    "noFallthroughCasesInSwitch": true,
    "module": "esnext",
```

```
    "moduleResolution": "node",
    "resolveJsonModule": true,
    "isolatedModules": true,
    "noEmit": true,
    "jsx": "react-jsx"
  },
  "include": [
    "src",
    "custom.d.ts"
  ]
}
```

이렇게 타입스크립트 설정을 끝냈다면 자바스크립트 파일들을 타입스크립트 파일로 변경해야 한다.

▶ ./src/App.js 파일을 ./src/App.tsx 로 변경

▶ ./src/App.test.js 파일을 ./src/App.test.tsx 로 변경

▶ ./src/index.js 파일을 ./src/index.tsx 로 변경

▶ ./src/reportWebVitals.js 파일을 ./src/reportWebVitals.ts 로 변경

▶ ./src/setupTests.js 파일을 ./src/setupTests.ts 로 변경

여기서 .tsx 파일은 Typescript JSX 파일을 의미하며 .ts 파일은 Typescript JavaScript 파일을 의미한다. 이렇게 타입스크립트를 사용함을 알리기 위해서는 위와 같이 파일 확장자 명을 변경해야 한다.

다음으로는 타입스크립트를 사용하여 자바스크립트 코드를 타입스크립트에 맞게 변경해야 한다. 우선 App.tsx 파일과 App.test.tsx 파일 상단에 다음과 같이 추가한다.

```
import React from 'react';
```

그리고 reportWebVitals.ts 파일을 열어 다음과 같이 수정한다.

```
import { ReportHandler } from 'web-vitals';
```

```
const reportWebVitals = (onPerfEntry?: ReportHandler) => {
...
```

마지막으로 타입스크립트 파일에서 svg 파일을 타입스크립트에서 불러올 수 있게 하도록 ./src/custom.d.ts 파일을 생성하고 다음과 같이 수정한다. 여기서 생성하는 d.ts 파일은 타입 정의 파일로 타입스크립트가 인식하지 못하는 타입이나 타입스크립트 내에서 사용할 타입들을 정의할 때 사용한다.

```
declare module '*.svg' {
  import * as React from 'react';

  export const ReactComponent: React.FunctionComponent<React.SVGProps<
    SVGSVGElement
  > & { title?: string }>;

  const src: string;
  export default src;
}
```

이렇게 모든 설정이 끝났다면 App.test.tsx 파일을 열어 4장에서 작성한 테스트 코드를 다음과 같이 복사하여 붙여넣는다.

```
import React from 'react';
```

```
import { render, screen } from '@testing-library/react';
import App from './App';

describe('<App />', () => {
  it('renders component correctly', () => {
    const { container } = render(<App />);

    const linkElement = screen.getByText(/learn react/i);
    expect(linkElement).toBeInTheDocument();

    expect(container.getElementsByClassName('App-logo')).toHaveLength(1);
    expect(container.getElementsByClassName('App-logo')[0]).toHaveAttribute(
        'src',
        'logo.svg'
    );

    expect(container.getElementsByTagName('p')).toHaveLength(1);
    expect(container.getElementsByTagName('p')[0]).toHaveTextContent(
        'Edit src/App.js and save to reload.'
    );

    expect(container).toMatchSnapshot();
  });
});
```

그리고 다음 명령어를 실행하여 4장에서 만든 테스트 코드를 실행해 본다.

```
npm run test
```

앞의 명령어를 실행하여 테스트 코드가 실행되면 다음과 같이 모든 테스트가 성공한 화면을 확인할 수 있다.

```
PASS  src/App.test.tsx
  √ renders learn react link (28 ms)


Test Suites: 1 passed, 1 total
Tests:       1 passed, 1 total
Snapshots:   0 total
Time:        1.404 s
```

이 테스트로 우리는 리액트 컴포넌트를 자바스크립트에서 타입스크립트로 리팩토링했음에도 아무 문제 없이 우리가 표시하고자 하는 화면이 잘 표시되었음을 알 수 있다. 이렇게 테스트 코드는 우리가 안심하고 코드 변경할 수 있게 도와준다.

그러면 명령 프롬프트에 현재 실행 중인 명령어를 중지시키고 다음 명령어를 실행하여 실제로 리액트 프로젝트가 잘 실행되는지 확인해 보자.

```
npm start
```

위의 명령어가 문제없이 실행되었다면 웹 브라우저에 localhost:3000으로 페이지가 자동으로 열리면서 [그림 5-1]과 같은 화면을 확인할 수 있다.

[그림 5-1] create-react-app 리액트 프로젝트 실행 결과

이것으로, create-react-app을 사용하여 생성한 리액트 프로젝트에 타입스크립트를 설정하는 방법에 대해 알아보았다. 하지만 너무 복잡하다. 2장에서 create-react-app을 설명할 때 특별한 설정 없이 리액트 프로젝트를 만들 수 있어 리액트에 집중할 수 있는 방법이라고 소개하였지만, 이와 같은 방법으로 타입스크립트를 추가하면 해당 장점이 없어지게 된다.

이런 점을 너무도 잘 알기에 create-react-app은 template이라는 옵션을 제공하고 있다. 다음 명령어를 사용하여 새로운 리액트 프로젝트를 생성해 보자.

```
npx create-react-app my-app-typescript --template=typescript
```

위의 명령어로 생성된 프로젝트를 확인해 보면 우리가 앞에서 template 옵션 없이 생성한 리액트 프로젝트에 타입스크립트를 적용한 것과 같은 것을 알 수 있다. 이렇게 우리는 create-react-app의. template 옵션으로 타입스크립트가 적용된 리액트 프로젝트를 간단하게 생성할 수 있다.

이제 create-react-app의 template 옵션을 사용한 리액트 프로젝트가 정말로 앞에서 만든 리액트 프로젝트와 같은지 확인하기 위해 App.test.tsx 파일을 열어 4장에서 작성한 테스트 코드를 복사하여 붙여넣는다.

```js
import React from 'react';
import { render, screen } from '@testing-library/react';
import App from './App';

describe('<App />', () => {
  it('renders component correctly', () => {
    const { container } = render(<App />);

    const linkElement = screen.getByText(/learn react/i);
    expect(linkElement).toBeInTheDocument();

    expect(container.getElementsByClassName('App-logo')).toHaveLength(1);
    expect(container.getElementsByClassName('App-logo')[0]).toHaveAttribute(
      'src',
      'logo.svg'
    );

    expect(container.getElementsByTagName('p')).toHaveLength(1);
    expect(container.getElementsByTagName('p')[0]).toHaveTextContent(
      'Edit src/App.js and save to reload.'
    );

    expect(container).toMatchSnapshot();
  });
});
```

그리고 해당 테스트 코드를 실행하기 위해 create-react-app의 테스트 스크립트를 다음 명령어로 실행한다.

```
# cd my-app-typescript
npm run test
```

이렇게 4장에서 만든 테스트 코드를 실행하면 이번에는 앞에서와는 다르게 다음과 같이 테스트가 실패하고 에러를 표시하는 것을 확인할 수 있다.

```
FAIL  src/App.test.tsx
  <App />
    ✕ renders component correctly (39 ms)

  ● <App /> › renders component correctly

    expect(element).toHaveTextContent()

    Expected element to have text content:
      Edit src/App.js and save to reload.
    Received:
      Edit src/App.tsx and save to reload.

      17 |
      18 |       expect(container.getElementsByTagName('p')).toHaveLength(1);
    > 19 |       expect(container.getElementsByTagName('p')[0]).toHaveTextContent(
         |                                                                      ^
      20 |         'Edit src/App.js and save to reload.'
      21 |       );
      22 |
```

```
       at Object.<anonymous> (src/App.test.tsx:19:52)


Test Suites: 1 failed, 1 total
Tests:       1 failed, 1 total
Snapshots:   0 total
Time:        1.395 s, estimated 2 s
```

명령 프롬프트에 표시된 에러 내용을 자세히 확인해 보면 <p /> 태그의 설명문에서 에러가 난 것을 확인할 수 있다. 따라서 App.tsx 파일을 열어 <p /> 태그의 설명문 부분을 확인해 보면 설명문 내용이 src/App.js가 아닌 src/App.tsx로 표시된 것을 확인할 수 있다.

다시 해당 테스트 코드를 통과하기 위해 App.test.tsx 파일을 열어 다음과 같이 수정한다.

```
...
expect(container.getElementsByTagName('p')[0]).toHaveTextContent(
  'Edit src/App.tsx and save to reload.'
);
...
```

위와 같이 수정하고 App.test.tsx 파일을 저장하면 명령 프롬프트에 이전과는 다르게 다음과 같이 모든 테스트가 통과한 것을 확인할 수 있다.

```
PASS  src/App.test.tsx
  ✓ renders learn react link (27 ms)


Test Suites: 1 passed, 1 total
Tests:       1 passed, 1 total
Snapshots:   0 total
Time:        1.943 s
```

테스트가 모두 통과하였으니 실제 프로젝트를 실행하여 문제가 없는지 확인해 보자. 현재 실행 중인 명령어를 중지하고 다음 명령어를 실행하여 create-react-app의 template 옵션을 사용하여 생성한 리액트 프로젝트를 실행해 보자.

```
npm start
```

리액트 프로젝트가 성공적으로 실행되었다면 [그림 5-2]와 같이 웹 브라우저에 localhost:3000으로 페이지가 자동으로 열리는 것을 확인할 수 있다.

[그림 5-2] template 옵션으로 생성한 리액트 프로젝트 실행 결과

테스트 코드를 통해 발견했듯이 이전과는 다르게 설명문이 src/App.tsx으로 표시되는 것을 확인할 수 있다. 이렇게 테스트 코드는 우리가 의식하지 못하는 문제들을 찾아주는 장점이 있다.

5.2 styled-components

리액트는 웹 애플리케이션 개발에 사용하는 라이브러리이다. 그러므로 스타일링에는 물론 웹 개발과 동일한 CSS(Cascading Style Sheets)를 사용할 수 있다.

우선 리액트에서 스타일링을 사용하는 방법을 이해하기 위해 다음의 명령어를 사용하여 타입스크립트로 새로운 리액트 프로젝트를 생성해 보자.

```
npx create-react-app my-app-style --template=typescript
```

우리는 2장에서 간단하게 리액트 프로젝트의 폴더와 파일 구조를 확인하였다. 리액트도 웹 서비스이므로 기본적으로 HTML 파일이 필요하고 public/index.html 파일이 이 역할을 한다고 설명하였다.

그러므로 보통의 웹 페이지처럼 CSS 파일을 생성하고 〈link /〉 태그를 추가하여 웹 서비스의 스타일링을 할 수 있다. 그렇다면 ./public/temp.css 파일을 생성하고 다음과 같이 수정한다.

```
.App-header {
  background-color: red !important;
}
```

우리가 만든 CSS가 제대로 적용되는지 확인하기 위해 .App-header 클래스의 배경에 강제적(import)으로 빨간색을 표시하도록 하였다. 그리고 ./public/index.html 파일을 열어 다음과 같이 수정한다.

```
...
<link rel="stylesheet" href="%PUBLIC_URL%/temp.css" />
<title>React App</title>
...
```

보통의 웹 서비스처럼 〈link /〉 태그를 사용하여 우리가 만든 temp.css 파일을 추가하였다. create-react-app으로 만든 프로젝트의 public 폴더는 위와 같이 %PUBLIC_URL%을 사용하여 지정한다. 이렇게 추가했다면 실제로 우리가 만든 CSS가 제대로 적용되는지 확인하기 위해 다음 명령어를 실행하여 리액트 프로젝트를 실행한다.

```
npm start
```

리액트 프로젝트가 문제없이 실행되면 localhost:3000으로 웹 페이지가 자동으로 열리는 것을 확인할 수 있다. 우리는 App-header의 배경색을 빨간색으로 변경하였기 때문에 이전 프로젝트들과 다르게 빨간색 배경으로 프로젝트가 실행되는 것을 확인할 수 있다. 이렇게 보통의 웹 페이지처럼 CSS를 추가하여 웹 서비스의 스타일링을 할 수 있다.

하지만 리액트는 보통의 웹 서비스 개발과는 다르게 컴포넌트 중심으로 개발한다. 그러므로 이렇게 모든 CSS를 한 곳에서 관리하게 되면 어떤 컴포넌트에서 어떤 스타일을 활용하는지 쉽게 알 수 없다. 그래서 리액트에서는 CSS 파일을 리액트 컴포넌트 파일에서 import 하는 방식으로 스타일도 컴포넌트 중심으로 설계할 수 있도록 하고 있다.

우리가 create-react-app 명령어로 생성한 프로젝트의 리액트 컴포넌트인 ./src/App.tsx 파일을 열어보면 다음과 같이 CSS 파일을 import하는 것을 확인할 수 있다.

```
...
import './App.css';
...
```

리액트는 위와 같이 JSX 파일에서 직접 CSS를 import하는 것으로 해당 리액트 컴포넌트가 어떤 스타일을 사용하는지 알 수 있도록 하고 있다. 해당 스타일 파일이 적용되고 있는지 확인하기 위해 ./src/App.css 파일을 열어 다음과 같이 배경 색상을 강제적으로 되돌리도록 수정한다.

```
...
.App-header {
  background-color: #282c34 !important;
  ...
}
```

이제 웹 브라우저를 다시 확인해 보면 빨간 배경이었던 화면이 다시 원래 색상으로 되돌아간 것을 확인할 수 있다. 이렇게 리액트에서는 HTML에 〈link /〉 태그를 통해 CSS를 사용할 수도 있고, 컴포넌트에서 CSS를 import해서 사용할 수도 있다.

보통 리액트는 컴포넌트를 기반으로 개발하게 되며 컴포넌트별로 CSS를 갖는 형식으로 스타일을 관리하게 된다. 하지만 모든 CSS를 한 곳에서 관리하지 않다 보면 CSS의 클래스 명이 중복되어 잘못된 스타일이 적용될 수 있다. 만약 한 곳에서 모든 스타일을 관리하다 보면 어떤 스타일이 컴포넌트에 적용되고 있는지 한눈에 알 수 없다.

이런 문제를 해결하고자 styled-components 라이브러리가 탄생했으며, 리액트에서 이 styled-components를 사용하여 스타일을 적용할 수 있다. 리액트에서 styled-components를 사용하여 스타일링을 하게 되면 다음과 같은 장점을 얻게 된다.

▶ 클래스 이름 버그 해결: 보통 CSS에 클래스 이름을 생성하고 스타일을 작성한 다음 해당 이름을 HTML 태그에 적용함으로써 스타일을 적용한다. 하지만 이런 방식은 클래스명의 중복, 겹침 또는 철자 오류가 발생할 수 있다. styled-components는 스타일을 컴포넌트에 직접 적용함으로써 이런 문제를 해결하고 있다.

▶ 더 쉬운 CSS 관리: 일반적인 방식으로 스타일을 적용하면 해당 스타일의 클래스가 코드의 어디에서 사용되는지 쉽게 알 수 없다. styled-components는 모든 스타일이 특정 컴포넌트에 연결되기 때문에 더 명확히 사용되는 스타일을 알 수 있다. 또한, styled-components는 모든 스타일이 특정 컴포넌트에 연결되어있기 때문에 사용되지 않은 불필요한 스타일을 쉽게 제거할 수 있다.

▶ 간단한 동적 스타일 적용: 동적인 스타일을 관리하기 위해 여러 클래스를 만들 필요가 없으며 컴포넌트의 상태에 따라 쉽고 직관적으로 동적 스타일을 적용할 수 있다.

▶ CSS 자동 구성: styled-components는 페이지에 렌더링되는 컴포넌트를 추적하여 해당 스타일을 완전히 자동으로 추가한다. 또한, 코드 분할(Code splitting)과 결합하여 사용자가 필요한 최소한의 코드를 자동으로 추가한다.

실무에서도 이런 장점 때문에 styled-components를 많이 사용하며 이 책에서도 앞으로 styled-components를 사용하여 스타일링을 할 예정이다. 처음에는 styled-components를 사용하면 이런 장점이 잘 체감되지 않지만, 자주 사용하다 보면 앞에서 소개한 장점들이 점차 이해될 것이다.

styled-componets를 사용하기 위해 다음 명령어를 실행하여 앞에서 만든 리액트 프로젝트에 styled-components를 설치한다.

```
# cd my-app-style
npm install --save styled-components
npm install --save-dev @types/styled-components jest-styled-components
```

설치가 완료되었다면 styled-components를 사용하여 현재 페이지를 리펙토링해 보자. 일단 styled-components를 사용하기 위해 App.tsx 파일을 열어 다음과 같이 라이브러리를 import 한다.

```
...
import './App.css';
import Styled from 'styled-components';
...
```

그리고 styled-components를 사용하여 .App 클래스를 대체할 새로운 컴포넌트를 생성하기 위해 App.tsx 파일에 다음과 같은 코드를 추가한다.

```
...
import Styled from 'styled-components';

const Container = Styled.div`
`;
...
```

styled-components를 사용하여 리액트 컴포넌트를 생성하기 위해서는 Styled.[HTML 태그] 형식과 자바스크립트의 템플릿 리터럴(Template literals, `)을 사용한다. 이 템플릿 리터럴 기호 안에 다음과 같이 스타일을 작성함으로써 컴포넌트의 스타일링을 하게 된다.

```
...
const Container = Styled.img`
  text-align: center;
`;
...
```

추가한 스타일은 App.css 파일의 .App 클래스명 스타일 내용을 복사/붙여넣기 한 것이다.

```
.App {
  text-align: center;
}
...
```

이제 styled-components로 생성한 리액트 컴포넌트를 사용하기 위해 .App 클래스를 사용하는 부분을 찾아 다음과 같이 수정한다.

```
...
function App() {
  return (
    // <div className="App">
    <Container>
      ...
    </Container>
    // </div>
  );
}
...
```

기존에 있던 <div /> 태그 부분은 삭제해도 되지만, 비교하기 쉽게 하려고 주석 처리하였다. 우리가 만든 styled-components를 사용하기 위해 <div /> 태그의 CSS 클래스 명을 제거하고 <div /> 태그 대신 우리가 styled-components로 만든 <Container /> 컴포넌트를 사용하였다. 참고로 리액트에서는 HTML 태그에 class대신 className을 사용하여 클래스를 지정한다.

이렇게 App.tsx 파일을 수정하고 저장한 후 브라우저를 확인하면 처음 화면과 아무 변화가 없음을 확인할 수 있다. 즉, 우리가 styled-components를 사용하여 만든 리액트 컴포넌트가 이전의 CSS 방식의 스타일링을 잘 대체 했음을 알 수 있다.

이제 <header /> 태그를 styled-components로 변경해 보자. <header /> 태그를 styled-components로 변경하기 위해 App.tsx 파일을 다음과 같이 수정한다.

```
...
const Container = Styled.div`
  text-align: center;
`;

const Header = Styled.header`
  background-color: #282c34 !important;
  min-height: 100vh;
  display: flex;
  flex-direction: column;
  align-items: center;
  justify-content: center;
  font-size: calc(10px + 2vmin);
  color: white;
`;
...
```

앞에서 우리가 styled-components로 만든 Container 컴포넌트와 마찬가지로 Styled.

[HTML 태그]와 템플릿 리터럴을 사용하여 Header 컴포넌트를 정의하였다. 또한, App. css 파일을 열어 아래와 같이 .App-header 클래스 스타일의 내용을 찾아 복사/붙여넣기 하였다.

```css
...
.App-header {
  background-color: #282c34 !important;
  min-height: 100vh;
  display: flex;
  flex-direction: column;
  align-items: center;
  justify-content: center;
  font-size: calc(10px + 2vmin);
  color: white;
}
...
```

이제 이렇게 생성한 styled-components의 컴포넌트를 실제로 사용하기 위해 App.tsx 파일을 다음과 같이 수정한다.

```tsx
...
function App() {
  return (
    <Container>
      {/* <header className="App-header"> */}
      <Header>
        ...
      </Header>
      {/* </header> */}
    </Container>
  );
```

```
  }
  ...
```

역시 비교하기 쉽게 하려고 <header /> 태그를 삭제하지 않고 주석 처리하였다. 그리고 우리가 styled-components로 만든 Header 컴포넌트를 <header /> 태그 대신 사용하였다. 이렇게 우리가 styled-components로 만든 컴포넌트가 잘 적용되었는지 확인하기 위해 App.tsx 파일을 수정하고 저장한 후 브라우저를 확인해 보면 여전히 같은 화면이 잘 표시되는 것을 확인할 수 있다.

이제 애니메이션이 포함되어 조금 복잡한 .App-logo 클래스를 styled-components로 변경해 보자. .App-logo 클래스를 styled-components로 변경하기 위해 App.tsx 파일을 열어 다음과 같이 수정한다.

```
...
const AppLogo = Styled.img`
  height: 40vmin;
  pointer-events: none;
`;
...
```

해당 스타일 역시 다음과 같이 App.css 파일의 .App-logo 클래스명의 스타일을 복사/붙여넣기 한 것이다.

```
.App-logo {
  height: 40vmin;
  pointer-events: none;
}
```

그리고 다음과 같이 App.tsx 파일에서 실제 App-logo 클래스를 사용하는 부분을 찾아 다음과 같이 수정한다.

```
{/* <img src={logo} className="App-logo" alt="logo" /> */}
<AppLogo src={logo} alt="logo" />
```

\<img /\> 태그 부분은 삭제해도 되지만 비교하기 쉽게 하려고 주석 처리하였다. className을 사용하여 CSS의 클래스 명을 사용하는 부분을 제거하고 \<img /\> 태그 대신 우리가 styled-components로 만든 AppLogo 컴포넌트를 사용하였다.

이렇게 수정하고 저장한 후 웹 브라우저를 확인하면 스타일이 잘 적용된 것을 확인할 수 있다. 하지만 아직 회전 애니메이션을 추가하지 않았기 때문에 로고가 회전하지는 않는다.

이제 우리가 styled-components을 사용하여 만든 컴포넌트에 회전 애니메이션을 추가하기 위해 App.tsx 파일을 열어 다음과 같이 회전 애니메이션을 추가한다.

```
...
const AppLogo = Styled.img`
  height: 40vmin;
  pointer-events: none;

  @media (prefers-reduced-motion: no-preference) {
    animation: App-logo-spin infinite 20s linear;
  }

  @keyframes App-logo-spin {
    from {
      transform: rotate(0deg);
    }
    to {
      transform: rotate(360deg);
    }
  }
`;
```

```
...
```

이 역시 App.css 파일의 내용을 복사하여 붙여넣은 것이다. 다만, 차이가 있다면 CSS에서는 애니메이션을 사용할 클래스명을 다음과 같이 지정하였다.

```
...
@media (prefers-reduced-motion: no-preference) {
  .App-logo {
    animation: App-logo-spin infinite 20s linear;
  }
}
...
```

하지만 styled-components에서는 해당 컴포넌트가 직접 애니메이션을 수행하므로 클래스명을 특별히 지정하지 않아도 된다.

```
...
const AppLogo = Styled.img`
  ...
  @media (prefers-reduced-motion: no-preference) {
    animation: App-logo-spin infinite 20s linear;
  }
  ...
`;
...
```

이렇게 수정한 후 App.tsx 파일을 저장하고 브라우저를 확인해 보면 이전과 같이 로고 이미지가 잘 회전하고 있는 것을 확인할 수 있다.

이처럼 애니메이션이 한 곳에서만 사용되는 경우, 하나의 컴포넌트에 전부 선언하여도 된다. 하지만 만약 여러 곳에서 같은 애니메이션을 사용한다면 다음과 같이 애니메이션을 분리하여 사용할 수 있다.

애니메이션을 분리하기 위해서 styled-components의 keyframes을 사용할 필요가 있다. styled-components의 keyframes을 사용하기 위해 App.tsx 파일을 열어 다음과 같이 수정한다.

```
...
import Styled, {keyframes} from 'styled-components';
...
```

그리고 다음과 같이 styled-components의 keyframes을 사용하여 우리가 로고 이미지에서 사용할 회전 애니메이션을 선언한다.

```
...
const spin = keyframes`
  from {
      transform: rotate(0deg);
  }
  to {
    transform: rotate(360deg);
  }
`;
...
```

마지막으로, 실제 애니메이션을 사용하는 부분에 다음과 같이 styled-components의 keyframes를 사용해 생성한 애니메이션을 추가한다.

```
...
const AppLogo = Styled.img`
  ...
  @media (prefers-reduced-motion: no-preference) {
```

```
    animation: ${spin} infinite 20s linear;
  }
`;
...
```

styled-components는 자바스크립트의 탬플릿 리터럴을 사용하기 때문에 위와 같이 문자열 중간에 자바스크립트 변수를 사용할 수 있다. 이제 이렇게 수정한 App.tsx 파일을 저장하고 브라우저를 확인하면 여전히 로고의 애니메이션이 잘 동작하는 것을 확인할 수 있다. 이처럼 자주 반복되어 사용되는 애니메이션은 styled-components의 keyframes를 사용하여 미리 정의하고 필요한 부분에서 정의된 애니메이션을 사용하면 된다.

설명문인 <p /> 태그에는 어떤 스타일도 적용되어 있지 않으므로 그대로 <p /> 태그를 유지하도록 한다. 마지막으로 .App-link 클래스를 styled-components로 변경해 보자.

.App-link 클래스를 styled-components로 만들기 위해 App.tsx 파일을 다음과 같이 수정한다.

```
...
const AppLink = Styled.a`
  color: #61dafb;
`;
...
```

스타일은 역시 App.css의 내용을 복사/붙여넣기 하였다. 그리고 이렇게 styled-components로 만든 컴포넌트를 사용하기 위해 다음과 같이 수정한다.

```
...
<AppLink
  href="https://reactjs.org"
  target="_blank"
  rel="noopener noreferrer"
```

```
    >
      Learn React
    </AppLink>
    ...
```

이렇게 App.tsx 파일을 수정하고 저장한 후, 브라우저를 확인해 보면 우리가 만든 styled-components가 잘 적용되어 여전히 이전과 같은 화면이 표시되고 있음을 확인할 수 있다.

이제 우리는 모든 CSS 파일에 내용을 styled-components를 사용하여 구현해 보았다. 즉, CSS 파일에 내용이 더는 필요 없음을 의미한다.

```
...
import './App.css';
...
```

App.tsx 파일에서 CSS를 import 하는 부분을 찾아 삭제하도록 한다. 또한, 물리적인 CSS 파일인 App.css 파일도 삭제하도록 한다. CSS 파일을 삭제하고 브라우저를 확인하여도 여전히 이전과 같은 스타일이 잘 표시되고 있음을 확인할 수 있다.

마지막으로, 우리가 만든 코드가 제대로 동작하는지 확인하기 위해 4장에서 만든 테스트 코드를 다음과 같이 복사/붙여넣기 한다. 4장과는 달리 이번 프로젝트는 create-react-app의 template 옵션을 사용하여 타입스크립트 프로젝트를 생성하였으므로 설명문 부분의 src/App.js를 src/App.tsx로 수정해야 한다.

```
import React from 'react';
import { render, screen } from '@testing-library/react';
import App from './App';

describe('<App />', () => {
  it('renders component correctly', () => {
    const { container } = render(<App />);
```

```
    const linkElement = screen.getByText(/learn react/i);
    expect(linkElement).toBeInTheDocument();

    expect(container.getElementsByClassName('App-logo')).
toHaveLength(1);
    expect(container.getElementsByClassName('App-logo')[0]).
toHaveAttribute(
      'src',
      'logo.svg'
    );

    expect(container.getElementsByTagName('p')).toHaveLength(1);
    expect(container.getElementsByTagName('p')[0]).
toHaveTextContent(
      'Edit src/App.tsx and save to reload.'
    );

    expect(container).toMatchSnapshot();
  });
});
```

이처럼 App.test.tsx 파일을 수정하였다면 다음 명령어를 실행하여 해당 테스트 코드를 실행해 본다.

```
npm run test
```

위 명령어를 사용하여 테스트 코드를 실행하면 이전과는 다르게 다음과 같은 에러를 확인할 수 있다.

```
FAIL  src/App.test.tsx
```

```
 <App />
   ✕ renders component correctly (41 ms)


 ● <App /> › renders component correctly

   expect(received).toHaveLength(expected)

   Expected length: 1
   Received length: 0
   Received object:  []

     10 |       expect(linkElement).toBeInTheDocument();
     11 |
   > 12 |       expect(container.getElementsByClassName('App-logo')).toHaveLength(1);
        |                                                            ^
     13 |       expect(container.getElementsByClassName('App-logo')[0]).toHaveAttribute(
     14 |         'src',
     15 |         'logo.svg'

     at Object.<anonymous> (src/App.test.tsx:12:58)

Test Suites: 1 failed, 1 total
Tests:       1 failed, 1 total
Snapshots:   0 total
Time:        2.017 s
```

테스트 실행 결과의 에러 메시지를 확인해 보면 App-logo 클래스를 통해 찾았던 HTML 요소를 찾지 못해 에러가 발생하는 것을 확인할 수 있다. 우리는 styled-components를 사용하여 모든 HTML 요소에서 클래스를 제거하였기 때문에 너무도 당연한 에러가 발생하였다.

그러면 이 에러를 수정하기 위해 테스트 코드를 수정해 보자. App.test.tsx 파일을 열어 다음과 같이 에러가 나는 부분을 수정해 준다.

```
...
const appLogo = screen.getByAltText('logo');
expect(appLogo).toBeInTheDocument();
expect(appLogo).toHaveAttribute('src', 'logo.svg');
...
```

수정한 내용을 살펴보면 react-testing-library의 screen을 활용하여 화면에서 logo라는 alt 속성을 가진 HTML 요소를 찾은 다음, 해당 요소가 화면에 표시되었는지를 Jest의 toBeInTheDocument를 사용하여 확인하였다. 또한, 해당 요소가 우리가 원하는 로고 이미지를 제대로 표시하는지 확인하기 위해 HTML의 src 속성을 확인하여 logo.svg 이미지가 제대로 표시되는지 확인하였다.

이렇게 수정한 테스트 코드가 제대로 동작하는지 확인하기 위해 테스트 코드의 수정 내용을 저장한다.

```
PASS  src/App.test.tsx
  <App />
    ✓ renders component correctly (17 ms)


Test Suites: 1 passed, 1 total
Tests:       1 passed, 1 total
Snapshots:   1 passed, 1 total
Time:        0.345 s, estimated 1 s
```

수정한 App.test.tsx 파일을 저장하면 명령 프롬프트에 위와 같이 모든 테스트가 정상적으로 통과한 것을 확인할 수 있다. 이를 통해 우리가 styled-components를 사용하여 만든 리액트 프로젝트도 문제없이 동작하는 것을 확인할 수 있다.

5.3 절대 경로로 컴포넌트 추가

우리는 리액트 프로젝트를 개발할 때 수많은 리액트 컴포넌트를 제작하고 제작한 컴포넌트를 조합하여 페이지를 제작하게 된다. 이처럼 리액트 컴포넌트를 조합할 때 보통은 상대 경로(import Button from '../../../Buttton')를 사용하여 컴포넌트를 불러오게 된다.

몇 개 안 되는 컴포넌트를 추가하고 관리할 때에는 큰 문제가 되지 않지만, 프로젝트가 커지고 수많은 컴포넌트가 추가되고 프로젝트의 폴더 구조가 복잡해지면 이 상대 경로 추가 방식은 어떤 경로를 지정하고 있는지 명확하게 파악하기 어려운 단점이 있다.

이런 문제점을 타입스크립트의 설정으로 간단히 해결할 수 있다. 우선 테스트하기 위해 다음위 명령어로 새로운 프로젝트를 생성하자.

```
npx create-react-app root-import --template=typescript
```

이제 타입스크립트 설정 파일인 tsconfig.json을 열어 다음과 같이 수정한다.

```
{
  "compilerOptions": {
    ...
    "jsx": "react-jsx",
    "baseUrl": "src"
  },
  ...
}
```

이렇게 타입스크립트의 설정 파일인 tsconfig.json에 baseUrl을 설정하면 절대 경로로 컴포넌트를 추가할 수 있다. 물론, 상대 경로 추가는 기본적으로 지원하므로 상대 경로와 절대 경로를 동시에 사용할 수 있다.

이제 절대 경로로 컴포넌트를 추가해 보기 위해 src 폴더 하위에 Component라는 폴더를 생성하고 App 컴포넌트와 관련이 있는 파일인 App.css, App.test.tsx, App.tsx, logo.svg 을 이동시킨다.

그리고 src/index.tsx 파일을 열어 다음과 같이 절대 경로로 App 컴포넌트를 추가해 본다.

```
...
import App from 'Component/App';
...
```

앞에서도 말했지만, 상대 경로도 사용할 수 있으므로 다음과 같이 사용할 수도 있다.

```
...
import App from './Component/App';
...
```

현재는 하나의 컴포넌트만 있고 폴더 구조가 많이 복잡하지 않으므로 필요성이 크게 느껴지지 않지만, 앞으로 예제를 진행하면서 이 절대 경로 추가가 얼마나 중요한 역할을 하게 되는지 알게 될 것이다.

이제 문제가 없는지 확인하기 위해 다음 명령어를 실행하여 우리가 만든 리액트 프로젝트를 실행해 본다.

```
npm start
```

역시 문제없이 실행되었다면 웹 브라우저에 localhost:3000으로 페이지가 자동으로 열리면서 지금까지 봐왔던 리액트 프로젝트의 화면이 표시되는 것을 확인할 수 있다.

이제 우리가 만든 컴포넌트를 테스트하기 위해 ./src/Component/App.test.tsx 파일을 열어 [5.1 타입스크립트]에서 만든 테스트 코드를 다음과 같이 복사/붙여넣기 한다.

```
import React from 'react';
```

```
import { render, screen } from '@testing-library/react';
import App from './App';

describe('<App />', () => {
  it('renders component correctly', () => {
    const { container } = render(<App />);

    const linkElement = screen.getByText(/learn react/i);
    expect(linkElement).toBeInTheDocument();

    expect(container.getElementsByClassName('App-logo')).toHaveLength(1);
    expect(container.getElementsByClassName('App-logo')[0]).toHaveAttribute(
      'src',
      'logo.svg'
    );

    expect(container.getElementsByTagName('p')).toHaveLength(1);
    expect(container.getElementsByTagName('p')[0]).toHaveTextContent(
      'Edit src/App.tsx and save to reload.'
    );

    expect(container).toMatchSnapshot();
  });
});
```

[5.2 styled-components]에서 만든 테스트 코드를 사용하지 않은 이유는 이번에 생성한 프로젝트에서는 아직 styled-components를 적용하지 않았기 때문이다.

이제 현재 실행 중인 명령을 취소하고 다음 명령어를 실행하여 수정한 테스트 코드를 실행해 본다.

```
npm run test
```

문제없이 실행되었다면 다음과 같이 모든 테스트가 성공적으로 통과한 것을 확인할 수 있다.

```
PASS  src/Component/App.test.tsx
  <App />
    ✓ renders component correctly (29 ms)

 › 1 snapshot written.
Snapshot Summary
 › 1 snapshot written from 1 test suite.

Test Suites: 1 passed, 1 total
Tests:       1 passed, 1 total
Snapshots:   1 written, 1 total
Time:        1.894 s, estimated 2 s
Ran all test suites.
```

5.4 Prettier

Prettier는 JavaScript, CSS, JSON 등을 지원하는 코드 포맷터(Code formatter)이다. Prettier는 미리 정의한 코드 스타일에 맞춰 자동으로 코드의 형식을 수정해 주는 도구이다.

▶ Prettier: https://prettier.io/

그렇다면 절대 경로 컴포넌트 추가에서 만든 리액트 프로젝트에 Prettier를 적용하기 위해 다음의 명령어를 실행하여 Prettier를 설치한다.

```
npm install --save-dev husky lint-staged prettier
```

Prettier를 활용하기 위해 husky와 lint-staged도 함께 설치하였다. husky와 lint-staged의 역할은 다음과 같다.

▶ husky: package.json 파일에서 githook를 사용할 수 있게 해준다. githook은 깃에 특정 이벤트(소스 코드 커밋, 푸시 등)를 감지하여 이벤트를 실행하기 전에 특정 동작을 수행할 수 있도록 도와준다.

▶ lint-staged: 깃의 stage된 파일들에 특정 동작을 수행할 수 있도록 해준다.

필요한 라이브러리 설치가 완료되었다면 Prettier의 설정 파일을 만들 필요가 있다. 프로젝트의 루트 폴더에 .prettierrc.js 파일을 생성하고 다음과 같이 수정한다.

```
module.exports = {
  jsxBracketSameLine: true,
  singleQuote: true,
  trailingComma: 'all',
  printWidth: 100,
};
```

Prettier에서 사용할 기본적인 규칙을 설정하였다. JSX 문법에서 괄호를 같은 라인에 표시하게 하고 싱글쿼터(')를 주로 사용하도록 설정하는 등의 내용이다.

이렇게 설정이 완료되었다면 lint-staged와 husky를 사용하여 깃 이벤트에 Prettier 명령어를 연동해 보자. lint-staged와 husky를 설정하기 위해서 package.json 파일을 열어 script 하단을 다음과 같이 수정한다.

```
"scripts": {
```

```
  ...
},
"husky": {
  "hooks": {
    "pre-commit": "lint-staged"
  }
},
"lint-staged": {
  "src/**/*.{js,jsx,ts,tsx,json,css,scss,md}": [
    "prettier --write"
  ]
},
```

조금 자세히 살펴보면 husky를 사용하여 깃의 커밋 이벤트 전에(pre-commit) lint-staged 명령어를 실행하도록 설정한 것을 알 수 있다.

```
"husky": {
  "hooks": {
    "pre-commit": "lint-staged"
  }
},
```

그리고 lint-staged에서는 src 폴더 하위 파일 중 JSX, CSS, json 등과 관련 있는 파일들이 있는 경우 Prettier의 명령어를 실행하도록 하였다. 여기서 사용한 write 옵션(--write)은 Prettier를 사용하여 파일을 직접 수정하도록 하는 옵션이다.

```
"lint-staged": {
  "src/**/*.{js,jsx,ts,tsx,json,css,scss,md}": [
    "prettier --write"
  ]
},
```

이제 Prettier는 소스 코드를 깃에 커밋할 때 우리가 정의한 규칙을 기반으로 소스 코드의 형식을 자동으로 수정해 줄 것이다.

실무에서는 husky와 lint-staged는 보조적인 도구로 사용하고 개발에 사용하는 IDE에 플러그인 등을 추가하여 파일을 수정하고 저장할 때마다 코드의 형식을 자동으로 맞추도록 설정한다.

5.5 요약

이것으로 실전에서 자주 사용되는 라이브러리인 타입스크립트와 styled-components를 리액트 프로젝트에 적용하는 방법에 대해 살펴보았다. 또한, 절대 경로로 컴포넌트를 추가하기 위한 설정도 함께 알아보았다. 앞으로 이 책에서 소개할 예제는 모두 타입스크립트와 styled-components, 절대 경로로 컴포넌트를 추가하는 설정을 사용하여 진행할 예정이다.

또한, 4장에서 Jest와 react-testing-library로 작성한 테스트 코드를 사용하여 타입스크립트로 만든 리액트 프로젝트와 styled-components를 적용한 리액트 프로젝트를 테스트해 보았다.

react-testing-library를 설명할 때에도 이야기했지만, react-testing-library는 리액트 컴포넌트 자체를 테스트하는 라이브러리이다. 따라서 해당 컴포넌트 안에서 어떤 변화가 있더라도 자세한 변화까지는 테스트하지 않는다. 대신 최종 컴포넌트가 실제 화면에 보이는 것을 테스트함으로써 컴포넌트와 테스트 코드가 신뢰할 수 있음을 입증해 준다.

이런 특징 때문에 우리는 한번 작성한 테스트 코드를 길게 사용할 수 있었다. 물론 중간마다 조금씩 수정하였지만, 컴포넌트를 수정하였다고 해서 테스트 코드를 완전히 새로 작성하지는 않았다. 이런 테스트 코드가 있었기 때문에 우리는 리액트 컴포넌트를 안심하고 좀 더 자유롭게 수정할 수 있게 된다.

앞으로 다룰 예제에서도 리액트를 개발할 때 react-testing-library를 통해 테스트 코드를 작성할 것이며, 테스트 코드가 왜 개발에 필요한지에 대해 좀 더 이해해 보도록 할 것이다.

06

Props와 State

6.1 Props와 State란

6.2 프로젝트 준비

6.3 개발
　　1) App 컴포넌트
　　2) Button 컴포넌트
　　3) Input 컴포넌트
　　4) ToDoItem 컴포넌트
　　5) State

6.4 테스트
　　1) Button 컴포넌트
　　2) Input 컴포넌트
　　3) ToDoItem 컴포넌트
　　4) App 컴포넌트

6.5 요약

Props와 State

지금까지 리액트와 리액트를 사용하기 위한 환경 설정에 대해 알아보았다. 이번 장에서는 리액트를 사용하여 간단한 할 일 목록 앱을 제작해 봄으로써 리액트의 주요 개념인 Props와 State에 대해 알아보려고 한다.

6.1 Props와 State란

Props와 State는 리액트의 핵심 개념 중 하나이다. 리액트에서는 데이터를 다루기 위해 Props와 State, Context를 사용한다. 이번 장에서는 그중에서도 Props와 State에 대해 알아보도록 하겠다.

Props(Properties)는 부모 컴포넌트에서 자식 컴포넌트로 전달되는 데이터이다. 부모 컴포넌트로부터 받는 데이터이므로 자식 컴포넌트에서는 변경할 수 없다. 이는 한 컴포넌트의 속성(Properties)과 같음을 의미한다.

State는 한 컴포넌트 안에서 유동적인 데이터를 다룰 때 사용되며, 컴포넌트 안에서 데이터를 변경할 수 있다. 즉, State는 한 컴포넌트의 상태(State)를 나타낸다.

하나의 컴포넌트에서는 컴포넌트의 속성을 나타내는 변경 불가능한 데이터인 Props와 컴포넌트 안에서 컴포넌트의 상태를 나타내는 변경 가능한 데이터인 State가 존재한다.

이번 장에서는 할 일 목록 앱을 제작함으로써 리액트의 Props와 State를 이해해 보도록 한다.

6.2 프로젝트 준비

할 일 목록 앱을 제작하기 위해 다음 명령어를 실행하여 새로운 리액트 프로젝트를 생성한다.

```
npx create-react-app todo-list --template=typescript
```

우리는 리액트 프로젝트에서 스타일링을 하기 위해 styled-components를 사용할 예정이며 Prettier를 설정하여 소스 코드의 포맷을 관리할 예정이다. 따라서 다음 명령어를 실행하여 styled-components와 Prettier를 설치한다.

```
# cd todo-list
npm install --save styled-components
npm install --save-dev @types/styled-components jest-styled-components
npm install --save-dev husky lint-staged prettier
```

설치가 완료되었다면 Prettier를 설정하기 위해 .prettierrc.js 파일을 생성하고 다음과 같이 수정한다.

```
module.exports = {
  jsxBracketSameLine: true,
  singleQuote: true,
  trailingComma: 'all',
  printWidth: 100,
};
```

파일을 수정하고 저장하였다면 lint-staged와 husky를 설정하기 위해 package.json 파일을 열어 다음과 같이 수정한다.

```json
"scripts": {
  …
},
"husky": {
  "hooks": {
    "pre-commit": "lint-staged"
  }
},
"lint-staged": {
  "src/**/*.{js,jsx,ts,tsx,json,css,scss,md}": [
    "prettier --write"
  ]
},
```

lint-staged와 husky를 설정하기 위해 package.json 파일을 수정하였다면 절대 경로로 컴포넌트를 추가하기 위해 타입스크립트 설정 파일인 tsconfig.json을 열어 다음과 같이 수정한다.

```json
{
  "compilerOptions": {
    ...
    "jsx": "react-jsx",
    "baseUrl": "src"
  },
  ...
}
```

이렇게 모든 설정을 완료하였다면 App.tsx 파일을 열어 다음과 같이 styled-components를 사용하여 App 컴포넌트를 리팩토링한다.

```tsx
import React from 'react';
```

```
import logo from './logo.svg';
import Styled from 'styled-components';

const Container = Styled.div`
  text-align: center;
`;

const Header = Styled.header`
  background-color: #282c34;
  min-height: 100vh;
  display: flex;
  flex-direction: column;
  align-items: center;
  justify-content: center;
  font-size: calc(10px + 2vmin);
  color: white;
`;

const AppLogo = Styled.img`
  height: 40vmin;
  pointer-events: none;

  @media (prefers-reduced-motion: no-preference) {
    animation: App-logo-spin infinite 20s linear;
  }

  @keyframes App-logo-spin {
    from {
      transform: rotate(0deg);
    }
    to {
```

```
        transform: rotate(360deg);
    }
  }
`;

const AppLink = Styled.a`
  color: #61dafb;
`;

function App() {
  return (
    <Container>
      <Header>
        <AppLogo src={logo} alt="logo" />
        <p>
          Edit <code>src/App.tsx</code> and save to reload.
        </p>
        <AppLink
          href="https://reactjs.org"
          target="_blank"
          rel="noopener noreferrer"
        >
          Learn React
        </AppLink>
      </Header>
    </Container>
  );
}

export default App;
```

그리고 더는 사용하지 않는 App.css 파일은 삭제하도록 한다. 이렇게 작성한 App.tsx 파일을 테스트하기 위해 App.test.tsx 파일을 열어 다음과 같이 수정한다.

```tsx
import React from 'react';
import { render, screen } from '@testing-library/react';
import App from './App';

describe('<App />', () => {
  it('renders component correctly', () => {
    const { container } = render(<App />);

    const linkElement = screen.getByText(/learn react/i);
    expect(linkElement).toBeInTheDocument();

    const appLogo = screen.getByAltText('logo');
    expect(appLogo).toBeInTheDocument();
    expect(appLogo).toHaveAttribute('src', 'logo.svg');

    expect(container.getElementsByTagName('p')).toHaveLength(1);
    expect(container.getElementsByTagName('p')[0]).toHaveTextContent(
      'Edit src/App.tsx and save to reload.'
    );

    expect(container).toMatchSnapshot();
  });
});
```

이것으로 앞에서 배운 내용을 복습하면서 새로운 프로젝트를 준비하였다. 이제 다음 명령어를 실행하여 지금까지 작업한 내용이 잘 적용되었는지 테스트해 본다.

```
npm run test
```

앞의 내용을 잘 수정하였다면 다음과 같이 모든 테스트가 통과하는 것을 확인할 수 있다.

```
PASS  src/App.test.tsx
  <App />
    ✓ renders component correctly (33 ms)


 › 1 snapshot written.
Snapshot Summary
 › 1 snapshot written from 1 test suite.

Test Suites: 1 passed, 1 total
Tests:       1 passed, 1 total
Snapshots:   1 written, 1 total
Time:        1.637 s
```

그렇다면 지금까지 작성한 프로젝트가 실제로도 잘 구동되는지 확인하기 위해 현재 실행 중인 테스트 명령을 취소하고 다음 명령어를 실행한다.

```
npm start
```

위의 명령어가 문제없이 실행되었다면 웹 브라우저에 localhost:3000으로 페이지가 자동으로 열리면서 [그림 6-1]과 같은 화면을 확인할 수 있다.

[그림 6-1] 리액트 프로젝트

이것으로 지금까지 배운 타입스크립트, styled-components 그리고 절대 경로 컴포넌트 추가로 개발 환경을 만들어보았다. 이제 본격적으로 할 일 목록 앱을 개발해 보자.

6.3 개발

리액트의 Props와 State를 이해하기 위해 본격적으로 할 일 목록 앱을 개발해 보자. 우선 완성된 할 일 목록 앱의 이미지는 [그림6-2]와 같다.

[그림 6-2] 할 일 목록 앱

하단에 할 일을 입력하고 추가 버튼을 누르면 할 일이 추가되고, 할 일 목록에 삭제 버튼을 누르면 할 일 항목이 삭제되는 단순한 앱이다. 이 앱을 단계별로 제작해 봄으로써 Props와 State를 좀 더 깊게 이해해 보자.

완성된 소스 코드는 다음의 깃헙(Github) 주소에서 확인할 수 있다.

▶ 깃헙: https://github.com/bjpublic/reactdd/ch6.todo-list

1) App 컴포넌트

일단 할 일 목록 앱이 표시될 App 컴포넌트를 만들어 보자. ./src/App.tsx 파일을 열어 다음과 같이 수정한다.

```
import React from 'react';
import Styled from 'styled-components';

const Container = Styled.div`
  min-height: 100vh;
  display: flex;
  align-items: center;
  justify-content: center;
  flex-direction: column;
`;

const Contents = Styled.div`
  display: flex;
  background-color: #FFFFFF;
  flex-direction: column;
  padding: 20px;
  border-radius: 8px;
  box-shadow: 5px 5px 10px rgba(0, 0, 0, 0.2);
`;
```

```
function App() {
  return (
    <Container>
      <Contents>
      </Contents >
    </Container>
  );
}

export default App;
```

이 App 컴포넌트는 브라우저 전체에 회색의 배경색을 추가하고 [display: flex]를 사용하여 추가될 컴포넌트들을 가운데 정렬하도록 스타일링 된 단순한 컴포넌트이다.

2) Button 컴포넌트

이제 추가, 삭제에 사용될 Button 컴포넌트를 만들어보자. Button 컴포넌트를 화면에 표시하기 위해 ./src/App.tsx를 열어 다음과 같이 수정한다.

```
import React from 'react';
import Styled from 'styled-components';
...
const Button = Styled.div`
  text-align: center;
  background-color: #304FFE;
  padding: 10px 20px;
  border-radius: 8px;
  cursor: pointer;
  &:hover {
    background-color: #1E40FF;
  }
```

```
  &:active {
    box-shadow: inset 5px 5px 10px rgba(0, 0, 0, 0.2);
  }
`;

const Label = Styled.div`
  color: #FFFFFF;
  font-size: 16px;
`;

function App() {
  return (
    <Container>
      <Contents>
        <Button>
          <Label>추가</Label>
        </Button>
      </Contents>
    </Container>
  );
}

export default App;
```

styled-components를 사용하여 버튼 모양을 단순히 디자인하였다. styled-components를 사용하여 만든 Button 컴포넌트에는 이전 컴포넌트들과는 다르게 hover와 active를 사용하여 버튼 이벤트에 맞는 디자인을 추가해 보았다.

이렇게 ./src/App.tsx 파일을 수정한 후 저장하면 앞서 실행한 명령어에 의해 우리가 디자인한 버튼이 [그림 6-3]과 같이 브라우저에 표시되는 것을 확인할 수 있다.

[그림 6-3] 버튼 컴포넌트

이렇게 디자인된 버튼은 [추가]에도 사용되지만, [삭제]에도 사용될 것이다. 따라서 이 컴포넌트는 재사용이 가능하도록 만들어야 한다. 재사용이 가능한 컴포넌트로 만들기 위해 ./src/Components/Button/index.tsx 파일을 생성하고 App 컴포넌트에서 styled-components로 만든 Button과 Label 컴포넌트를 복사/붙여넣기 한다.

```
import React from 'react';
import Styled from 'styled-components';

const Container = Styled.div`
  text-align: center;
  background-color: #304FFE;
  padding: 10px 20px;
  border-radius: 8px;
  cursor: pointer;
  &:hover {
    background-color: #1E40FF;
  }
  &:active {
    box-shadow: inset 5px 5px 10px rgba(0, 0, 0, 0.2);
  }
`;

const Label = Styled.div`
  color: #FFFFFF;
```

```
    font-size: 16px;
`;

export const Button = () => {
  return (
    <Container>
      <Label>추가</Label>
    </Container>
  );
}
```

우리는 Button이라는 컴포넌트를 만들고 있다. 따라서 App 컴포넌트에서 styled-components로 만든 Button 컴포넌트와 이름이 겹친다. 그래서 styled-components로 만든 Button 컴포넌트의 이름을 Container로 변경하였다.

이 컴포넌트에서 주의할 점은 App 컴포넌트와 다르게 ES6의 화살표 함수를 사용했으며 export default 대신 export를 사용하였다.

```
export const Button = () => {
  ...
}
```

export default와 export의 가장 큰 차이점은 컴포넌트를 import할 때 발생한다. 다음은 export default와 export를 사용했을 때 import하는 방법을 나타낸다.

```
// export default인 경우
import Button from 'Components/Button'
// export인 경우
import { Button } from 'Components/Button'
```

여기서 export default 대신 export를 사용하는 것은 개인의 취향이지 꼭 이렇게 할 필요는 없다. 이 책에서 export 방식을 사용하는 이유는 많은 컴포넌트를 추가할 때 주로 export 방식의 import를 사용하기 때문이며, 이와 같은 코딩 스타일을 맞춰주기 위함이다.

```
// export인 경우
import { Button, Text, Icon } from 'Components'
```

그런 다음, 컴포넌트를 좀 더 쉽게 추가할 수 있게 하도록 ./src/Components/index.tsx 파일을 생성하고 다음과 같이 수정한다.

```
export * from './Button';
```

이 파일은 컴포넌트들을 추가할 때 편리하게 하려고 단순히 컴포넌트들을 모아(import) 제공(export)한다. 이 파일을 자세히 살펴보면 Button 컴포넌트 파일에서 export로 제공되는 모든 컴포넌트들(*)을 가져와서(from) 다시 내보내는(export) 단순한 코드임을 확인할 수 있다.

이렇게 생성한 Button 컴포넌트를 화면에 표시하기 위해 App.tsx 파일을 다음과 같이 수정한다.

```
import React from 'react';
import Styled from 'styled-components';

import { Button } from 'Components';

…

function App() {
  return (
    <Container>
      <Contents>
        <Button />
```

```
      </Contents>
    </Container>
  );
}


export default App;
```

이 파일을 조금 살펴보면 우리가 컴포넌트를 쉽게 추가하기 위해 컴포넌트를 모아둔 ./src/Components/index.tsx 파일에서 Button 컴포넌트를 가져왔음을 알 수 있다.

```
import { Button } from 'Components';
```

그리고 우리가 생성한 Button 컴포넌트를 화면에 표시하기 위해 App 컴포넌트를 수정하여 다음과 같이 사용했음을 확인할 수 있다.

```
function App() {
  return (
    <Container>
      <Contents>
        <Button />
      </Contents>
    </Container>
  );
}
```

이렇게 모든 파일을 수정한 후 저장하면 앞서 실행한 명령어에 의해서 브라우저에 표시된 localhost:3000 페이지가 갱신되며, [그림 6-4]와 같이 버튼이 변함없이 화면에 표시되고 있음을 확인할 수 있다.

[그림 6-4] 버튼 컴포넌트

이것으로 App 컴포넌트 안에 있던 Button 컴포넌트를 다른 곳에서도 사용할 수 있도록 별도의 파일을 만들어 공통 컴포넌트화하였다. 이렇게 여러 곳에서 사용되는 컴포넌트는 별도의 파일에 생성하며, 필요한 곳에서 import로 추가하여 사용한다.

리액트에서는 이처럼 한번 만든 컴포넌트를 여러 곳에서 사용하는 컴포넌트 방식으로 웹 서비스를 개발하게 되며, 한번 만든 컴포넌트를 재사용하므로 개발 퍼포먼스가 향상되게 된다.

지금까지 만든 Button 컴포넌트는 아무 기능도 하지 않고 단순히 [추가]라는 글자를 화면에 표시하는 컴포넌트였다. 이제 이 컴포넌트를 수정하여 리액트의 Props를 이해해 보자.

Props는 부모 컴포넌트로부터 자식 컴포넌트로 전달되는 데이터라고 설명하였다. 현재 개발 중인 페이지에서 부모 컴포넌트는 App 컴포넌트가 되며, 자식 컴포넌트는 Button 컴포넌트가 된다. 이제 부모 컴포넌트인 App 컴포넌트로부터 자식 컴포넌트인 Button 컴포넌트에 Props를 사용하여 데이터를 전달하는 방법을 알아보자.

우선, Props를 사용하여 버튼에 표시되는 문자열을 전달하는 방법을 살펴보자. ./src/App.tsx 파일을 열어 Button 컴포넌트를 다음과 같이 수정한다.

```
function App() {
  return (
    ...
    <Button label="추가" />
    ...
```

```
    );
}
```

부모 컴포넌트인 App 컴포넌트에서 자식 컴포넌트인 Button 컴포넌트에 label이라는 Props를 통해 [추가]라는 데이터를 전달하고 있는 모습이다. 이는 HTML 요소의 속성(Attribute 또는 Property)을 설정하는 방식과 매우 유사하다. 우리는 이미 HTML 요소의 속성을 다음과 같이 사용해 왔다.

```
<div id="name" class="label" onclick="alert('Hello');">Hello world!</div>
```

위의 코드는 HTML의 div 태그에 id와 class 속성을 설정하고 onclick 속성에 직접 자바스크립트의 alert 코드를 사용하였다. 이처럼 우리는 이미 HTML의 속성이라는 개념을 사용해 왔다. 리액트에서는 이 속성 개념에 데이터를 전달한다는 개념을 추가 확장한 것이다.

이렇게 Button 컴포넌트에 label이라는 Props(속성)로 데이터를 전달하기 위해 수정하면 [그림 6-5]와 같이 에디터에서 타입스크립트 에러가 표시되는 것을 확인할 수 있다.

```
;                (JSX attribute) label: string
function App()   Type '{ label: string; }' is not assignable to type 'IntrinsicAttributes'.
  return (         Property 'label' does not exist on type 'IntrinsicAttributes'. ts(2322)
    <Container Peek Problem (⌥F8)    No quick fixes available
      <Button label="추가" />
    </Container>
  );
}
```

[그림 6-5] VSCode에서 Props 타입스크립트 에러

이는 부모 컴포넌트인 App 컴포넌트가 자식 컴포넌트인 Button 컴포넌트에 label이라는 데이터를 전달하였지만, 자식 컴포넌트인 Button 컴포넌트는 이 데이터를 전달받을 준비가 되어 있지 않기 때문에 에러가 나온 것이다.

이 에러를 수정하고 우리가 원하는 대로 부모 컴포넌트에서 자식 컴포넌트로 데이터를 전

달하기 위해 ./src/Components/Button/index.tsx 파일을 열어 다음과 같이 수정한다.

```
interface Props {
  readonly label: string;
}

export const Button = (props: Props) => {
  return (
    <Container>
      <Label>{props.label}</Label>
    </Container>
  );
}
```

수정한 내용을 자세히 살펴보면 우선, 전달받을 label 데이터의 데이터 타입을 체크하기 위해 타입스크립트의 인터페이스(interface)를 사용하여 Props라는 이름의 인터페이스를 정의하였고 해당 인터페이스에 문자열 데이터를 받을 label을 읽기 전용(readonly)으로 정의하였다.

```
interface Props {
  readonly label: string;
}
```

리액트에서는 부모 컴포넌트로부터 데이터를 전달받을 때 다음과 같이 함수의 매개변수를 통해 데이터를 전달받게 된다.

```
export const Button = ("부모 컴포넌트로부터 전달받는 데이터") => {
  ...
}
```

따라서 우리가 만든 Button 컴포넌트도 부모 컴포넌트로부터 전달받는 데이터를 다음과 같이 매개변수를 통해 전달받을 수 있다.

```
export const Button = (props) => {
  …
}
```

하지만 자바스크립트는 동적 프로그래밍 언어로써 프로그램을 실행하기 전까지는 이렇게 전달받는 데이터가 어떤 데이터를 포함하고 있는지, 포함된 데이터가 어떤 데이터 타입을 가졌는지 알 수가 없다. 그러므로 다음과 같이 실제로 데이터를 사용할 때 부모 컴포넌트로부터 해당값을 전달받지 않았다면 실행 중에 에러가 발생할 것이다.

```
<Label>{props.label}</Label>
```

이런 변수 타입에 의한 버그를 없애기 위해 정적 타입 분석에 타입스크립트를 사용하는 것이다. 그렇다면 타입스크립트를 사용하여 데이터 타입을 체크하기 위해 앞에서 만든 타입스크립트의 인터페이스를 다음과 같이 매개변수에 사용하여 전달받을 데이터 타입을 체크하도록 한다.

```
export const Button = (props: Props) => {
  …
}
```

App 컴포넌트를 에디터에서 확인하였을 때 [그림 6-5]와 같이 타입 에러가 발생하였다. 이제는 타입스크립트를 사용하여 전달받은 매개변수에 타입을 지정하였기 때문에 ./src/App.tsx 파일을 열어보면 앞에서 발생한 에러가 사라진 것을 확인할 수 있다.

이렇게 타입스크립트를 사용하여 타입을 지정함으로써 자바스크립트의 변수 타입에 따른 버그와 에러를 예방할 수 있다.

마지막으로 부모 컴포넌트로부터 전달받은 데이터를 다음과 같이 자식 컴포넌트의 사용하고자 하는 곳에서 사용한다.

```
export const Button = (props: Props) => {
  return (
    <Container>
      <Label>{props.label}</Label>
    </Container>
  );
}
```

부모 컴포넌트로부터 전달받는 모든 데이터는 우리가 정의한 props라는 매개변수에 객체 형태로 전달받게 된다. 따라서 위와 같이 사용하고자 하는 곳에서는 props.label과 같이 객체의 속성값에 접근하는 형태로 사용할 수 있다.

하지만 전달받는 데이터가 많아지고 전달받은 데이터를 자식 컴포넌트에서 자주 사용한다면 매번 객체에 접근하여 값을 사용하는 것은 매우 비효율적이다. 따라서 실무에서는 다음과 같이 자바스크립트의 구조 분해 할당(Destructuring assignment) 문법을 사용하여 전달받은 데이터를 분해 할당해서 사용한다.

```
export const Button = ({ label }: Props) => {
  return (
    <Container>
      <Label>{label}</Label>
    </Container>
  );
}
```

지금까지 Button 컴포넌트를 수정하여 부모 컴포넌트로부터 Props를 통해 전달받은 label 데이터를 화면에 표시하도록 수정하였다. 이렇게 수정한 파일을 저장하고 브라우저를 확인하면 [그림 6-6]과 같이 컴포넌트가 잘 표시되는 것을 볼 수 있다.

[그림 6-6] Props를 사용한 버튼 컴포넌트

그렇다면 정말 우리가 의도한대로 부모 컴포넌트인 App 컴포넌트로부터 전달받은 데이터인 label이 자식 컴포넌트인 Button 컴포넌트에 표시되는 것인지 확인하기 위해 ./src/App.tsx 파일을 열어 다음과 같이 수정해 본다.

```
function App() {
  return (
    <Container>
      <Contents>
        <Button label="테스트" />
      </Contents>
    </Container>
  );
}
```

수정을 완료하였다면 수정한 파일을 저장하고 브라우저를 확인해 본다. 그러면 [그림 6-7]과 같이 우리가 의도한 대로 부모 컴포넌트로부터 전달받은 데이터가 Props를 통해 자식 컴포넌트로 잘 전달되는 것을 볼 수 있다.

[그림 6-7] Props에 의한 데이터 변경

지금까지 Button 컴포넌트를 만들어보면서 리액트의 Props에 대한 개념을 설명하였다. 새로운 개념이므로 조금 어려울 수 있으나 앞으로 반복적으로 사용하며 익혀보도록 하자.

이렇게 만든 Button 컴포넌트는 [삭제]에서도 사용될 예정이다. 하지만 현재는 [추가] 버튼의 배경 색상만을 가지고 있다. 확장성을 위해 이 배경 색상도 Props를 통해 부모 컴포넌트로부터 전달받도록 해보자.

부모 컴포넌트에서 Props를 통해 Button 컴포넌트의 배경 색상을 설정할 수 있게 하려면 ./src/Components/Button/index.tsx 파일을 열어 타입스크립트의 인터페이스를 다음과 같이 수정해야 한다.

```
interface Props {
  readonly label: string;
  readonly backgroundColor?: string;
  readonly hoverColor?: string;
}
```

우리는 버튼의 배경 색상과 호버 색상을 Props로 지정하여 전달받을 예정이다. 하지만 앞에서 정의한 label과는 다르게 물음표(?) 기호를 사용하였다. 타입스크립트에서는 이렇게 물음표 기호를 사용하여 필수로 전달받아야 하는 데이터와 필수가 아닌 데이터를 구별할 수 있다. 즉, 우리가 만든 Button 컴포넌트를 사용하기 위해서는 label이라는 데이터는 필수로 문자열 데이터를 전달해야 하고 backgroundColor와 hoverColor는 필요할 때만 문자열 데이터를 넘겨주면 된다.

이렇게 부모 컴포넌트로 전달받은 Props 데이터를 실제로 사용하기 위해 다음과 같이 Button 컴포넌트를 수정한다.

```
export const Button = ({
  label,
  backgroundColor = '#304FFE',
  hoverColor = '#1E40FF'
```

```
}: Props) => {
  return (
    <Container backgroundColor={backgroundColor}
hoverColor={hoverColor}>
      <Label>{label}</Label>
    </Container>
  );
}
```

우리가 타입스크립트로 정의한 backgroundColor와 hoverColor를 자바스크립트의 구조 분해 할당을 통해 값을 할당받았다. 하지만 이 값은 필수값이 아니므로 값이 비어있는 경우가 있다. 이렇게 비어있는 경우를 대비하기 위해 구조 분해 할당을 할 때 초기값을 설정하였다.

그리고 이렇게 전달받은 데이터를 styled-components로 만든 Container 컴포넌트에 전달하였다. styled-components로 만든 Container 컴포넌트도 리액트 컴포넌트이므로 Props로 데이터를 전달하는 게 가능하다. 또한, styled-components로 만든 Container도 리액트 컴포넌트이므로 Props에 대한 타입을 타입스크립트로 지정하지 않으면 에디터에서 에러가 발생한다. 따라서 Button 컴포넌트에 정의한 Container 컴포넌트를 다음과 같이 수정한다.

```
interface ContainerProps {
  readonly backgroundColor: string;
  readonly hoverColor: string;
}

const Container = Styled.div<ContainerProps>`
  text-align: center;
  background-color: ${(props) => props.backgroundColor};
  padding: 10px 20px;
  border-radius: 8px;
```

```
  cursor: pointer;
  &:hover {
    background-color: ${(props) => props.hoverColor};
  }
  &:active {
    box-shadow: inset 5px 5px 10px rgba(0, 0, 0, 0.2);
  }
`;
```

우선, Container 컴포넌트의 Props를 위해 타입스크립트의 인터페이스를 사용하여 ContainerProps를 정의하였다.

```
interface ContainerProps {
  readonly backgroundColor: string;
  readonly hoverColor: string;
}
```

이렇게 정의한 ContainerProps를 다음과 같이 타입스크립트의 제네릭(Generic) 문법을 사용하여 styled-components로 생성한 Container 컴포넌트에 적용하였다.

```
const Container = Styled.div<ContainerProps>`
```

마지막으로, Container 컴포넌트의 스타일에서 다음과 같이 Props에 데이터를 사용하였다.

```
const Container = Styled.div<ContainerProps>`
  ...
  background-color: ${(props) => props.backgroundColor};
  &:hover {
    background-color: ${(props) => props.hoverColor};
  }
  ...
```

```
`;
```

앞에서도 설명하였지만, styled-components는 자바스크립트의 템플릿 리터럴(`)을 사용하여 스타일의 내용을 정의한다. 따라서 앞에서와 같이 CSS 내용에 자바스크립트 코드(${})를 직접 대입하여 사용하는 것이 가능하다.

이렇게 ./src/Components/Button/index.tsx 파일을 수정하여 저장하고 브라우저를 살펴보면 여전히 이전과 같이 추가 버튼이 표시되는 것을 확인할 수 있다. 이는 우리가 아직 부모 컴포넌트로부터 새로 추가한 backgroudColor와 hoverColor를 전달하지 않았고, 그로 인해 우리가 설정한 기본값이 적용되었기 때문이다.

그렇다면 부모 컴포넌트인 App 컴포넌트에서 Button 컴포넌트의 새로운 Props인 backgroundColor와 hoverColor를 사용하여 버튼의 색상을 변경해 보도록 하자. 버튼의 색상을 변경하기 위해 ./src/App.tsx 파일을 열어 다음과 같이 수정한다.

```
function App() {
  return (
      …
      <Button label="삭제" backgroundColor="#FF1744" hoverColor="#F01440" />
      …
  );
}
```

이처럼 우리가 새롭게 추가한 Props인 backgroundColor와 hoverColor를 통해 부모 컴포넌트인 App 컴포넌트에서 자식 컴포넌트인 Button 컴포넌트에 데이터를 전달하였다. 이렇게 수정하고 파일을 저장하면 이전과는 다르게 빨간색 버튼이 표시되는 것을 확인할 수 있다.

색상이 변경된 것을 확인하였다면 추가 버튼을 원래 상태로 되돌리기 위해 backgroundColor, hoverColor와 label을 다음과 같이 수정하자.

```
function App() {
  return (
    ...
    <Button label="추가" />
    ...
  );
}
```

Button 컴포넌트는 사용자가 클릭하여 어떤 행위를 해야 한다. 따라서 우리는 이 Button 컴포넌트에 클릭 이벤트를 연결할 필요가 있다. 앞에서도 잠깐 살펴보았지만, HTML 요소에서도 다음과 같이 클릭 이벤트를 연결하여 사용할 수 있었다.

```
<div onclick="alert('Hello');">Hello world!</div>
```

리액트에서는 이와 비슷한 방식으로 컴포넌트에 이벤트를 연결한다. 그렇다면 Button 컴포넌트에서 클릭 이벤트를 연결하는 방법에 대해 살펴보자. Button 컴포넌트에 클릭 이벤트를 연결하기 위해 ./src/Components/Button/index.html 파일을 열어 다음과 같이 수정한다.

```
export const Button = ({...}: Props) => {
  return (
    <Container
      ...
      onClick={() => alert('test')}>
      <Label>{label}</Label>
    </Container>
  );
}
```

Button 컴포넌트에 클릭 이벤트를 연결하는 예제이다. 이 코드는 앞에서 살펴본 HTML 요소에 클릭 이벤트를 연결하는 코드와 매우 유사하다. 다만, 리액트에서는 기본적으로 카멜케이스(Camel Case) 표기법을 사용하므로 onclick 대신 onClick을 사용하고 있다.

여기서는 간단하게 Button 컴포넌트에 클릭 이벤트를 연결하는 방법을 확인하기 위해 클릭 이벤트에 alert 함수를 사용하여 경고창을 띄우도록 하였다. 이제 수정한 파일을 저장하고 브라우저에서 버튼을 클릭하면 [그림 6-8]과 같이 경고창이 뜨는 것을 확인할 수 있다.

[그림 6-8] 클릭 이벤트에 의한 경고창

이처럼 리액트에서는 이벤트를 연결할 때 HTML 요소에 직접 이벤트를 연결하는 방식을 사용하며, 이때 연결 이벤트는 카멜케이스 표기법을 사용한다.

Button 컴포넌트는 공통 컴포넌트로써 리액트로 제작하는 애플리케이션의 여러 곳에서 재사용된다. 그러므로 클릭 이벤트의 역할도 사용되는 곳마다 다를 것이다. 따라서 우리는 이 클릭 이벤트의 역할을 부모 컴포넌트로부터 전달받을 필요가 있다.

클릭 이벤트의 역할을 하는 함수를 부모 컴포넌트로부터 전달받기 위해 Button 컴포넌트의 타입스크립트 인터페이스를 다음과 같이 수정한다.

```
interface Props {
  ...
  readonly onClick?: () => void;
}
```

지금까지는 Props를 통해 단순히 문자열 데이터를 전달받았지만, 이번에는 위와 같이 함수를 전달받도록 하였다. 수정한 타입스크립트 인터페이스를 살펴보면 전달받을 함수는 반환값이 없는 void 타입의 함수이며 필수로 넘겨줄 필요가 없는 Props임을 알 수 있다.

이렇게 선언한 데이터 타입을 사용하여 부모 컴포넌트로부터 전달받는 데이터를 다음과 같이 자바스크립트의 구조 분할 할당을 통해 할당받는다.

```
export const Button = ({
  …
  onClick
}: Props) => {
  …
}
```

부모 컴포넌트로부터 전달받은 함수를 실제 클릭 이벤트와 연결하기 위해 다음과 같이 실제로 사용하는 곳을 수정한다.

```
export const Button = ({
  …
  onClick
}: Props) => {
  return (
    <Container
      …
      onClick={onClick}>
      <Label>{label}</Label>
    </Container>
  );
}
```

이렇게 ./src/Components/Button/index.tsx 파일을 수정하고 저장한 후, 앞에서와 같이 브라우저에 표시된 버튼을 누르면 아무 반응이 없는 것을 확인할 수 있다. 우리는 버튼을 클릭하면 경고창이 나오게 하는 alert 코드를 제거하고 부모 컴포넌트로 전달받은 onClick

함수를 사용하도록 수정하였지만, 아직 부모 컴포넌트에서 자식 컴포넌트로 onClick 함수를 전달하지 않았으므로 아무 반응이 없는 것이다.

그렇다면 부모 컴포넌트인 App 컴포넌트를 수정하여 자식 컴포넌트인 Button 컴포넌트에 onClick 함수를 전달해 보도록 하자. 자식 컴포넌트인 Button 컴포넌트에 onClick 이벤트를 전달하기 위해 ./src/App.tsx 파일을 열어 다음과 같이 수정한다.

```
function App() {
  return (
    ...
    <Button label="추가" onClick={() => alert('추가')}/>
    ...
  );
}
```

이렇게 ./src/App.tsx 파일을 수정하고 저장한 후에 다시 브라우저에서 추가 버튼을 누르면 이번에는 [그림 6-9]와 같이 [추가]라는 메시지를 표시하는 경고창을 확인할 수 있다.

[그림 6-9] Props로 전달받은 클릭 이벤트 함수에 의한 경고창

이 경고창을 통해 우리는 부모 컴포넌트인 App 컴포넌트로부터 전달받은 onClick 함수를 자식 컴포넌트인 Button 컴포넌트의 클릭 이벤트에 잘 연결된 것을 확인할 수 있다.

지금까지 우리는 Button 컴포넌트를 제작해 보면서 부모 컴포넌트로부터 데이터를 전달받기 위해 Props를 사용하는 방법을 연습해 보았다. 부모 컴포넌트로부터 Props를 통해 데이터를 전달받기 위해서는 우선 자식 컴포넌트에서 타입스크립트의 인터페이스를 정의하고, 이 인터페이스를 사용하여 전달받을 데이터 타입을 지정한 후, 자바스크립트 분해 할당을 사용하여 함수의 매개변수로 할당한 다음, 사용하고자 하는 곳에서 변수를 사용하면 된다는 것을 알게 되었다.

또한, 타입스크립트의 인터페이스에서 필수 매개변수와 필수가 아닌 매개변수를 어떻게 구분하는지, 함수를 전달받기 위해서는 타입을 어떻게 선언해야 하는지도 배웠다.

마지막으로, 자바스크립트의 구조 분할 할당에 초기값을 설정하는 방법과 styled-components에서 동적 매개변수를 사용하여 부모 컴포넌트로부터 전달받은 값을 설정하는 방법에 대해서도 알아보았다.

3) Input 컴포넌트

이제 할 일 목록 앱에서 사용자로부터 할 일을 입력받는 Input 컴포넌트를 만들어보자. 앞에서 Button 컴포넌트를 만드는 방식과 같은 방식으로 Input 컴포넌트를 제작할 예정이다. 우선 ./src/App.tsx 파일을 열어 다음과 같이 수정한다.

```
const InputContainer = Styled.div`
  display: flex;
`;

const Input = Styled.input`
  font-size: 16px;
  padding: 10px 10px;
  border-radius: 8px;
  border: 1px solid #BDBDBD;
  outline:none;
`;

function App() {
  return (
```

```
    <Container>
      <Contents>
        <InputContainer>
          <Input placeholder="할 일을 입력해 주세요" />

          ...
        </InputContainer>
      </Contents>
    </Container>
  );
}
```

App 컴포넌트에서 styled-components를 사용하여 Input 컴포넌트를 디자인하였다. 이렇게 사용자로부터 입력받기 위한 Input 컴포넌트를 만들고 파일을 저장하면 [그림 6-10]과 같이 브라우저에 입력창이 표시되는 것을 확인할 수 있다.

[그림 6-10] Input 컴포넌트

이렇게 디자인한 Input 컴포넌트도 Button 컴포넌트처럼 재사용이 가능한 컴포넌트로 만들어보자. Input 컴포넌트를 재사용 가능한 컴포넌트로 만들기 위해 ./src/Components/Input/index.tsx 파일을 만들고 다음과 같이 수정한다.

```
import React from 'react';
import Styled from 'styled-components';

const InputBox = Styled.input`
```

```
  flex: 1;
  font-size: 16px;
  padding: 10px 10px;
  border-radius: 8px;
  border: 1px solid #BDBDBD;
  outline:none;
`;

export const Input = () => {
  return (
    <InputBox placeholder="할 일을 입력해 주세요" />
  );
}
```

App 컴포넌트에서 만들었던 Input 컴포넌트의 디자인 내용을 새로운 파일에 만들고 옮겼다. 다만 디자인할 때 사용했던 Input과 새롭게 만든 컴포넌트의 이름이 중복되므로 styled-components로 만든 Input 컴포넌트를 InputBox로 이름을 변경하였다.

이렇게 수정하였다면 이제 우리가 컴포넌트를 추가할 때 좀 더 편하게 추가하려고 만들었던 ./Components/index.tsx 파일을 열어 다음과 같이 수정한다.

```
...
export * from './Input';
```

이를 통해 Input 컴포넌트도 Button 컴포넌트와 마찬가지로 import를 사용할 때 Components 파일을 통해 추가할 수 있게 되었다.

마지막으로, 이렇게 만든 Input 컴포넌트를 화면에 표시하기 위해 ./src/App.tsx 파일을 다음과 같이 수정한다.

```
...
import { Button, Input } from 'Components';
...
function App() {
  return (
    <Container>
      <Contents>
        <InputContainer>
          <Input />
          <Button label="추가" onClick={() => alert('추가')}/>
        </InputContainer>
      </Contents>
    </Container>
  );
}
```

우리가 재사용할 수 있도록 만든 Input 컴포넌트를 Button 컴포넌트와 마찬가지로 Components 파일에서 불러와 사용하도록 수정하였다. 이렇게 파일을 수정한 후 저장하면 브라우저에는 앞에서 확인한 화면과 같은 화면이 표시되고 있음을 확인할 수 있다.

이제 Input 컴포넌트의 재사용성을 향상하기 위해 placeholder의 내용을 Props를 사용하여 부모 컴포넌트로부터 전달받은 데이터를 표시하도록 수정해 보자. placeholder의 내용을 부모 컴포넌트로부터 전달받기 위해 ./src/Components/Input/index.tsx 파일을 열어 다음과 같이 수정한다.

```
...
interface Props {
  readonly placeholder?: string;
}

export const Input = ({placeholder}: Props) => {
```

```
  return (
    <InputBox placeholder={placeholder} />
  );
}
```

우선, 부모 컴포넌트로부터 전달받을 데이터를 지정하기 위해 타입스크립트의 인터페이스를 사용하여 Props를 선언하였다. 그리고 부모 컴포넌트로부터 전달받을 placeholder는 문자열 데이터이며 필수 데이터는 아니므로 물음표(?)를 사용하여 필수 데이터가 아님을 표시하였다.

또한, 자바스크립트의 구조 분할 할당을 통해 부모 컴포넌트로부터 전달받은 매개변수를 placeholder에 할당하였으며, 이렇게 할당받은 placeholder를 "할 일을 입력해 주세요" 대신 사용하도록 하였다.

이처럼 파일을 수정하고 저장한 후 브라우저를 확인해 보면 이전과는 다르게 Input 컴포넌트에 "할 일을 입력해 주세요"라는 placeholder가 없어진 것을 확인할 수 있다. 아직 우리는 부모 컴포넌트인 App 컴포넌트에서 어떠한 데이터도 placeholder라는 Props를 통해 자식 컴포넌트로 전달하지 않았기 때문이다.

부모 컴포넌트인 App 컴포넌트에서 자식 컴포넌트인 Input 컴포넌트에 placeholder라는 Props를 통해 데이터를 전달하기 위해 ./src/App.tsx 파일을 열어 다음과 같이 수정한다.

```
function App() {
  return (
    <Container>
      <Contents>
        <InputContainer>
          <Input placeholder="할 일을 입력해 주세요"/>
          <Button label="추가" onClick={() => alert('추가')}/>
        </InputContainer>
      </Contents>
```

```
    </Container>
  );
}
```

이렇게 부모 컴포넌트인 App 컴포넌트를 수정하고 파일을 저장하면 이전과는 다르게 "할 일을 입력해 주세요"라는 메시지가 placeholder에 표시되는 것을 확인할 수 있다.

이제 사용자가 입력하는 데이터를 자바스크립트에서 사용하는 방법에 대해서 살펴보자. 앞에서도 설명하였지만, 리액트는 단방향 데이터 바인딩을 사용한다. 따라서, 사용자가 입력하는 데이터를 자바스크립트 변수에 할당하기 위해서는 이벤트를 활용해야 한다. 사용자 입력 데이터를 자바스크립트에서 사용할 수 있게 하려면 ./src/Components/Input/index.tsx 파일을 열어 다음과 같이 이벤트를 추가하도록 한다.

```
<InputBox
  placeholder={placeholder}
  onChange={(event) => console.log(event.target.value)}/>
```

HTML의 onChange 이벤트 함수를 통해 사용자의 입력 데이터를 전달받아 자바스크립트의 console.log를 사용하여 전달받은 데이터를 표시하도록 하였다. 이렇게 수정한 후 브라우저를 열어 Input 컴포넌트에 데이터를 입력하면 [그림 6-11]과 같이 개발자 콘솔에 데이터가 표시되는 것을 확인할 수 있다.

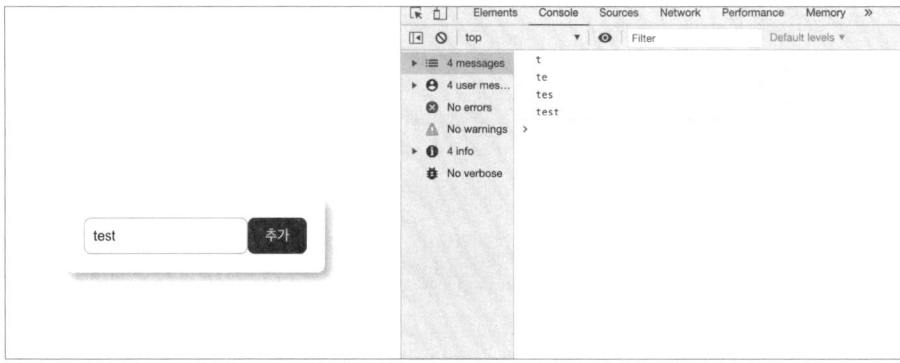

[그림 6-11] 이벤트로 전달받은 데이터 표시

HTML의 onChange 이벤트 함수는 입력창에 데이터가 변경되면 호출되는 이벤트 함수이므로 사용자가 입력하는 문자가 변경될 때마다 [그림 6-11]과 같이 개발자 콘솔에 데이터가 표시되는 것을 확인할 수 있다.

Input 컴포넌트는 재사용이 가능한 공통 컴포넌트이므로 이렇게 사용자로부터 입력받은 데이터를 필요한 곳에서 사용할 수 있도록 만들어야 한다. Input 컴포넌트를 다음과 같이 수정하여 부모 컴포넌트에서도 사용자가 입력한 데이터를 활용할 수 있도록 만들어보자.

```
interface Props {
  readonly placeholder?: string;
  readonly onChange?: (text: string) => void;
}

export const Input = ({placeholder, onChange}: Props) => {
  return (
    <InputBox
      placeholder={placeholder}
      onChange={(event) => {
        if(typeof onChange === 'function') {
          onChange(event.target.value);
        }
      }} />
  );
}
```

부모 컴포넌트에서 사용자의 입력 데이터를 활용하기 위해 Props로 onChange 함수를 전달받았으며, 이렇게 부모 컴포넌트로부터 전달받은 함수를 이벤트 함수인 onChange와 연결하였다. 또한, 부모 컴포넌트는 이벤트 객체가 필요한 게 아니라 단지 사용자가 입력한 텍스트 데이터가 필요한 것이므로 문자열 데이터를 전달하도록 만들었다.

이렇게 만든 Props를 사용하기 위해 부모 컴포넌트인 App 컴포넌트를 수정해 보자. ./src/

App.tsx 파일을 열어 다음과 같이 수정한다.

```
function App() {
  return (
    <Container>
      <Contents>
        <InputContainer>
          <Input placeholder="할 일을 입력해 주세요" onChange={(text) => console.log(text)} />
          <Button label="추가" onClick={() => alert('추가')} />
        </InputContainer>
      </Contents>
    </Container>
  );
}
```

앞에서 만든 Input 컴포넌트의 Props인 onChange에 console.log를 사용하여 사용자로부터 입력받은 데이터를 단순히 개발자 콘솔에 출력하는 코드이다. 이제 이렇게 수정한 파일을 저장하고 브라우저에서 입력창에 데이터를 입력하면 앞서 확인한 [그림 6-11]과 같이 입력한 데이터가 개발자 콘솔에 출력되는 것을 확인할 수 있다.

이로써 Input 컴포넌트를 재사용 가능한 컴포넌트로 만들었으며, 사용자로부터 입력받은 데이터를 활용할 수 있는 준비를 하였다.

4) ToDoItem 컴포넌트

사용자가 등록한 하나의 할 일을 표시하기 위한 ToDoItem 컴포넌트를 만들어보자. ToDoItem 컴포넌트를 만들기 위해 ./src/App.tsx 파일을 열어 다음과 같이 수정한다.

```
...
const ToDoItem = Styled.div`
  display: flex;
```

```
    border-bottom: 1px solid #BDBDBD;
    align-items: center;
    margin: 10px;
    padding: 10px;
`;
const Label = Styled.div`
    flex: 1;
    font-size: 16px;
    margin-right: 20px;
`;

function App() {
  return (
    <Container>
      <Contents>
        <ToDoItem>
          <Label>추가된 할 일</Label>
          <Button
            label="삭제"
            backgroundColor="#FF1744"
            hoverColor="#F01440"
            onClick={() => alert('삭제')} />
        </ToDoItem>
        <InputContainer>
          ...
        </InputContainer>
      </Contents>
    </Container>
  );
}
```

```
export default App;
```

styled-components와 앞에서 만든 Button 컴포넌트를 사용하여 우리가 만들 ToDoItem 컴포넌트를 구성해 보았다.

이렇게 파일을 수정한 후 저장하면 [그림 6-12]와 같이 우리가 추가한 컴포넌트가 브라우저에 잘 표시되는 것을 확인할 수 있다.

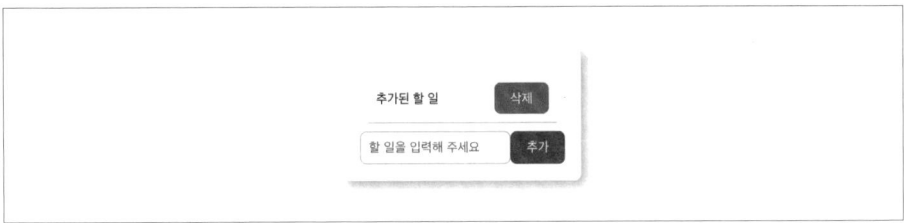

[그림 6-12] ToDoItem 컴포넌트

이렇게 만든 컴포넌트를 재사용 가능한 컴포넌트로 만들어보자. 재사용 가능한 컴포넌트로 만들기 위해 ./src/Components/ToDoItem/index.tsx 파일을 열어 다음과 같이 수정한다.

```
import React from 'react';
import Styled from 'styled-components';

import { Button } from 'Components/Button';

const Container = Styled.div`
  display: flex;
  border-bottom: 1px solid #BDBDBD;
  align-items: center;
  margin: 10px;
  padding: 10px;
`;
const Label = Styled.div`
```

```
    flex: 1;
    font-size: 16px;
    margin-right: 20px;
`;

export const ToDoItem = () => {
  return (
    <Container>
      <Label>추가된 할 일</Label>
      <Button
        label="삭제"
        backgroundColor="#FF1744"
        hoverColor="#F01440"
        onClick={() => alert('삭제')} />
    </Container>
  );
}
```

ToDoItem 컴포넌트를 만들기 위해 ./src/Components/ToDoItem/index.tsx 파일을 만들고 App 컴포넌트에서 만든 ToDoItem 컴포넌트의 내용을 복사/붙여넣기 하였다. 앞에서 만든 컴포넌트들과 마찬가지로 styled-components로 만든 ToDoItem과 우리가 만든 ToDoItem 컴포넌트의 이름이 중복되므로 styled-components로 만든 ToDoItem의 이름을 Container로 수정하였다.

또한, 공통 컴포넌트로 만든 Button 컴포넌트는 우리가 컴포넌트들을 편하게 추가하기 위해 만든 Components/index를 사용하지 않고 Components/Button을 사용하여 직접 추가하였다. Button 컴포넌트를 직접 추가한 이유는 Components/index에서 ToDoItem 컴포넌트를 참조하고 있고, ToDoItem은 다시 Components/index를 참조하게 되므로 무한 반복 참조가 일어나기 때문이다.

이제 공통 컴포넌트들을 편하게 사용하기 위해 만든 ./src/Componets/index.tsx 파일을 열어 다음과 같이 수정한다.

```
...
export * from './ToDoItem';
```

마지막으로 이렇게 공통 컴포넌트로 만든 ToDoItem 컴포넌트를 부모 컴포넌트인 App 컴 포넌트에서 사용하도록 수정해 보자. 부모 컴포넌트인 App 컴포넌트에서 공통 컴포넌트 로 제작한 ToDoItem 컴포넌트를 사용하기 위해 ./src/App.tsx 파일을 열어 다음과 같이 수정한다.

```
...
import { Button, Input, ToDoItem } from 'Components';
...
function App() {
  return (
    <Container>
      <Contents>
        <ToDoItem />
        <InputContainer>
          ...
        </InputContainer>
      </Contents>
    </Container>
  );
}
```

이렇게 ./src/App.tsx 파일을 수정한 후 저장하면 브라우저에는 여전히 [그림 6-12]와 같은 화면이 표시되고 있는 것을 확인할 수 있다.

이제 공통 컴포넌트로 만든 ToDoItem 컴포넌트를 부모 컴포넌트로부터 데이터를 받을 수 있도록 수정해 보자. ./src/Components/ToDoItem/index.tsx 파일을 열어 다음과 같이 수정한다.

```
...
interface Props {
  readonly label: string;
  readonly onDelete?:() => void;
}

export const ToDoItem = ({label, onDelete}: Props) => {
  return (
    <Container>
      <Label>{label}</Label>
      <Button
        label="삭제"
        backgroundColor="#FF1744"
        hoverColor="#F01440"
        onClick={onDelete} />
    </Container>
  );
}
```

부모 컴포넌트로부터 Props를 통해 데이터를 전달받기 위해 타입스크립트의 인터페이스를 정의하였다. 그리고 ToDoItem 컴포넌트 함수의 매개변수를 구조 분해 할당을 사용하여 변수에 할당하였다. 마지막으로 부모 컴포넌트로부터 Props를 통해 전달받은 데이터를 필요한 부분에서 사용하여 화면에 표시되도록 하였다.

이제 부모 컴포넌트인 App 컴포넌트에서 자식 컴포넌트인 ToDoItem 컴포넌트의 Props를 사용하여 데이터를 전달해 보자. 부모 컴포넌트인 App 컴포넌트에서 자식 컴포넌트인 ToDoItem 컴포넌트에 데이터를 전달하기 위해 ./src/App.tsx 파일을 열어 다음과 같이 수정한다.

```
...
function App() {
  return (
    <Container>
      <Contents>
        <ToDoItem label="추가된 할 일" onDelete={() => alert('삭제')}/>
        <InputContainer>
          ...
        </InputContainer>
      </Contents>
    </Container>
  );
}
```

부모 컴포넌트에서 자식 컴포넌트에 데이터를 전달하기 위해 ToDoItem 컴포넌트의 Props 인 label과 onDelete 함수를 정의하여 전달하였다. 이렇게 파일을 수정한 후 저장하면 앞에서 봤던 [그림 6-12]와 같이 ToDoItem 컴포넌트가 잘 표시되는 것을 확인할 수 있다.

5) State

지금까지는 모든 데이터를 하드 코딩(Hard coding)하여 화면에 표시하였다. 이제 리액트의 State을 사용하여 컴포넌트 안에서 동적인 데이터를 다루는 State에 대해 이해해 보도록 하자.

지금까지 다룬 Props는 부모 컴포넌트로부터 자식 컴포넌트로 전달되는 데이터로써, 부모 컴포넌트로부터 전달받은 데이터인 Props는 자식 컴포넌트에서 변경할 수 없었다.

이제부터 다룰 State는 Props와는 다르게 한 컴포넌트 안에서 유동적인 데이터를 다룰 때 사용되며, 컴포넌트 안에서 데이터를 변경할 수 있다.

이제 할 일 목록 앱에서 할 일 데이터와 할 일 목록 데이터에 관한 동적 데이터를 State를 사용하여 컴포넌트 안에서 다뤄보도록 하겠다. 우선, 할 일 데이터를 다루기 위해 ./src/

App.tsx 파일을 열어 다음과 같이 수정한다.

```
import React, { useState } from 'react';
…
function App() {
  const [toDo, setToDo] = useState('');

  return (
    <Container>
      <Contents>
        …
        <InputContainer>
          <Input placeholder="할 일을 입력해 주세요" onChange={(text) => setToDo(text)} />
          <Button label="추가" onClick={() => alert(toDo)} />
        </InputContainer>
      </Contents>
    </Container>
  );
}
```

우선 컴포넌트 안에서 State로 데이터를 다루기 위해서는 useState라는 리액트 훅(Hook)을 사용해야 한다. useState를 사용하기 위해 최상단에서 React 라이브러리로부터 useState를 추가하였다.

```
import React, {useState} from 'react';
```

그런 다음, 추가한 useState를 사용하여 컴포넌트 안에서 동적으로 변경할 데이터인 할 일 데이터를 다음과 같이 선언하였다.

```
const [toDo, setToDo] = useState('');
```

리액트의 useState는 훅(Hook) 함수로써 우리가 사용할 변수의 초기값을 매개변수로 전달하여 호출하며, 결과값으로는 배열을 반환한다. 반환된 배열에서는 useState 함수를 호출할 때 설정한 초기값이 할당된 변수와 해당 변수를 수정하기 위한 Set 함수가 반환된다.

```
const 배열 = useState (데이터 초기값);
// 배열[0]: 데이터 초기값이 들어간 변수
// 배열[1]: 데이터를 수정할 수 있는 Set 함수
```

실무에서는 반환된 결과값을 자바스크립트의 구조 분해 할당을 통해 변수와 Set 함수를 할당하여 사용한다.

```
const [변수명, Set함수명] = useState (데이터 초기값);
```

이렇게 useState를 사용하여 만든 State를 구조 분해 할당을 통해 변수와 Set 함수를 할당받고 할당받은 변수와 변수를 수정하기 위한 Set 함수를 필요한 곳에서 사용하도록 수정하였다.

```
<Input placeholder="할 일을 입력해 주세요" onChange={(text) =>
setToDo(text)} />
<Button label="추가" onClick={() => alert(toDo)} />
```

useState를 사용하여 할당받은 변수는 불변값(Immutable)이다. 따라서 해당 값은 직접 수정하는 것이 불가능하며 해당 값을 변경하기 위해서는 반드시 Set 함수를 사용해야 한다.

이처럼 컴포넌트 내에서 State를 사용하여 동적인 데이터를 다루기 위해 App 컴포넌트를 수정하고 저장한 다음 실제로 데이터가 잘 변경되는지 확인하기 위해 브라우저에서 할 일 입력란에 데이터를 입력하고 추가 버튼을 눌러보자.

앞에 내용을 문제없이 작성하였다면 [그림 6-13]과 같이 우리가 입력한 데이터가 잘 표시되는 것을 확인할 수 있다.

[그림 6-13] 할 일 데이터 표시

이를 통해 우리가 입력한 데이터가 State의 Set 함수를 통해 State의 변수를 갱신하였고, State의 변수를 alert를 통해 화면에 출력해 봄으로써 실제로 데이터가 잘 갱신된 것을 확인할 수 있었다.

이제 이렇게 할당한 하나의 할 일 데이터를 추가할 할 일 목록 데이터로 만들어보자. 할 일 목록 데이터를 만들기 위해 ./src/App.tsx 파일을 열어 다음과 같이 수정한다.

```
...
const ToDoListContainer = Styled.div`
  min-width: 350px;
  height: 400px;
  overflow-y: scroll;
  border: 1px solid #BDBDBD;
  margin-bottom: 20px;
```

```
`;
...
function App() {
  const [toDo, setToDo] = useState('');
  const [toDoList, setToDoList] = useState<string[]>([]);

  const addToDo = (): void => {
    if (toDo) {
      setToDoList([...toDoList, toDo]);
      setToDo('');
    }
  }

  const deleteToDo = (index: number): void => {
    let list = [...toDoList];
    list.splice(index, 1);
    setToDoList(list);
  }

  return (
    <Container>
      <Contents>
        <ToDoListContainer>
          {toDoList.map((item, index) =>
            <ToDoItem key={item} label={item} onDelete={() => deleteToDo(index)} />
          )}
        </ToDoListContainer>
        <InputContainer>
          <Input placeholder="할 일을 입력해 주세요" value={toDo} onChange={(text) => setToDo(text)} />
```

```
        <Button label="추가" onClick={addToDo} />
      </InputContainer>
    </Contents>
  </Container>
 );
}
```

우선 디자인을 위해 styled-components를 사용하여 ToDoListContainer 컴포넌트를 만들었으며, 이 ToDoListContainer안에서는 map 함수를 사용하여 배열인 할 일 목록 데이터를 ToDoItem 컴포넌트를 사용하여 할 일을 보여주도록 수정하였다.

```
...
const ToDoListContainer = Styled.div`
  min-width: 350px;
  height: 400px;
  overflow-y: scroll;
  border: 1px solid #BDBDBD;
  margin-bottom: 20px;
`;
...
<ToDoListContainer>
  {toDoList.map((item, index) =>
    <ToDoItem key={item} label={item} onDelete={() => deleteToDo(index)} />
  )}
</ToDoListContainer>
```

App 컴포넌트에서 State로 할 일 목록 데이터를 사용하기 위해 다음과 같이 useState를 사용하여 할 일 목록 데이터의 State를 정의하였다.

```
  const [toDoList, setToDoList] = useState<string[]>([]);
```

동적 데이터인 할 일 목록 데이터를 만들기 위해 useState를 사용하여 할 일 목록을 저장할 배열 변수(toDoList)와 그 배열의 Set 함수(setToDoList)를 자바스크립트의 구조 분해 할당을 통해 할당받았다.

State 데이터인 할 일 목록 데이터에 초기값으로 빈 배열(useState([]))을 추가하였다. 이렇게 빈 배열을 추가하면 이 배열에 어떤 변수 타입이 들어갈지 타입스크립트는 알 수가 없다. 타입스크립트는 보통 데이터의 초기값을 보고 타입을 추론하기 때문에 데이터 타입을 지정하지 않아도 되지만, 이처럼 빈 배열을 추가할 경우 문자열 데이터가 추가될 배열인지, 숫자형 데이터가 추가될 배열인지 타입스크립트가 알 수가 없어 제대로 데이터 추론을 할 수 없다. 이 같은 경우에는 다음과 같이 타입스크립트의 제네릭을 통해 데이터를 명시적으로 지정하여 해결할 수 있다.

```
const [변수명, Set함수명] = useState<데이터 타입>(데이터 초기값);
```

이제 이렇게 정의한 State에 실제 데이터를 추가하고 삭제하기 위한 addToDo 함수와 deleteToDo 함수를 정의하였다.

```
const addTodo = (): void => {
  if (toDo) {
    setToDoList([...toDoList, toDo]);
    setToDo('');
  }
}
```

useState로 생성한 toDoList 변수는 불변값이므로 toDoList를 갱신하기 위해서는 Set 함수(setToDoList)를 사용해야 한다. 이때 자바스크립트의 전개 구문(Spread syntax)을 사용하여 toDoList의 모든 데이터를 복사하고 새로운 데이터인 toDo를 함께 대입함으로써 할 일 데이터를 할 일 목록 데이터에 추가하였다.

```
setToDoList([...toDoList, toDo]);
```

그리고 이렇게 새로운 할 일 데이터를 추가한 후 입력창에 남아있는 내용을 지우기 위해 setToDo 함수를 사용하여 toDo 데이터를 초기화하였다.

```
const deleteToDo = (index: number): void => {
  let list = [...toDoList];
  list.splice(index, 1);
  setToDoList(list);
}
```

할 일 목록 데이터에서 할 일 데이터를 삭제하는 함수에서도 불변값인 toDoList 변수에서 직접 데이터를 삭제할 수 없다. 따라서 자바스크립트 전개 구문을 사용하여 새로운 변수(list)에 toDoList를 복사한 후, 삭제를 위해 전달받은 index 값과 자바스크립트의 splice 함수를 사용하여 할 일 데이터를 할 일 목록 데이터에서 삭제하였다. 이렇게 삭제한 새로운 할 일 리스트를 다시 Set 함수인 setTodoList 함수를 사용하여 할 일 목록 데이터를 갱신하였다.

이렇게 State로 만든 할 일 목록 데이터를 화면에 표시하기 위해 자바스크립트의 map 함수를 사용하여 반복적으로 ToDoItem 컴포넌트를 표시하도록 하였다.

```
<ToDoListContainer>
  {toDoList.map((item, index) =>
    <ToDoItem key={item} label={item} onDelete={() => deleteToDo(index)} />
  )}
</ToDoListContainer>
```

앞에서와 다르게 ToDoItem 컴포넌트에 key라는 Props를 사용한 것을 확인할 수 있다. 리액트에서는 map과 같은 반복문을 사용하여 반복적으로 동일한 컴포넌트를 화면에 표시하는 경우 key를 항상 사용해야 한다.

리액트에서는 데이터 변경이 발생하면 이를 감지하고 가상 돔을 활용하여 변경된 부분을 계산하고 실제 화면을 갱신한다. 예를 들어 State로 만든 toDoList 데이터가 변경되면 리액트는 이 변경을 감지하고 가상 돔에서 해당 데이터에 의해 변경된 부분을 계산한 후, 실제 화면을 갱신하게 된다. 하지만 반복적으로 동일한 컴포넌트를 사용하게 되면 리액트에서는 해당 컴포넌트가 어떤 데이터와 연결되어 있는지 정확히 인지할 수가 없다. 이렇게 어떤 데이터가 정확히 어떤 컴포넌트와 연결되었는지 인식할 수 없는 경우 리액트는 변경된 컴포넌트만을 갱신하는 것이 아니라 toDoList에 해당하는 모든 컴포넌트를 지우고 전부 다시 그리게 된다.

이런 문제를 해결하기 위해 리액트에서는 반복적으로 표시되는 동일한 컴포넌트에 key값을 설정하여 특정 데이터와 컴포넌트를 연결하게 된다. 반복적으로 동일한 컴포넌트를 사용할 때 이 key값이 주어진다면 해당 key값을 보고 가상 돔에서 새로 만든 ToDoItem 컴포넌트들과 이전에 있던 ToDoItem 컴포넌트를 비교하여 변경된 부분만 갱신하게 된다.

이렇게 key값을 설정한 ToDoItem 컴포넌트에 toDoList의 데이터를 삭제하기 위해 만든 deleteToDo 함수를 onDelete와 연결하였다. 이를 통해 [삭제] 버튼을 클릭하면 할 일 리스트에서 할 일 데이터를 삭제할 수 있게 되었다.

```
<ToDoItem key={item} label={item} onDelete={() => deleteToDo(index)} />
```

마지막으로, 새로운 할 일 데이터를 추가하기 위해 [추가] 버튼에 addTodo 함수를 사용하였다. 이를 통해 Input 컴포넌트에 데이터를 입력하여 할 일 데이터(toDo)를 갱신하고 [추가] 버튼을 클릭하면 갱신된 할 일 데이터(toDo)를 할 일 목록 데이터(toDoList)에 추가되도록 하였다.

```
<Input placeholder="할 일을 입력해 주세요" value={toDo} onChange={(text) => setToDo(text)} />
<Button label="추가" onClick={addToDo} />
```

여기서 Input 컴포넌트를 자세히 살펴보면 앞에서 만든 Input 컴포넌트와 다르게 value라는 새로운 Props가 추가된 것을 확인할 수 있다. 이 Props는 새로운 할 일 데이터를 할 일 목록 데이터에 추가하기 위해 사용자가 [추가] 버튼을 클릭하면 Input 컴포넌트에 입력한 사용자 데이터를 제거하기 위해 새롭게 추가한 Props이다. 이 Props를 적용하기 위해서는 Input 컴포넌트도 수정해 주어야 한다.

새로운 Props인 value를 자식 컴포넌트인 Input 컴포넌트에서 사용하기 위해 다음과 같이 ./src/Components/Input/index.tsx 파일을 열어 수정한다.

```
interface Props {
  readonly placeholder?: string;
  readonly value?: string;
  readonly onChange?: (text: string) => void;
}

export const Input = ({ placeholder, value, onChange }: Props) => {
  return (
    <InputBox
      value={value}
      …
    />
  );
}
```

새로운 Props를 사용하기 위해 타입스크립트 인터페이스에 value를 추가하였으며, 이렇게 추가한 value를 구조 분해 할당을 통해 전달받은 후 실제로 사용하도록 InputBox 컴포넌트에 추가하였다.

이렇게 추가한 Props인 value는 부모 컴포넌트인 App 컴포넌트에서 [추가] 버튼을 통해 사용자가 입력한 데이터를 할 일 목록에 추가한 후 할 일 데이터(toDo)를 초기화시킴으로써 사용자가 입력한 데이터를 화면에서 지울 수 있게 된다.

```
// src/App.tsx
```

```
...
const [toDo, setToDo] = useState('');

...
const addTodo = (): void => {
  if (toDo) {
    ...
    setToDo('');
  }
}
...
<Input value={toDo} ... />
...
```

이제 모든 작업을 완료하였다. 수정된 파일을 저장하고 브라우저를 확인해 보면 [그림 6-14]와 같은 화면을 확인할 수 있다.

[그림 6-14] 할 일 리스트 추가

이제 새로운 할 일을 추가하기 위해 Input 컴포넌트에 할 일을 작성한 후 [추가] 버튼을 눌러 데이터를 추가해 보자. 문제없이 데이터가 추가되었다면 [그림 6-15]와 같이 할 일 목록이 화면에 잘 표시되는 것을 확인할 수 있다.

[그림 6-15] 할 일 리스트 추가

이렇게 할 일을 할 일 목록에 추가해 보았다면 이번에는 할 일 목록에서 할 일들이 잘 삭제되는지 확인하기 위해 할 일 목록에서 임의의 할 일 아이템의 [삭제] 버튼을 눌러보자. 문제없이 삭제되었다면 [그림 6-16]과 같이 할 일 목록에서 삭제한 할 일이 잘 사라지는 것을 확인할 수 있다.

[그림 6-16] 할 일 리스트 삭제

이것으로 리액트의 Props와 State를 이해하기 위해 Props와 State를 사용하여 할 일 목록 앱을 개발해 보았다. 이제 이렇게 개발한 할 일 목록 앱을 Jest와 react-testing-library를 사용하여 테스트해 보자.

6.4 테스트

이제 할 일 목록 앱을 Jest와 react-testing-library를 사용하여 테스트 코드를 작성하여 우리가 만든 할 일 목록 앱에 문제가 없는지 확인해 보도록 하자. 우선 상세한 테스트 코드를 작성하기 전에 앞에서 작성한 테스트 코드를 지우고 시작하도록 하겠다. ./src/App.test.tsx 파일을 열어 다음과 같이 테스트 내용을 삭제하도록 한다.

```
import React from 'react';
import { render, screen } from '@testing-library/react';
import App from './App';

describe('<App />', () => {
```

```
  it('renders component correctly', () => {
  });
});
```

추후 App 컴포넌트를 테스트할 때 다시 이 파일을 수정할 예정이므로 물리적인 파일을 남겨두도록 하자.

이렇게 파일을 수정하였다면 실행 중인 명령을 취소하고 다음 명령어를 실행하여 지속해서 테스트가 가능할 수 있도록 Jest를 실행하도록 한다.

```
npm run test
```

1) Button 컴포넌트

Button 컴포넌트는 Props만을 가지는 단순한 컴포넌트이다. 이제 Jest와 react-testing-library를 통해 Button 컴포넌트가 화면에 잘 표시되는지, Props가 잘 적용되는지 테스트해 보자.

우선 Button 컴포넌트를 테스트하기 위해 ./src/Components/Button/index.test.tsx 파일을 생성하고 다음과 같이 수정한다.

```
import React from 'react';
import { render, screen } from '@testing-library/react';
import 'jest-styled-components';

import {Button} from './index';

describe('<Button />', () => {
  it('renders component correctly', () => {
    const {container} = render(<Button label="Button Test" />);
```

```
    const label = screen.getByText('Button Test');
    expect(label).toBeInTheDocument();
    const parent = label.parentElement;
    expect(parent).toHaveStyleRule('background-color', '#304FFE');
    expect(parent).toHaveStyleRule('background-color', '#1E40FF', {
      modifier: ':hover',
    });

    expect(container).toMatchSnapshot();
  });
});
```

코드를 자세히 살펴보면 이전과는 다르게 jest-styled-components를 사용하는 것을 확인할 수 있다. 이 jest-styled-components는 toHaveStyleRule이라는 Matcher를 추가로 제공하며, styled-components를 좀 더 자세히 테스트할 수 있게 도와준다.

```
import 'jest-styled-components';
```

우리는 현재 Button 컴포넌트에 대한 테스트 명세를 작성 중이므로 테스트하고자 하는 Button 컴포넌트를 불러온 후 Jest의 describe와 it 함수를 사용하여 테스트 명세를 작성하였다.

```
import {Button} from './index';
```

```
describe('<Button />', () => {
  it('renders component correctly', () => {
    …
  });
});
```

테스트 명세에는 Button 컴포넌트의 필수 Props인 label의 값을 설정한 후 react-testing-library의 render 함수를 사용하여 Button 컴포넌트를 렌더링하였다. 이렇게 렌더링한 결과 중 container 변수를 할당받아 스냅샷 테스트에 사용하였다.

```
it('renders component correctly', () => {
  const {container} = render(<Button label="Button Test" />);
  ...
  expect(container).toMatchSnapshot();
});
```

그리고 react-testing-library의 screen.getByText를 사용하여 Buttton 컴포넌트의 필수 Props인 label의 설정한 값으로 Button 컴포넌트를 찾고 이렇게 찾은 Button 컴포넌트를 react-testing-library의 toBeInTheDocument를 사용하여 화면에 표시되어 있는지 확인하였다.

```
const label = screen.getByText('Button Test');
expect(label).toBeInTheDocument();
```

Button 컴포넌트는 필수가 아니라 Props인 backgroundColor와 hoverColor가 설정이 되어 있지 않으면 기본값이 설정되도록 개발하였다. backgroundColor와 hoverColor가 설정되어 있지 않은 상황에서 기본값이 잘 설정되는지 확인하기 위해 jest-styled-components의 새로운 Matcher인 toHaveStyleRule을 사용하여 확인하였다.

```
const parent = label.parentElement;
expect(parent).toHaveStyleRule('background-color', '#304FFE');
expect(parent).toHaveStyleRule('background-color', '#1E40FF', {
  modifier: ':hover',
});
```

backgroundColor와 hoverColor는 우리가 screen.getByText로 찾은 Label 컴포넌트가 아닌 Label 컴포넌트의 부모 요소인 Container 컴포넌트에 설정이 된다. 따라서 label.parentElement를 사용해 Label 컴포넌트의 부모 요소(Container 컴포넌트)에 접근하여 값이 잘 설정되었는지 확인하였다.

이처럼 테스트 코드를 작성하고 저장한 후 명령 프롬프트를 확인하면 우리가 작성한 테스트 명세가 다음과 같이 성공적으로 실행된 것을 확인할 수 있다.

```
PASS  src/App.test.tsx
PASS  src/Components/Button/index.test.tsx

Test Suites: 2 passed, 2 total
Tests:       2 passed, 2 total
Snapshots:   1 passed, 1 total
Time:        3.566 s
```

또한 ./src/Componets/Button/__snapshots__/index.test.tsx.snap 파일이 생성되고 스냅샷 테스트를 위한 스냅샷이 저장된 것을 확인할 수 있다.

이것으로 우리가 만든 Button 컴포넌트가 필수 Props인 label만 설정하여도 화면에 잘 표시되는 것을 확인할 수 있었다.

다음은 Button 컴포넌트의 필수가 아닌 Props인 backgroudColor와 hoverColor를 테스트해 보자. backgoundColor와 hoverColor가 설정되어 있지 않은 경우 기본값이 설정되어 화면에 표시되는 것은 앞에서 만든 테스트 명세에서 확인하였다. 그러므로 이번에 만들 테스트 명세에서는 단순히 두 값이 설정되어 있을 때 해당 값들이 잘 표시되고 있는지 확인해 보도록 하자.

Button 컴포넌트의 필수가 아닌 Props인 backgroundColor와 hoverColor를 테스트하기 위해 ./src/Components/Button/index.test.tsx 파일을 열어 다음과 같이 테스트 명세를 추가한다.

```
...
  it('changes backgroundColor and hoverColor Props', () => {
```

```
    const backgroundColor = "#FF1744";
    const hoverColor = "#F01440";
    render(<Button label="Button Test" backgroundColor={backgroundColor
} hoverColor={hoverColor}/>);

    const parent = screen.getByText('Button Test').parentElement;
    expect(parent).toHaveStyleRule('background-color',
backgroundColor);
    expect(parent).toHaveStyleRule('background-color', hoverColor, {
      modifier: ':hover',
    });
  });
});
...
```

Button 컴포넌트의 필수 Props가 아닌 backgroundColor와 hoverColor를 화면에 렌더링한 후 Label 컴포넌트의 부모 컴포넌트인 Container 컴포넌트에서 전달한 색상이 제대로 표시되는지 확인하기 위해 toHaveStyleRule 함수를 사용하여 검사하였다.

이렇게 파일을 수정한 후 저장하면 명령 프롬프트에 우리가 추가로 작성한 테스트 명세가 다음과 같이 성공한 것을 확인할 수 있다.

```
PASS  src/App.test.tsx
PASS  src/Components/Button/index.test.tsx


Test Suites: 2 passed, 2 total
Tests:       3 passed, 3 total
Snapshots:   1 passed, 1 total
Time:        2.969 s
```

마지막으로 Button 컴포넌트의 onClick 이벤트를 테스트해 보도록 하자. Button 컴포넌트의 onClick 이벤트에는 사실 어떤 함수가 연결될지 알 수가 없다. Jest에서는 이처럼 어떤 이벤트를 통해 함수가 호출되는지를 확인하기 위해 모의 함수(Mocking functions)를 사용한다. 여기서는 이 모의 함수를 사용하여 onClick 이벤트를 테스트할 예정이다.

또한, 우리는 사용자의 클릭이라는 이벤트를 발생시켜야 한다. react-testing-library에서는 사용자가 행하는 특정 이벤트들을 다룰 수 있도록 fireEvent 라는 기능을 제공하고 있다.

우선, Button 컴포넌트의 테스트에 클릭 이벤트를 사용하기 위해 테스트 파일 상단에 fireEvent를 추가하도록 한다.

```
import { render, screen, fireEvent } from '@testing-library/react';
```

그런 다음, 다음과 같이 Button 컴포넌트의 필수가 아닌 Props인 onClick 함수를 테스트하기 위한 테스트 명세를 추가한다.

```
...
it('clicks the button', () => {
  const handleClick = jest.fn();
  render(<Button label="Button Test" onClick={handleClick}/>);

  const label = screen.getByText('Button Test');
  expect(handleClick).toHaveBeenCalledTimes(0);
  fireEvent.click(label);
  expect(handleClick).toHaveBeenCalledTimes(1);
});
...
```

우선 Jest의 모의 함수(jest.fn)를 사용하여 handleClick 변수를 선언하고 이렇게 선언한 변수를 Button 컴포넌트의 Props인 onClick을 통해 전달하였다.

```
const handleClick = jest.fn();
render(<Button label="Button Test" onClick={handleClick}/>);
```

그런 다음 화면에 표시된 Button 컴포넌트를 찾아서 아직 해당 컴포넌트를 클릭하지 않았음을 확인하기 위해 toHaveBeenCalledTimes 함수를 사용하여 우리가 만든 모의 함수가 호출되었는지를 확인하였다.

```
const label = screen.getByText('Button Test');
expect(handleClick).toHaveBeenCalledTimes(0);
```

그리고 실제 fireEvent.click 함수를 통해 우리가 만든 Button 컴포넌트에 클릭 이벤트를 발생시킨 후 Jest의 모의 함수가 호출되었는지를 확인함으로써 Button 컴포넌트의 Props인 onClick을 테스트하였다.

```
fireEvent.click(label);
expect(handleClick).toHaveBeenCalledTimes(1);
```

이렇게 Button 컴포넌트의 테스트 명세를 수정하여 저장한 후 명령 프롬프트를 확인해 보면 우리가 추가한 테스트 명세가 다음과 같이 잘 통과된 것을 확인할 수 있다.

```
 PASS  src/App.test.tsx
 PASS  src/Components/Button/index.test.tsx

Test Suites: 2 passed, 2 total
Tests:       4 passed, 4 total
Snapshots:   1 passed, 1 total
Time:        8.463 s
```

이것으로 Button 컴포넌트가 화면에 잘 표시되는지 그리고 Button 컴포넌트가 가지고 있는 Props를 통해 전달한 데이터가 우리가 원하는 대로 동작하는지를 테스트해 보았다.

2) Input 컴포넌트

다음은 Input 컴포넌트를 테스트하기 위한 테스트 명세를 추가해 보자. Input 컴포넌트를 테스트하기 위해 ./src/Components/Input/index.test.tsx 파일을 생성하고 다음과 같이 수정한다.

```
import React from 'react';
import { render, screen } from '@testing-library/react';
import 'jest-styled-components';

import { Input } from './index';

describe('<Input />', () => {
  it('renders component correctly', () => {
    const {container} = render(<Input value="default value"/>);

    const input = screen.getByDisplayValue('default value');
    expect(input).toBeInTheDocument();

    expect(container).toMatchSnapshot();
  });
});
```

Input 컴포넌트는 Button 컴포넌트와 다르게 필수 Props가 존재하지 않는다. 따라서 화면에 표시되었는지를 알기 위해 검색(Query)할 방법이 없다. 그래서 Input 컴포넌트의 필수가 아닌 Props인 value값을 설정하고 react-testing-library의 screen.getByDisplayValue를 사용하여 Input 컴포넌트를 찾았으며, 해당 컴포넌트가 화면에 표시되었는지를 toBeInTheDocument를 사용하여 확인하였다. 마지막으로 toMatchSnapshot 함수를 사용하여 스냅샷을 생성하였다.

이렇게 파일을 수정한 후 저장하면 명령 프롬프트에 다음과 같이 우리가 추가한 테스트가 성공적으로 실행되었음을 확인할 수 있다.

```
PASS  src/Components/Button/index.test.tsx
PASS  src/Components/Input/index.test.tsx
```

```
Test Suites: 2 passed, 2 total
Tests:       4 passed, 4 total
Snapshots:   2 passed, 2 total
Time:        3.432 s
```

이제 Input 컴포넌트의 다른 Props를 테스트해 보자. Input 컴포넌트의 필수가 아닌 Props 인 placeholder를 테스트하기 위해 테스트 명세를 다음과 같이 추가한다.

```
...
it('renders placeholder correctly', () => {
  render(<Input placeholder="default placeholder"/>);

  const input = screen.getByPlaceholderText('default placeholder');
  expect(input).toBeInTheDocument();
});
...
```

앞에서 만든 테스트 명세와는 다르게 Input 컴포넌트의 placeholder에 값을 설정하고 react-testing-library의 screen.getByPlaceholderText로 컴포넌트를 찾은 다음 해당 컴포넌트가 화면에 표시되었는지 확인하기 위해 toBeInTheDocument를 사용하였다.

이렇게 테스트 명세를 추가하고 저장한 후 명령 프롬프트를 확인하면 다음과 같이 추가한 테스트 명세가 잘 통과하는 것을 확인할 수 있다.

```
 PASS  src/Components/Button/index.test.tsx
 PASS  src/Components/Input/index.test.tsx

Test Suites: 2 passed, 2 total
Tests:       5 passed, 5 total
Snapshots:   2 passed, 2 total
```

```
Time:            3.167 s
```

마지막으로, 사용자가 Input 컴포넌트에 데이터를 입력하는 것을 테스트해 보도록 하겠다. 사용자의 입력 이벤트를 사용하기 위해서 react-testing-library의 fireEvent를 상단에 추가해야 한다.

```
import { render, screen, fireEvent } from '@testing-library/react';
```

이렇게 사용자의 이벤트를 테스트하기 위해 react-testing-library의 fireEvent를 추가하였다면 다음과 같이 테스트 명세를 추가한다.

```
...
it('changes the data', () => {
  render(<Input placeholder="default placeholder"/>);

  const input = screen.getByPlaceholderText('default placeholder') as HTMLInputElement;
  fireEvent.change(input, { target: { value: 'study react' } })
  expect(input.value).toBe('study react')
});
...
```

Input 컴포넌트의 placeholder를 사용하여 Input 컴포넌트를 화면에 표시하고 해당 컴포넌트를 getByPlaceholderText를 통해 찾았다. 이렇게 찾은 컴포넌트는 기본적으로 HTMLElement 타입이다. 하지만 우리는 HTML의 input 태그를 사용하고 있으므로, 타입스크립트의 as를 사용하여 HTMLInputElement로 타입 변환을 하였다.

그리고 실제 사용자가 데이터를 입력하는 테스트를 하기 위해 fireEvent의 change 함수를 통해 앞에서 찾은 Input 컴포넌트에 데이터를 입력했다. 이렇게 입력한 데이터가 실제로 화면에 잘 표시되고 있는지 확인하기 위해 toBe를 사용하여 input.value값이 우리가 fireEvent를 사용하여 입력한 값과 같은지 확인하였다.

이렇게 파일을 수정하고 저장한 후 명령 프롬프트를 확인하면 우리가 추가한 테스트 명세가 잘 통과한 것을 확인할 수 있다.

```
PASS  src/Components/Button/index.test.tsx
PASS  src/Components/Input/index.test.tsx


Test Suites: 2 passed, 2 total
Tests:       6 passed, 6 total
Snapshots:   2 passed, 2 total
Time:        3.156 s
```

이것으로 공통 컴포넌트로 만든 Input 컴포넌트가 화면에 잘 표시되는지, Input 컴포넌트가 가지고 있는 Props가 우리가 의도한 대로 동작하는지에 대해 테스트해 보았다.

3) ToDoItem 컴포넌트

할 일 리스트에서 할 일을 보여주기 위한 ToDoItem 컴포넌트를 테스트해 보자. ToDoItem 컴포넌트를 테스트하기 위해 ./src/Components/TodoItem/index.test.tsx 파일을 열어 다음과 같이 수정한다.

```tsx
import React from 'react';
import { render, screen } from '@testing-library/react';
import 'jest-styled-components';

import { ToDoItem } from './index';

describe('<ToDoItem />', () => {
  it('renders component correctly', () => {
    const { container } = render(<ToDoItem label="default value" />);

    const todoItem = screen.getByText('default value');
```

```
    expect(todoItem).toBeInTheDocument();

    const deleteButton = screen.getByText('삭제');
    expect(deleteButton).toBeInTheDocument();
    expect(container).toMatchSnapshot();
  });
});
```

ToDoItem 컴포넌트의 필수 Props인 label을 설정하고 해당 ToDoItem 컴포넌트의 label과 [삭제] 버튼이 잘 표시되는지 확인하는 테스트 명세이다. 앞에서 설명한 내용을 바탕으로 작성한 테스트 명세이므로 자세한 설명은 생략하도록 하겠다.

이렇게 ToDoItem 컴포넌트를 테스트하기 위한 테스트 명세를 작성하여 파일을 저장한 후 명령 프롬프트를 확인해 보면 다음과 같이 테스트 명세가 잘 통과된 것을 확인할 수 있다.

```
 PASS  src/App.test.tsx
 PASS  src/Components/Input/index.test.tsx
 PASS  src/Components/Button/index.test.tsx
 PASS  src/Components/ToDoItem/index.test.tsx

Test Suites: 4 passed, 4 total
Tests:       8 passed, 8 total
Snapshots:   3 passed, 3 total
Time:        3.704 s
```

그럼 ToDoItem 컴포넌트의 필수가 아닌 Props인 onDelete를 테스트해 보자. ToDoItem 컴포넌트의 onDelete를 테스트하기 위해 다음과 같이 수정한다.

```
import { ..., fireEvent } from '@testing-library/react';
...
it('clicks the delete button', () => {
```

```
  const handleClick = jest.fn();
  render(<ToDoItem label="default value" onDelete={handleClick} />);

  const deleteButton = screen.getByText('삭제');
  expect(handleClick).toHaveBeenCalledTimes(0);
  fireEvent.click(deleteButton);
  expect(handleClick).toHaveBeenCalledTimes(1);
});
```

ToDoItem 컴포넌트의 onDelete는 사용자가 [삭제] 버튼을 클릭했을 때 호출된다. 따라서 사용자 이벤트에 의해 호출되는 함수를 테스트하기 위해 Jest의 fn을 사용하여 모의 함수를 생성하고 연결하였다. 그리고 [삭제] 버튼을 찾은 후 fireEvent의 click을 사용하여 실제로 버튼을 클릭하여 테스트하였다.

이렇게 ToDoItem 컴포넌트의 onDelete를 테스트하기 위한 테스트 명세를 추가한 후 저장하면 다음과 같이 명령 프롬프트에 테스트 명세가 잘 통과한 것을 확인할 수 있다.

```
PASS   src/App.test.tsx
 PASS   src/Components/Input/index.test.tsx
 PASS   src/Components/Button/index.test.tsx
 PASS   src/Components/ToDoItem/index.test.tsx

Test Suites: 4 passed, 4 total
Tests:       9 passed, 9 total
Snapshots:   3 passed, 3 total
Time:        3.489 s
```

이것으로 ToDoItem 컴포넌트에 관한 모든 테스트 명세를 추가하였으며, 이제 우리는 이를 통해 ToDoItem 컴포넌트가 제대로 동작함을 알 수 있게 되었다.

4) App 컴포넌트

마지막으로 모든 컴포넌트를 사용하고 있으며, 다른 컴포넌트들과는 다르게 동적인 데이터를 다루기 위해 State를 가지고 있는 App 컴포넌트를 테스트해 보자. App 컴포넌트를 테스트하기 위해 ./src/App.test.tsx 파일을 열어 다음과 같이 수정한다.

```
import React from 'react';
import { render, screen } from '@testing-library/react';
import App from './App';
import 'jest-styled-components';

describe('<App />', () => {
  it('renders component correctly', () => {
    const {container} = render(<App />);

    const toDoList = screen.getByTestId('toDoList');
    expect(toDoList).toBeInTheDocument();
    expect(toDoList.firstChild).toBeNull();

    const input = screen.getByPlaceholderText('할 일을 입력해 주세요');
    expect(input).toBeInTheDocument();
    const label = screen.getByText('추가');
    expect(label).toBeInTheDocument();

    expect(container).toMatchSnapshot();
  });
});
```

앞에서 설명한 내용과 중복된 내용은 생략하고 진행하도록 하겠다. 우선, 할 일 목록 데이터가 비어있는지 테스트하기 위해 getByTestId라는 함수를 사용하여 할 일 목록 데이터가 표시될 부분을 가져왔다.

```
const toDoList = screen.getByTestId('toDoList');
expect(toDoList).toBeInTheDocument();
expect(toDoList.firstChild).toBeNull();
```

이렇게 가져온 부분이 화면에 표시되는지 확인하였고 할 일 목록 데이터는 아직 존재하지 않으므로 할 일 목록 데이터가 표시될 부분의 자식 요소가 비어 있음을 toBeNull을 사용하여 확인하였다. 하지만 우리는 아직 Test ID라는 것을 설정하지 않았으므로 이대로 진행하면 테스트가 실패하게 된다. 그렇다면 App 컴포넌트에 Test ID를 설정하기 위해 ./src/App.tsx 파일을 열어 다음과 같이 수정한다.

```
<ToDoListContainer data-testid='toDoList'>
  {toDoList.map((item, index) => (
    <ToDoItem key={item} label={item} onDelete={() =>
deleteToDo(index)} />
  ))}
</ToDoListContainer>
```

사용자가 입력한 할 일 목록 데이터는 styled-components로 만든 ToDoListContainer 컴포넌트 안에 표시되게 된다. 테스트 명세에서는 이 할 일 목록 데이터가 화면에 표시되었는지, 표시되지 않았는지 확인하기 위해 ToDoListContainer 컴포넌트를 찾을 수 있어야 한다. 하지만 ToDoListContainer는 어떠한 속성(id, class 등)을 가지고 있지 않고 할 일 목록 데이터가 없는 경우, 어떠한 자식 컴포넌트도 가지고 있지 않기 때문에 테스트 명세에서 해당 컴포넌트를 찾을 방법이 없다. 이때 사용하는 것이 Test ID이다. Test ID는 다른 동작에 영향을 주지 않고 테스트 명세에서 컴포넌트를 쉽게 찾을 수 있게 도와주는 속성이다. Test ID는 data-testid를 설정하여 사용할 수 있다.

```
<ToDoListContainer data-testid='toDoList'>
```

이렇게 설정한 Test ID를 테스트 명세에서 다음과 같이 getByTestId를 사용하여 Test ID가 설정된 컴포넌트를 쉽게 찾을 수 있다.

```
const toDoList = screen.getByTestId('toDoList');
```

Test ID를 통해서 할 일 목록 데이터가 표시되지 않았음을 확인하였다면 이제 할 일을 입력할 수 있는 Input 컴포넌트와 할 일을 등록할 수 있는 [추가] 버튼이 화면에 표시되어 있는지 확인한다.

```
const input = screen.getByPlaceholderText('할 일을 입력해 주세요');
expect(input).toBeInTheDocument();
const label = screen.getByText('추가');
expect(label).toBeInTheDocument();
```

마지막으로, 스냅샷 테스트를 함으로써 의도치 않게 컴포넌트가 변경되는 것을 알 수 있도록 한다.

```
expect(container).toMatchSnapshot();
```

이렇게 테스트 파일과 App.tsx 파일을 수정한 후 저장하면 명령 프롬프트에 다음과 같이 모든 테스트 명세가 통과한 것을 확인할 수 있다.

```
PASS  src/Components/Input/index.test.tsx
PASS  src/Components/ToDoItem/index.test.tsx
PASS  src/Components/Button/index.test.tsx
PASS  src/App.test.tsx


Test Suites: 4 passed, 4 total
Tests:       9 passed, 9 total
Snapshots:   4 passed, 4 total
Time:        2.549 s
```

이제 할 일을 추가/삭제하는 테스트 명세를 작성해 보도록 하자. 할 일을 추가하거나 삭제하기 위해서는 클릭 이벤트를 사용해야 한다. 따라서 ./src/App.test.tsx 파일 상단을 다음과 같이 수정하여 사용자의 이벤트를 테스트할 준비를 한다.

```
import { …, fireEvent } from '@testing-library/react';
```

그리고 다음과 같이 테스트 명세를 추가하여 할 일이 잘 추가되고, 삭제되는지 테스트하도록 한다.

```
…
it('adds and deletes ToDo items', () => {
  render(<App />);

  const input = screen.getByPlaceholderText('할 일을 입력해 주세요');
  const button = screen.getByText('추가');
  fireEvent.change(input, { target: { value: 'study react 1' } });
  fireEvent.click(button);

  const todoItem = screen.getByText('study react 1');
  expect(todoItem).toBeInTheDocument();
  const deleteButton = screen.getByText('삭제');
  expect(deleteButton).toBeInTheDocument();

  const toDoList = screen.getByTestId('toDoList');
  expect(toDoList.childElementCount).toBe(1);

  fireEvent.change(input, { target: { value: 'study react 2' } });
  fireEvent.click(button);

  const todoItem2 = screen.getByText('study react 2');
  expect(todoItem2).toBeInTheDocument();
  expect(toDoList.childElementCount).toBe(2);
```

```
    const deleteButtons = screen.getAllByText('삭제');
    fireEvent.click(deleteButtons[0]);

    expect(todoItem).not.toBeInTheDocument();
    expect(toDoList.childElementCount).toBe(1);
});
...
```

우선, render 함수를 사용하여 테스트 대상인 App 컴포넌트를 화면에 표시하도록 하였다.

```
render(<App />);
```

그다음, 할 일을 입력하는 입력창과 [추가] 버튼을 찾은 후 입력창에 fireEvent.change를 사용하여 데이터를 입력하고 입력한 할 일 데이터를 할 일 목록 데이터에 추가하기 위해 fireEvent.click을 사용하여 [추가] 버튼을 클릭하도록 하였다.

```
const input = screen.getByPlaceholderText('할 일을 입력해 주세요');
const button = screen.getByText('추가');
fireEvent.change(input, { target: { value: 'study react 1' } });
fireEvent.click(button);
```

그 후, 추가한 할 일 목록 데이터가 화면에 잘 표시되었는지 확인하기 위해 입력한 할 일 데이터를 화면에서 찾아 할 일 데이터가 화면에 잘 표시되었는지 확인하였다. 또한, 할 일 데이터를 삭제할 수 있는 [삭제] 버튼도 잘 표시되었는지 확인하였다.

```
const todoItem = screen.getByText('study react 1');
expect(todoItem).toBeInTheDocument();
const deleteButton = screen.getByText('삭제');
expect(deleteButton).toBeInTheDocument();
const toDoList = screen.getByTestId('toDoList');
expect(toDoList.childElementCount).toBe(1);
```

그리고 다시 한번 데이터를 추가해 봄으로써 추가하는 할 일들이 리스트에 정말로 잘 표시되는지 확인하였다.

```
fireEvent.change(input, { target: { value: 'study react 2' } });
fireEvent.click(button);

const todoItem2 = screen.getByText('study react 2');
expect(todoItem2).toBeInTheDocument();
expect(toDoList.childElementCount).toBe(2);
```

마지막으로 화면에 표시된 두 개의 할 일 중에서 첫 번째 할 일을 삭제해 봄으로써 추가한 할 일이 잘 삭제되는지 테스트해 보았다. 화면에는 [삭제] 버튼이 두 개 표시되어 있으므로 getAllByText를 사용하여 모든 삭제 버튼을 찾은 후 첫 번째 삭제 버튼을 클릭하도록 테스트 코드를 작성하였다.

```
const deleteButtons = screen.getAllByText('삭제');
fireEvent.click(deleteButtons[0]);

expect(todoItem).not.toBeInTheDocument();
expect(toDoList.childElementCount).toBe(1);
```

이렇게 할 일 목록 첫 번째 아이템의 삭제 버튼을 클릭하여 첫 번째 아이템을 삭제한 후 not.toBeInTheDocument를 사용하여 첫 번째 할 일이 잘 삭제되었는지 확인하였다. 그리고 할 일 목록에 할 일이 한 개만 표시되고 있는지도 확인하였다.

이렇게 모든 테스트 명세를 수정하고 저장한 후 명령 프롬프트를 확인해 보면 다음과 같이 모든 테스트 명세가 잘 통과된 것을 확인할 수 있다.

```
PASS  src/Components/Input/index.test.tsx
PASS  src/Components/ToDoItem/index.test.tsx
PASS  src/Components/Button/index.test.tsx
```

```
PASS  src/App.test.tsx


Test Suites: 4 passed, 4 total
Tests:       10 passed, 10 total
Snapshots:   4 passed, 4 total
Time:        3.466 s
```

지금까지 우리가 만든 할 일 목록 앱을 테스트하기 위해 우리가 생각할 수 있는 모든 테스트 명세를 작성해 보았다. 이제 실행 중인 테스트 명령어를 취소하고 다음 명령어를 실행하여 테스트 커버리지를 확인해 보도록 하자.

```
npm run test -- --coverage
```

테스트 커버리지를 확인하기 위해 위 명령어를 실행하였다면 명령 프롬프트에 [그림 6-17] 과 같은 결과를 확인할 수 있다.

```
PASS  src/Components/Input/index.test.tsx
PASS  src/Components/ToDoItem/index.test.tsx
PASS  src/Components/Button/index.test.tsx
PASS  src/App.test.tsx
-----------|---------|----------|---------|---------|-------------------
File       | % Stmts | % Branch | % Funcs | % Lines | Uncovered Line #s
-----------|---------|----------|---------|---------|-------------------
All files  |   100   |    50    |   100   |   100   |
 App.tsx   |   100   |    50    |   100   |   100   | 38
-----------|---------|----------|---------|---------|-------------------

Test Suites: 4 passed, 4 total
Tests:       10 passed, 10 total
Snapshots:   4 passed, 4 total
Time:        2.672 s
```

[그림 6-17] 테스트 커버리지

우리는 예상되는 모든 테스트 명세를 작성하였다고 생각했지만, 실제 테스트 커버리지를 확인해 보니 App.tsx 파일의 38번째 줄이 테스트가 되어있지 않다고 표시되고 있다. 해당 App.tsx 파일을 열어 38번째 줄을 확인해 보면 다음과 같다.

```
...
const addToDo = (): void => {
  if (toDo) {
    setToDoList([...toDoList, toDo]);
    setToDo('');
  }
};
...
```

코드를 확인해 보니 사용자가 할 일을 입력하지 않은 상태에서 [추가] 버튼을 눌러서 할 일을 추가하려고 했을 때 빈 할 일이 추가되지 않도록 코드가 작성되어 있다. 그리고 이런 테스트 명세가 추가되지 않았음을 알 수 있었다.

다시 ./src/App.test.tsx 파일을 열어 우리가 예상하지 못했던 테스트 명세를 다음과 같이 추가하도록 한다.

```
...
it('does not add emtpy ToDo', () => {
  render(<App />);

  const toDoList = screen.getByTestId('toDoList');
  const length = toDoList.childElementCount;

  const button = screen.getByText('추가');
  fireEvent.click(button);

  expect(toDoList.childElementCount).toBe(length);
});
...
```

특별히 아무 동작을 하지 않고 [추가] 버튼을 눌렀을 때 할 일 목록에 변화가 없는지 확인하는 테스트 명세이다. getByTestId를 통해 할 일 목록이 표시되는 부분을 가져온 후 해당 컴포넌트 안에 자식 컴포넌트의 개수를 나타내는 childElementCount를 저장했다. 이렇게 저장한 개수와 추후 추가 버튼을 눌렀을 때의 개수를 비교함으로써 할 일 목록에 변화가 없음을 검증하였다.

이렇게 테스트 명세를 추가하고 저장한 후 명령 프롬프트를 확인해 보면 [그림 6-18]과 같이 모든 코드가 테스트 되고 있음을 확인할 수 있다.

```
PASS  src/Components/Input/index.test.tsx
PASS  src/Components/Button/index.test.tsx
PASS  src/Components/ToDoItem/index.test.tsx
PASS  src/App.test.tsx
----------|---------|----------|---------|---------|-------------------
File      | % Stmts | % Branch | % Funcs | % Lines | Uncovered Line #s
----------|---------|----------|---------|---------|-------------------
All files |   100   |   100    |   100   |   100   |
 App.tsx  |   100   |   100    |   100   |   100   |
----------|---------|----------|---------|---------|-------------------

Test Suites: 4 passed, 4 total
Tests:       11 passed, 11 total
Snapshots:   4 passed, 4 total
Time:        3.322 s
Ran all test suites.
```

[그림 6-18] 테스트 커버리지

이것으로 우리는 우리가 생각했던 테스트 케이스 이외에도 놓치고 있던 테스트 케이스를 확인하고 추가하는 방법을 살펴보았다. 이제 현재 실행 중인 테스트 커버리지 명령어를 취소하고 아래의 명령어를 실행하여 우리가 추가한 테스트 명세가 잘 테스트 되는지 다시 한 번 확인한다.

```
npm run test
```

위의 명령어를 실행하면 우리가 추가한 테스트 명세가 명령 프롬프트에 무사히 통과되는 것을 다음과 같이 확인할 수 있다.

```
PASS  src/App.test.tsx
```

```
 <App />
   ✓ renders component correctly (42 ms)
   ✓ adds and deletes ToDo items (32 ms)
   ✓ does not add emtpy ToDo (10 ms)

Test Suites: 1 passed, 1 total
Tests:       3 passed, 3 total
Snapshots:   1 passed, 1 total
Time:        2.82 s, estimated 3 s
```

이것으로 우리가 만든 할 일 목록 앱이 실제로도 잘 구동이 되는지 확인하였고 우리가 개발한 할 일 목록 앱이 문제가 없음을 보장하기 위해 테스트 명세를 추가해 보았다.

6.5 요약

이번 장에서는 리액트의 주요 개념인 State와 Props에 대해 살펴보았다. Props는 부모 컴포넌트로부터 자식 컴포넌트로 전달되는 데이터이며, State는 한 컴포넌트 안에서 유동적인 데이터를 다룰 때 사용한다는 것을 배웠다.

또한, 실제로 할 일 목록 앱을 작성해 보면서 Props와 State의 사용법을 익혔다. 앞으로 계속 리액트를 사용하여 개발한다면 이 Props와 State는 자주 사용하게 될 것이다. 그러므로 이번 장에서 확실히 이해하고 넘어가도록 하자.

그리고 우리는 이 Props와 State를 다루는 컴포넌트들을 테스트하기 위해 Jest와 reat-testing-library를 사용하여 테스트 명세를 작성하는 방법도 살펴보았다. Jest와 react-testing-library로 작성한 테스트 명세는 우리가 만든 할 일 목록 앱의 기능이 정상 동작함을 보장해 주게 된다. 하지만, 여기서 작성한 테스트 명세는 가장 기본적인 테스트만을 하였다. 그러므로 버그가 발생하거나 문제가 될 만한 부분은 테스트 케이스를 더 추가하여 안정성을 확보할 필요가 있다.

다음 장에서는 지금까지 만든 앱을 리팩토링할 예정이다. 이때 우리가 작성한 테스트 명세들이 어떻게 도움되는지 확인할 수 있을 것이다.

07

클래스 컴포넌트

7.1 클래스 컴포넌트

7.2 프로젝트 준비

7.3 개발

    1) Button 컴포넌트
    2) Input 컴포넌트
    3) ToDoItem 컴포넌트
    4) App 컴포넌트

7.4 라이프 사이클 함수

    1) constructor 함수
    2) render 함수
    3) getDerivedStateFromProps 함수
    4) componentDidMount 함수
    5) shouldComponentUpdate 함수
    6) getSnapshotBeforeUpdate 함수
    7) componentDidUpdate 함수
    8) componentWillUnmout 함수
    9) componentDidCatch 함수
    10) 호출 순서

7.5 테스트

7.6 요약

클래스 컴포넌트

지금까지 우리는 리액트 컴포넌트를 제작할 때 함수 컴포넌트(Function component)를 사용하였다. 리액트는 버전 16.8부터 함수 컴포넌트를 기본 컴포넌트로 사용하기 시작했지만, 그 이전에는 클래스 컴포넌트(Class component)를 기본 컴포넌트로 사용하였다.

리액트가 나오고 16.8 버전이 될 때까지 긴 시간 동안 클래스 컴포넌트가 기본 컴포넌트로 사용됐으며 그로 인해 클래스 컴포넌트로 제작된 많은 예제와 라이브러리들이 여전히 존재하고 있다. 따라서 우리는 리액트의 클래스 컴포넌트를 사용하는 방법을 이해할 필요가 있다.

이번 장에서는 6장에서 만든 할 일 목록 앱을 클래스 컴포넌트로 제작해 봄으로써 리액트의 클래스 컴포넌트를 이해해 보려 한다.

7.1 클래스 컴포넌트

리액트는 리액트 훅(React Hooks)이 나오기 전까지 클래스 컴포넌트를 메인으로 사용하였다. 클래스 컴포넌트를 메인으로 사용한 이유는 함수 컴포넌트에서는 컴포넌트의 상태를 관리하기 위한 State를 사용할 수 없었기 때문이다. 따라서 리액트 훅 이전에는 State를 가지는 컴포넌트는 클래스 컴포넌트로 제작하고 단순히 Props를 받아 화면에 표시하는 컴포넌트를 제작할 때는 함수 컴포넌트를 많이 사용했다.

하지만 리액트 훅이 나오면서 함수 컴포넌트에서도 State를 사용할 수 있게 되었다. 그로 인해 많은 리액트 개발자들이 클래스 컴포넌트보다 이해하기 쉽고 사용하기 쉬운 함수 컴포넌트를 사용하기 시작하였다.

▶ 리액트 훅 도입 동기: https://ko.reactjs.org/docs/hooks-intro.html#motivation

리액트 훅이란 6장 예제에서 사용한 useState를 포함하여 앞으로 배울 useEffect, useContext 등을 사용하여 함수 컴포넌트에서도 클래스 컴포넌트의 상태 관리, 생명주기(Lifecycle) 함수를 사용할 수 있게 해주는 방법을 말한다.

리액트의 버전 16.8이 나오기 전까지 긴 시간 동안 이미 많은 웹 애플리케이션과 리액트와 관련된 라이브러리들이 클래스 컴포넌트로 개발되어 왔기 때문에 우리는 클래스 컴포넌트를 다루는 방법에 대해서도 이해하고 있어야 한다. 아직도 클래스 컴포넌트로 개발하는 개발자들이 있고 리액트도 현재까지 클래스 컴포넌트를 제거할 계획을 하고 있지 않다. 즉, 리액트로 계속 개발을 한다면 언젠가는 클래스 컴포넌트를 만나게 될 것이고 클래스 컴포넌트로 개발할 필요가 생길 수 있다는 것이다.

따라서 이번 장에서는 6장에서 함수 컴포넌트로 만든 할 일 목록 앱을 클래스 컴포넌트로 제작해 봄으로써 리액트의 클래스 컴포넌트를 이해해 보려고 한다.

7.2 프로젝트 준비

6장에서 만든 할 일 목록 앱을 그대로 사용해도 되지만, 프로젝트 생성을 연습하기 위해 새로운 프로젝트를 다시 생성해 보도록 한다.

새로운 할 일 목록 앱을 제작하기 위해 다음 create-react-app 명령어를 사용하여 새로운 리액트 프로젝트를 생성한다.

```
npx create-react-app class-todo-list --template=typescript
```

우리는 리액트 프로젝트의 스타일링을 하기 위해 styled-components를 사용할 예정이며 Prettier를 설정하여 소스 코드의 포맷을 관리할 예정이다. 따라서 다음 명령어를 실행하여 styled-components와 Prettier를 설치한다.

```
# cd class-todo-list
npm install --save styled-components
npm install --save-dev @types/styled-components jest-styled-
components
npm install --save-dev husky lint-staged prettier
```

설치가 완료되었다면 Prettier를 설정하기 위해 .prettierrc.js 파일을 생성하고 다음과 같이 수정한다.

```
module.exports = {
  jsxBracketSameLine: true,
  singleQuote: true,
  trailingComma: 'all',
  printWidth: 100,
};
```

파일을 수정하고 저장하였다면 lint-staged와 husky를 설정하기 위해 package.json 파일을 열어 다음과 같이 수정한다.

```
"scripts": {
  …
},
"husky": {
  "hooks": {
    "pre-commit": "lint-staged"
  }
},
"lint-staged": {
  "src/**/*.{js,jsx,ts,tsx,json,css,scss,md}": [
    "prettier --write"
  ]
```

    },

마지막으로 절대 경로로 컴포넌트를 추가하기 위해 타입스크립트 설정 파일인 tsconfig.json을 열어 다음과 같이 수정한다.

```
{
  "compilerOptions": {
    ...
    "jsx": "react-jsx",
    "baseUrl": "src"
  },
  ...
}
```

이렇게 모든 설정을 완료하였다면 6장에서 만든 할 일 목록 앱의 소스 코드를 그대로 사용하기 위해 현재 폴더(class-todo-list)에서 src 폴더를 삭제하고 6장에서 만든 예제 폴더(todo-list)에서 src 폴더를 복사하여 붙여넣기 한다.

복사가 완료되었다면 다음 명령어로 테스트 코드를 실행하여 문제없이 프로젝트가 설정되었는지 확인해 본다.

```
npm run test
```

문제없이 프로젝트가 설정되었다면 명령 프롬프트에 다음과 같은 화면을 확인할 수 있다.

```
 PASS  src/Components/Input/index.test.tsx
 PASS  src/Components/Button/index.test.tsx
 PASS  src/Components/ToDoItem/index.test.tsx
 PASS  src/App.test.tsx

Test Suites: 4 passed, 4 total
```

```
Tests:       11 passed, 11 total
Snapshots:   4 passed, 4 total
Time:        4.377 s
```

실행 중인 명령어를 종료하고 다음 명령어를 실행하여 6장에서 만든 할 일 목록 앱이 잘 실행되는지 확인한다.

```
npm start
```

문제없이 프로젝트가 실행되었다면 브라우저에 [그림 7-1]과 같은 화면을 확인할 수 있다.

[그림 7-1] 할 일 목록 앱

이제 함수 컴포넌트로 제작된 할 일 목록 앱을 클래스 컴포넌트로 리팩토링할 준비가 되었다. 이제 할 일 목록 앱을 클래스 컴포넌트로 리팩토링해 보면서 클래스 컴포넌트를 이해해 보자.

7.3 개발

6장에서 함수 컴포넌트를 사용하여 개발한 할 일 목록 앱을 클래스 컴포넌트로 리팩토링해 보면서 클래스 컴포넌트를 이해해 보자.

1) Button 컴포넌트

공통 컴포넌트인 Button 컴포넌트를 클래스 컴포넌트로 리팩토링해 보자. Button 컴포넌트를 클래스 컴포넌트로 리팩토링하기 위해 ./src/Components/Button/index.tsx 파일을 열어 다음과 같이 수정한다.

```tsx
import React, { Component } from 'react';
…
export class Button extends Component<Props> {
  render() {
    const {
      label,
      backgroundColor = '#304FFE',
      hoverColor = '#1E40FF',
      onClick,
    } = this.props;

    return (
      <Container backgroundColor={backgroundColor} hoverColor={hoverColor} onClick={onClick}>
        <Label>{label}</Label>
      </Container>
    );
  }
}
```

리액트에서 클래스 컴포넌트를 정의하기 위해서는 리액트의 Component 클래스로부터 상속받아 새로운 클래스 컴포넌트를 생성할 필요가 있다. 따라서 리액트로부터 Component 클래스를 불러온 후 Component를 상속받는 Button 클래스 컴포넌트를 생성하였다.

```
import React, { Component } from 'react';
...
export class Button extends Component<Props> {
...
}
```

리액트에서 클래스 컴포넌트를 생성할 때는 기본적으로 다음과 같은 형태를 사용한다.

```
export class Button extends Component {
...
}
```

여기서 타입스크립트를 사용하는 경우 부모 컴포넌트로부터 전달받을 Props와 컴포넌트 안에서 사용할 State의 타입을 다음과 같이 미리 지정할 필요가 있다.

```
interface Props {}
interface State {}

export class Button extends Component<Props, State> {
...
}
```

하지만 우리가 만든 Button 컴포넌트는 State를 사용하지 않으므로 다음과 같이 State를 생략하고 Props 인터페이스만 지정하였다.

```
export class Button extends Component<Props> {
...
}
```

리액트의 클래스 컴포넌트는 화면에 컴포넌트를 표시하기 위해 render 함수를 사용한다. 함수 컴포넌트에서 화면에 표시되는 부분을 반환(return)했듯이 클래스 컴포넌트에서도 render 함수에서 화면에 표시되는 부분을 반환한다.

```
export class Button extends Component<Props> {
  render() {
    …
    return (
      <Container backgroundColor={backgroundColor} hoverColor={hoverColor} onClick={onClick}>
        <Label>{label}</Label>
      </Container>
    );
  }
}
```

함수 컴포넌트에서는 함수의 매개변수를 통해 부모 컴포넌트로부터 Props를 전달받았지만, 클래스 컴포넌트에서는 this.props를 사용하여 부모 컴포넌트로부터 전달받은 Props에 접근한 후 자바스크립트의 구조 분할 할당을 통해 데이터를 할당하여 사용한다.

```
export class Button extends Component<Props> {
  render() {
    const {
      label,
      backgroundColor = '#304FFE',
      hoverColor = '#1E40FF',
      onClick,
    } = this.props;
    …
  }
}
```

이렇게 파일을 수정하고 저장한 후 브라우저를 확인해 보면 앞에서 본 [그림 7-1]과 같은 화면이 표시되는 것을 확인할 수 있다. 즉, 우리가 클래스 컴포넌트로 리팩토링한 Button 컴포넌트가 잘 표시되고 있음을 알 수 있다.

2) Input 컴포넌트

이제 공통 컴포넌트인 Input 컴포넌트를 클래스 컴포넌트로 리팩토링해 보자. Input 컴포넌트를 클래스 컴포넌트로 리팩토링하기 위해 ./src/Components/Input/index.tsx 파일을 열어 다음과 같이 수정한다.

```
import React, { Component } from 'react';
…
export class Input extends Component<Props> {
  render() {
    const { placeholder, value, onChange } = this.props
    return (
      <InputBox
        placeholder={placeholder}
        value={value}
        onChange={(event) => {
          if (onChange) {
            onChange(event.target.value);
          }
        }}
      />
    );
  }
}
```

Input 컴포넌트도 앞에서 리팩토링한 Button 컴포넌트와 마찬가지로 Props만 가지고 있는 단순한 컴포넌트이다. 따라서 Button 컴포넌트와 같은 방법으로 수정하였다. Button 컴포넌트와 같은 방식으로 리팩토링했으므로 자세한 설명은 생략하도록 하겠다.

이렇게 파일을 수정하고 저장한 후 브라우저를 확인해 보면 여전히 [그림 7-1]과 같은 화면이 표시되는 것을 확인할 수 있다.

3) ToDoItem 컴포넌트

앞에서 수정한 Button 컴포넌트, Input 컴포넌트와 같이 State를 사용하지 않고 단순히 부모 컴포넌트로부터 Props를 전달받아 화면에 표시되는 ToDoItem 컴포넌트를 클래스 컴포넌트로 리팩토링해 보자. ToDoItem 컴포넌트를 클래스 컴포넌트로 리팩토링하기 위해 ./src/Components/ToDoItem/index.tsx 파일을 열어 다음과 같이 수정한다.

```tsx
import React, { Component } from 'react';
…
export class ToDoItem extends Component<Props> {
  render() {
    const { label, onDelete } = this.props;
    return (
      <Container>
        <Label>{label}</Label>
        <Button label="삭제" backgroundColor="#FF1744" hoverColor="#F01440" onClick={onDelete} />
      </Container>
    );
  }
}
```

앞에서 수정한 컴포넌트들과 같은 수정이므로 자세한 설명은 생략하도록 하겠다. 이렇게 파일을 수정하고 저장한 후 브라우저를 확인해 보면 여전히 [그림 7-1]과 같은 화면이 표시되는 것을 확인할 수 있다.

4) App 컴포넌트

마지막으로 다른 컴포넌트들과 다르게 State를 사용하는 App 컴포넌트를 클래스 컴포넌트로 리팩토링해 보자. App 컴포넌트를 수정하기 위해 ./src/App.tsx 파일을 열어 다음과 같이 수정한다.

```
import React, { Component } from 'react';
…

interface Props {}

interface State {
  readonly toDo: string;
  readonly toDoList: string[];
}

class App extends Component<Props, State> {
  constructor(props:Props) {
    super(props);

    this.state = {
      toDo: '',
      toDoList: [],
    }
  }

  private addToDo = (): void => {
    const {toDo, toDoList} = this.state;
    if (toDo) {
      this.setState({
        toDo: '',
        toDoList: [...toDoList, toDo],
      })
    }
  };
```

```
  private deleteToDo = (index: number): void => {
    let list = [...this.state.toDoList];
    list.splice(index, 1);
    this.setState({
      toDoList: list,
    })
  };

  render() {
    const {toDo, toDoList} = this.state;

    return (
      <Container>
        <Contents>
          <ToDoListContainer data-testid="toDoList">
            {toDoList.map((item, index) => (
              <ToDoItem key={item} label={item} onDelete={() => this.deleteToDo(index)} />
            ))}
          </ToDoListContainer>
          <InputContainer>
            <Input
              placeholder="할 일을 입력해 주세요"
              value={toDo}
              onChange={(text) => this.setState({toDo: text})}
            />
            <Button label="추가" onClick={this.addToDo} />
          </InputContainer>
        </Contents>
      </Container>
```

```
    );
  }
}

export default App;
```

우선 클래스 컴포넌트를 만들기 위해 React에서 Component 클래스를 불러왔다.

```
import React, { Component } from 'react';
```

App 컴포넌트는 부모 컴포넌트로부터 전달받는 Props는 없지만, 클래스 컴포넌트를 만들기 위해 빈 Props를 선언하였다. 또한, 함수 컴포넌트에서 useState를 사용하여 만든 State 데이터에 관한 타입을 정의하였다.

```
interface Props {}

interface State {
  readonly toDo: string;
  readonly toDoList: string[];
}
```

함수 컴포넌트에서는 useState를 사용하여 필요할 때마다 State를 정의하여 사용하였지만, 클래스 컴포넌트에서는 컴포넌트에서 사용하는 모든 State를 하나의 State로 관리한다. 따라서 6장과는 다르게 한 타입에 모든 State 변수를 정의하였다. 이렇게 정의한 타입을 가지고 리액트의 클래스 컴포넌트를 생성하였다.

```
class App extends Component<Props, State> {
  ...
}
```

클래스 컴포넌트에서 State를 사용하기 위해서는 클래스의 생성자(Constructor)에서 State

의 값을 초기화해야 한다. 또한, 생성자 함수에서는 super 함수를 호출하여 전달받은 Props를 상속받은 부모 클래스에 꼭 전달해야 한다.

```
constructor(props:Props) {
  super(props);

  this.state = {
    toDo: '',
    toDoList: [],
  };
}
```

State에 데이터를 갱신할 때는 Set 함수인 setState 함수를 사용하지만, 생성자에서 초기화할 때는 바로 값을 대입할 수 있다.

클래스 컴포넌트 내부에서 함수를 정의할 때는 클래스 함수로 정의를 해야 하며 클래스 외부로 공개(public)할지, 공개하지 말지(private)를 결정할 수 있다. 특별한 이유가 없다면 클래스 함수는 private으로 설정한다.

```
private addToDo = (): void => {
  const {toDo, toDoList} = this.state;
  if (toDo) {
    this.setState({
      toDo: '',
      toDoList: [...toDoList, toDo],
    });
  }
};

private deleteToDo = (index: number): void => {
  let list = [...this.state.toDoList];
```

```
    list.splice(index, 1);
    this.setState({
      toDoList: list,
    });
};
```

앞에서 Props에 있는 변수에 접근할 때 this를 사용하였다. State도 동일하게 State에 할당된 변수에 접근할 때 this를 사용한다.

```
private addToDo = (): void => {
  const {toDo, toDoList} = this.state;
  ...
};

private deleteToDo = (index: number): void => {
  let list = [...this.state.toDoList];
  ...
};
```

State는 불변 데이터이다. 따라서 함수 컴포넌트에서 useState는 State값을 변경하기 위한 Set 함수를 제공하였다. 클래스 컴포넌트에서도 역시 State 값을 변경하기 위해서는 Set 함수를 사용해야 한다. 하지만, 우리가 임의로 함수명을 설정할 수 있었던 함수 컴포넌트와는 다르게 클래스 컴포넌트에서는 this.setState 함수만을 사용한다.

```
private addToDo = (): void => {
  ...
    this.setState({
      toDo: '',
      toDoList: [...toDoList, toDo],
    });
};
```

```
private deleteToDo = (index: number): void => {
  …
  this.setState({
    toDoList: list,
  });
};
```

이렇게 정의한 클래스 함수는 클래스 내에서 사용할 수 있으며, 클래스 함수를 사용할 때도 역시 this를 사용하여 호출한다.

```
render() {
  return (
    …
    <ToDoItem key={item} label={item} onDelete={() => this.deleteToDo(index)} />
    …
    <Button label="추가" onClick={this.addToDo} />
    …
  );
}
```

이렇게 파일을 수정하고 저장한 후 브라우저를 확인해 보면 여전히 [그림 7-1]과 같은 화면이 표시되는 것을 확인할 수 있다.

7.4 라이프 사이클 함수

클래스 컴포넌트는 함수 컴포넌트와 다르게 라이프 사이클 함수들을 가지고 있다. 이 라이프사이클 함수를 잘 이해하면 클래스 컴포넌트를 좀 더 효율적으로 활용할 수 있다. 다음은 리액트의 모든 라이프 사이클 함수를 App 컴포넌트에 적용한 예제이다.

```
import type{ IScriptSnapshot } from 'typescript';
...
class App extends Component<Props, State> {
  constructor(props:Props) {
    super(props);

    this.state = {
      toDo: '',
      toDoList: [],
    };
  }

  private addToDo = (): void => {
    const {toDo, toDoList} = this.state;
    if (toDo) {
      this.setState({
        toDo: '',
        toDoList: [...toDoList, toDo],
      });
    }
  };

  private deleteToDo = (index: number): void => {
    let list = [...this.state.toDoList];
    list.splice(index, 1);
    this.setState({
      toDoList: list,
    });
  };

  render() {
```

```
    const {toDo, toDoList} = this.state;

    return (
      <Container>
        <Contents>
          <ToDoListContainer data-testid="toDoList">
            {toDoList.map((item, index) => (
              <ToDoItem key={item} label={item} onDelete={() => this.deleteToDo(index)} />
            ))}
          </ToDoListContainer>
          <InputContainer>
            <Input
              placeholder="할 일을 입력해 주세요"
              value={toDo}
              onChange={(text) => this.setState({toDo: text})}
            />
            <Button label="추가" onClick={this.addToDo} />
          </InputContainer>
        </Contents>
      </Container>
    );
  }

  static getDerivedStateFromProps(nextProps: Props, prevState: State) {
    console.log('getDerivedStateFromProps');

    return null;
  }
```

```
componentDidMount() {
  console.log('componentDidMount');
}

getSnapshotBeforeUpdate(prevProps: Props, prevState: State) {
  console.log('getSnapshotBeforeUpdate');

  return {
    testData: true,
  };
}

componentDidUpdate(prevProps: Props, prevState: State, snapshot: IScriptSnapshot) {
  console.log('componentDidUpdate');
}

shouldComponentUpdate(nextProps: Props, nextState: State) {
  console.log('shouldComponentUpdate');
  return true;
}

componentWillUnmount() {
  console.log('componentWillUnmount');
}

componentDidCatch(error: Error, info: React.ErrorInfo) {
  // this.setState({
  //   error: true,
  // });
}
```

```
}

export default App;
```

App 컴포넌트에 적용한 리액트의 라이프 사이클 함수를 하나씩 자세히 살펴보자.

1) constructor 함수
앞에서도 설명하였지만, 클래스 컴포넌트는 클래스이기 때문에 생성자 함수가 존재한다. 하지만 클래스 컴포넌트에서 State를 사용하지 않아 State의 초기값 설정이 필요하지 않다면 생성자 함수도 생략이 가능하다. 생성자 함수를 사용할 때는 반드시 super(props) 함수를 호출하여 부모 클래스의 생성자를 호출해야 한다. 생성자 함수는 해당 컴포넌트가 생성될 때 한 번만 호출된다.

2) render 함수
render 함수는 클래스 컴포넌트가 렌더링되는 부분(화면에 표시되는 부분)을 정의한다. 즉, 이 render 함수의 반환값이 화면에 표시되게 된다. render 함수는 부모 컴포넌트로부터 받는 Props값이 변경되거나 this.setState에 의해 State의 값이 변경되어 화면을 갱신할 필요가 있을 때마다 호출된다.

따라서 이 함수에서 this.setState를 사용하여 State값을 직접 변경할 경우 무한 루프에 빠질 수 있으므로 주의해야 한다. 이번 예제에서는 render 함수에서 this.setState를 직접 호출하지 않고 클릭 이벤트와 연결하였다. 따라서, 클릭 이벤트가 발생할 때만 this.setState가 호출되므로 무한 루프에 빠지지 않는다.

3) getDerivedStateFromProps 함수
getDerivedStateFromProps 함수는 부모로부터 받은 Props와 State를 동기화할 때 사용된다. 부모로부터 받은 Props로 State에 값을 설정하거나 State 값이 Props에 의존하여 결정될 때 이 함수를 사용한다.

이 함수에서는 State에 설정하고 싶은 값을 반환하게 된다. 동기화할 State가 없으면 "null"을 반환하면 된다.

```
static getDerivedStateFromProps(nextProps, prevState) {
  if (nextProps.id !== prevState.id) {
    return { value: nextProps.value };
  }
  return null;
}
```

이 함수는 컴포넌트가 생성될 때 한번 호출되며 Props와 State를 동기화해야 하므로 Props가 변경될 때마다 호출된다.

4) componentDidMount 함수

클래스 컴포넌트가 처음으로 화면에 표시된 이후에 이 함수가 호출된다. 즉, render 함수가 처음 한 번 호출된 후 componentDidmount 함수가 호출된다. 이 함수는 컴포넌트가 화면에 처음 표시된 후 한 번만 호출되므로 ajax를 통한 데이터 습득이나 다른 자바스크립트 라이브러리와의 연동을 수행할 때 주로 사용된다.

componentDidMount 함수는 부모로부터 받는 Props값이 변경되어도, this.setState로 State값이 변경되어도, 다시 호출되지 않는다. 따라서 render 함수와는 다르게 이 함수에 this.setState을 직접 호출할 수 있으며 ajax를 통해 서버로부터 전달받은 데이터를 this.setState를 사용하여 State에 설정하기 가장 적합하다.

5) shouldComponentUpdate 함수

클래스 컴포넌트는 기본적으로 부모 컴포넌트로부터 전달받은 Props가 변경되거나 컴포넌트 내부에서 this.setState로 State를 변경하면 리렌더링 되어 화면을 다시 그리게 된다. Props 또는 State의 값이 변경되었지만, 다시 화면을 그리고 싶지 않으면 이 함수를 사용하여 렌더링을 제어할 수 있다.

이 함수에서 false를 반환하면 화면을 다시 그리는 리렌더링을 수행하지 않도록 막을 수 있다. 앞의 예제에서는 true를 사용하여 항상 리렌더링되게 하였지만, 다음과 같이 특정값을 비교하여 리렌더링을 방지할 수 있다.

```
shouldComponentUpdate(nextProps: Props, nextState: State) {
  console.log('shouldComponentUpdate');
  return nextProps.id !== this.props.id;
}
```

이렇게 리렌더링을 방지하는 이유는 화면 렌더링을 최적화하기 위해서이다. 화면을 다시 그리는 리렌더링이 리액트 컴포넌트에서 가장 비용이 많이 드는 부분이다. 따라서, shouldComponentUpdate 함수를 사용하여 데이터를 비교하고 불필요한 리렌더링을 방지하면 성능이 좀 더 좋은 앱을 제작할 수 있다.

6) getSnapshotBeforeUpdate 함수
Props 또는 State가 변경되어 화면을 다시 그리기 위해 render 함수가 호출된 후 실제로 화면이 갱신되기 바로 직전에 이 함수가 호출된다. 이 함수에서 반환하는 값은 다음에 소개할 componentDidUpdate의 세 번째 매개변수(snapshot)로 전달된다.

이 라이프 사이클 함수는 많이 활용되지는 않지만, 화면을 갱신하는 동안 수동으로 스크롤 위치를 고정해야 하는 경우 등에 사용될 수 있다.

getSnapshotBeforeUpdate를 선언한 후 반환값을 반환하지 않는 경우 또는 getSnapshotBeforeUpdate을 선언하고 componentDidUpdate를 선언하지 않는 경우 warning이 발생함으로 주의해서 사용해야 한다.

7) componentDidUpdate 함수
componentDidMount는 컴포넌트가 처음 화면에 표시된 후 실행되고 두 번 다시 호출되지 않는 함수이다. 반대로 componentDidUpdate 함수는 컴포넌트가 처음 화면에 표시될 때는 실행되지 않지만, Props 또는 State가 변경되어 화면이 갱신될 때마다 render 함수가 호출된 후 호출되는 함수이다.

잘 활용되지 않지만, getSnapshotBeforeUpdate 함수와 함께 사용하여 스크롤을 수동으로 고정할 때 활용되기도 한다.

render 함수와 마찬가지로 이 함수는 State값이 변경될 때도 호출이 되므로 State값을 변경하는 this.setState를 직접 호출한다면 무한 루프에 빠질 수 있으므로 주의해서 사용해야 한다.

8) componentWillUnmout 함수

componentWillUnmount 함수는 해당 컴포넌트가 화면에서 완전히 사라진 후 호출되는 함수이다. 이 함수에서는 보통 componentDidMount에서 연동한 자바스크립트 라이브러리를 해지하거나 setTimeout, setInterval 등의 타이머를 clearTimeout, clearInterval을 사용하여 해제할 때 사용된다.

이 함수는 클래스 컴포넌트가 화면에서 완전히 사라진 후 호출되는 함수이다. 따라서 컴포넌트의 State값을 변경하기 위한 this.setState 호출하면 갱신하고자 하는 컴포넌트가 사라진 후이기 때문에 Warning이 발생할 수 있다.

9) componentDidCatch 함수

리액트는 자바스크립트이므로 비즈니스 로직에서 에러의 예외 처리로 try-catch를 사용할 수 있다. 하지만 render 함수에서 JSX 문법을 사용하여 컴포넌트를 렌더링하는 부분에서는 발생하는 에러를 처리하기 위해 try-catch를 사용할 수 없다. 이처럼 render 함수의 JSX에서 발생하는 에러를 예외 처리할 수 있게 도와주는 라이프 사이클 함수가 componentDidCatch이다.

render 함수의 return 부분에서 에러가 발생하면 componentDidCatch 함수가 실행된다. 이때, 다음과 같이 State를 사용하여 에러가 발생했을 때 자식 컴포넌트를 표시하지 않게 하거나 에러 화면을 표시함으로써 사용자 경험을 개선할 수 있다.

```
interface State {
  ...
  readonly error: boolean;
}

class App extends Component<Props, State> {
  constructor(props: Props) {
```

```
    super(props);

    this.state = {
      …
      error: false,
    };
  }
  …
  render() {
    const { …, error } = this.state;

    return (
      <Container>
        {!error && (
          <Contents>
            …
          </Contents>
        )}
      </Container>
    );
  }
  …
  componentDidCatch(error: Error, info: React.ErrorInfo) {
    this.setState({
      error: true,
    });
  }
}
```

여기서 소개한 모든 라이프 사이클 함수는 render 함수를 제외하고 모두 생략이 가능하며 필요할 때 재정의하여 사용할 수 있다.

10) 호출 순서

앞에서 예제를 통해 클래스 컴포넌트의 전체 라이프 사이클 함수를 살펴보았다. 마지막으로 이 라이프 사이클 함수들의 호출 순서를 정리해 보도록 한다.

- 컴포넌트가 생성될 때: constructor → getDerivedStateFromProps → render → componentDidMount

- 컴포넌트의 Props가 변경될 때: getDerivedStateFromProps → shouldComponentUpdate → render → getSnapshotBeforeUpdate → componentDidUpdate

- 컴포넌트의 State가 변경될 때: shouldComponentUpdate → render → getSnapshotBeforeUpdate → componentDidUpdate

- 컴포넌트의 렌더링중 에러가 발생할 때: componentDidCatch

- 컴포넌트가 화면에서 제거될 때: componentWillUnmount

클래스 컴포넌트에서 이 라이프 사이클 함수를 잘 활용하면 좀 더 최적화된 컴포넌트를 만들 수 있다.

7.5 테스트

지금까지 6장에서 함수 컴포넌트로 만든 할 일 목록 앱을 클래스 컴포넌트로 리팩토링해 보았다. 이제 6장에서 만든 테스트 코드를 실행해 봄으로써 우리가 만든 클래스 컴포넌트가 정말 6장에서 만든 함수 컴포넌트와 같은 기능을 하는지 확인해 보자.

우선 앞에서 라이프 사이클 함수를 소개하기 위해 App 컴포넌트에 작성한 예제 코드를 다음과 같이 주석 처리하도록 하자. 다음과 같이 주석처리를 하지 않고 테스트 코드를 실행하면 각 라이프 사이클 함수에 작성한 console.log가 실행되므로 테스트의 결과를 제대로 확인하기가 어렵다.

```
// static getDerivedStateFromProps(nextProps: Props, prevState:
State) {
//    console.log('getDerivedStateFromProps');

//    return null;
// }

// componentDidMount() {
//    console.log('componentDidMount');
// }

// getSnapshotBeforeUpdate(prevProps: Props, prevState: State) {
//    console.log('getSnapshotBeforeUpdate');

//    return {
//      testData: true,
//    };
// }

// componentDidUpdate(prevProps: Props, prevState: State, snapshot:
IScriptSnapshot) {
//    console.log('componentDidUpdate');
// }

// shouldComponentUpdate(nextProps: Props, nextState: State) {
//    console.log('shouldComponentUpdate');
//    return true;
// }

// componentWillUnmount() {
//    console.log('componentWillUnmount');
```

```
//  }

// componentDidCatch(error: Error, info: React.ErrorInfo) {
//   this.setState({
//     error: true,
//   });
// }
```

우리는 6장의 소스 코드를 복사해 왔기 때문에 모든 컴포넌트에 대한 테스트 코드가 이미 작성된 상태이다. 그런 다음 명령어를 실행하여 테스트 코드를 실행해 보도록 하자.

```
npm run test
```

테스트 코드가 실행되면 다음과 같이 6장에서 만든 모든 테스트가 성공적으로 통과한 것을 확인할 수 있다.

```
PASS  src/Components/Input/index.test.tsx
 PASS  src/Components/ToDoItem/index.test.tsx
 PASS  src/Components/Button/index.test.tsx
 PASS  src/App.test.tsx

Test Suites: 4 passed, 4 total
Tests:       11 passed, 11 total
Snapshots:   4 passed, 4 total
Time:        3.604 s, estimated 7 s
```

이 결과를 통해 우리는 함수 컴포넌트에서 클래스 컴포넌트로 리팩토링한 결과가 우리의 예상대로 모두 동작하고 있다는 것을 알 수 있다.

이렇게 테스트 코드는 우리가 작성한 컴포넌트의 내부를 자유롭게 리팩토링할 수 있게 도와주며 리팩토링한 결과에 문제가 있는지 없는지를 알 수 있게 해준다.

7.6 요약

클래스 컴포넌트가 리액트의 메인 컴포넌트로 사용되었을 때 클래스의 개념과 라이프 사이클의 이해가 리액트를 배우는데 어려운 부분이었다. iOS나 안드로이드와 같이 앱을 개발하는 언어에서는 이런 라이프 사이클이 존재한다. 따라서 싱글 페이지 애플리케이션(Single Page Application)을 제작하는 라이브러리인 리액트에서도 앱과 같이 라이프 사이클 함수가 있는 것이 어쩌면 당연할지도 모른다.

만약 지금 이 개념이 어렵고 이해하기 힘들다면 잠시 잊어도 좋다. 지금의 리액트는 함수 컴포넌트가 메인이기 때문이다. 함수 컴포넌트에서도 위에서 소개한 라이프 사이클 함수와 비슷한 기능이 대부분 존재한다. 또한, 함수 컴포넌트만의 최적화 기법도 존재한다. 그러므로 리액트를 새로 배우는 사람이라면 함수 컴포넌트를 집중해서 공부하기를 추천한다.

아직은 많은 라이브러리, 예제들이 클래스 컴포넌트를 사용하고 있다. 클래스 컴포넌트를 접하면 당황하지 말고 이 책을 펴서 라이프 사이클 함수를 확인하며 공부하면 충분히 이해할 수 있을 것이다.

마지막으로 우리는 6장에서 함수 컴포넌트로 만든 할 일 목록 앱과 그에 대한 테스트 코드를 사용하여 클래스 컴포넌트로 앱 내부를 리팩토링하였다. 이처럼 우리는 화면상에 변화는 없지만, 컴포넌트의 최적화 등과 같은 이유로 컴포넌트를 종종 리팩토링하곤 한다. 이때, 앱이 정상적으로 동작할 때 미리 작성해 둔 테스트 코드는 우리가 수행한 리팩토링이 정상적으로 동작하는지 보장해 준다. 이런 테스트 코드가 없다면 우리는 우리가 수행한 리팩토링이 정말 문제가 없는지 확인하기 위해 앱의 모든 기능을 클릭해보면서 확인해야 할 것이다.

이렇듯 테스트 코드는 우리가 수행한 수정 사항들이 우리가 예상치 못한 다른 곳에 영향을 주는지 등을 대신 확인해 주며 우리가 화면을 보고 클릭하면서 직접 수행해야 하는 테스트를 대신해 줌으로써 개발 시간을 단축해 준다.

08

Context API와 localStorage

8.1 Context API

8.2 프로젝트 준비

8.3 개발

1) InputContainer 컴포넌트
2) ToDoList 컴포넌트
3) ToDoList 컨텍스트
4) App 컴포넌트에 프로바이더 적용
5) InputContainer 컴포넌트에 컨슈머 적용
6) ToDoList 컴포넌트에 컨슈머 적용

8.4 localStorage

8.5 useEffect 훅

8.6 테스트

1) ToDoList 컨텍스트
2) InputContainer 컴포넌트
3) ToDoList 컴포넌트
4) App 컴포넌트

8.7 요약

Context API와 localStorage

리액트에서 데이터를 다루는 방법으로는 Props와 State, 그리고 Context가 존재한다. 이번 장에서는 Context API를 통해 컨텍스트를 다루는 방법에 대해 알아본다.

웹 서비스에서 대부분의 데이터는 서버의 DB(Database)에 저장하게 된다. 이 책은 리액트에 관한 책으로써 데이터를 저장하기 위한 서버 구축이나 DB 생성에 관해서는 다루지 않는다. 하지만 데이터를 저장하는 타이밍이나 데이터를 저장하는 방법에 관해서는 공부할 필요가 있다.

이번 장에서는 localStorage를 사용하여 서버에 데이터를 저장하듯이 브라우저에 데이터를 저장하고 가져오는 방법에 대해 알아본다.

8.1 Context API

리액트에서 Props와 State는 부모 컴포넌트와 자식 컴포넌트 또는 한 컴포넌트 안에서 데이터를 다루기 위해 사용된다. 이 Props와 State를 사용하게 되면 부모 컴포넌트에서 자식 컴포넌트, 즉, 위에서 아래, 한쪽으로 데이터가 흐르게 된다.

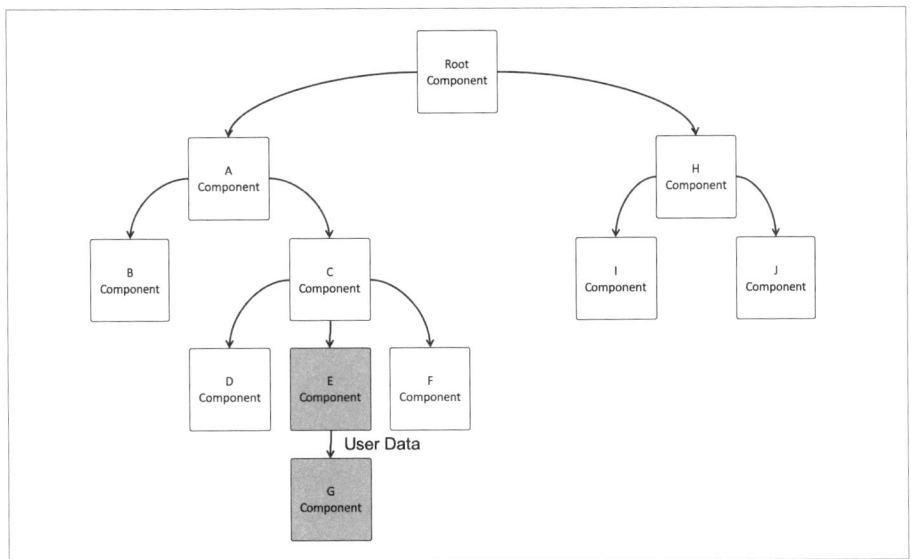

[그림 8-1] Props와 State

만약 다른 컴포넌트에서 한쪽으로 흐르고 있는 데이터를 사용하고 싶은 경우 또는 다른 컴포넌트에서 사용하고 있는 데이터를 현재의 데이터 흐름에 넣고 싶은 경우가 발생한다면 어떻게 될까?

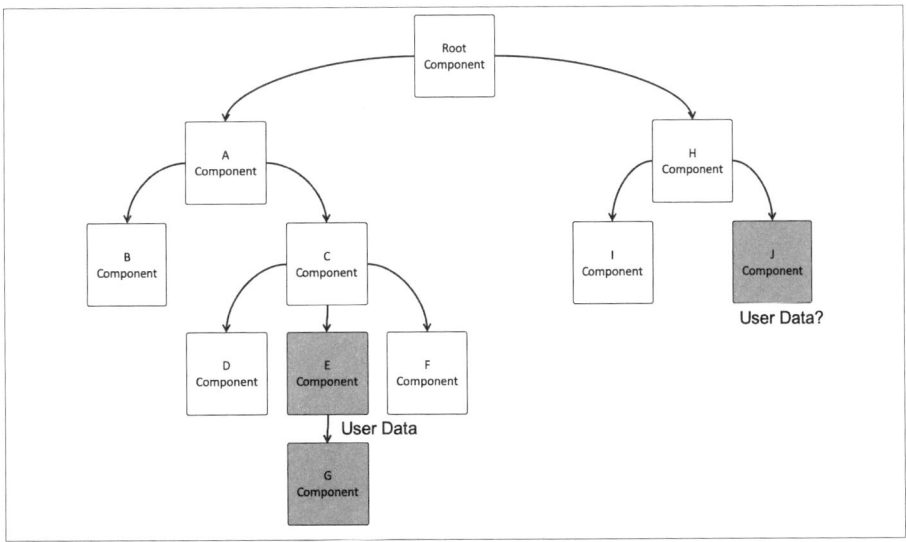

[그림 8-2] 다른 컴포넌트에서 데이터 사용

데이터는 위에서 아래로, 한쪽으로 흐르게 되므로 사용하고 싶은 데이터와 이 데이터를 사용할 위치에 공통 부모 컴포넌트에 State를 만들고 사용하고자 하는 데이터를 Props를 전달하여 이 문제를 해결할 수 있을 것이다.

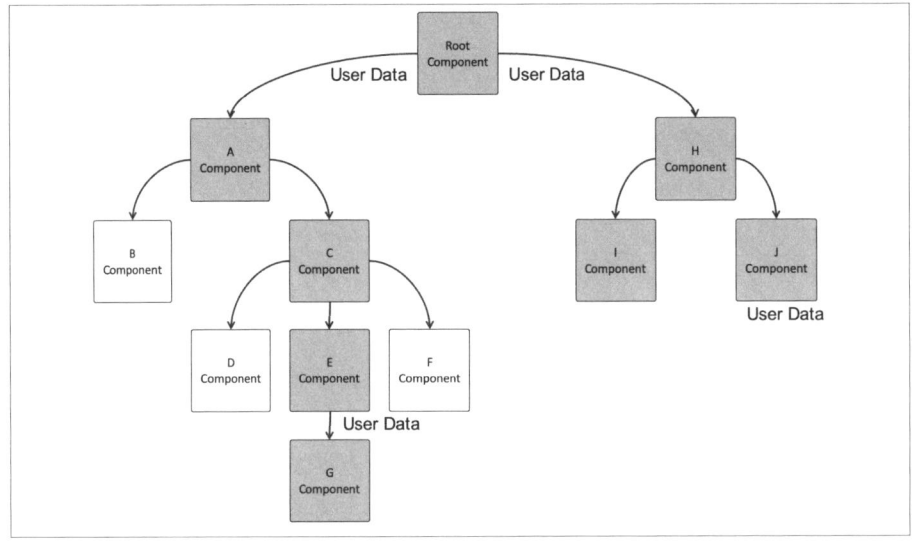

[그림 8-3] Props와 State를 이용한 데이터 전달

하지만 이처럼 컴포넌트 사이에 공유되는 데이터를 위해 매번 공통 부모 컴포넌트를 수정하고 모든 컴포넌트에 Props를 전달하여 데이터를 사용하는 것은 매우 비효율적이다. 이처럼 비효율적인 문제를 해결하기 위해 리액트에서는 Flux라는 개념을 도입하였고 그에 걸맞은 Context API를 제공하기 시작했다.

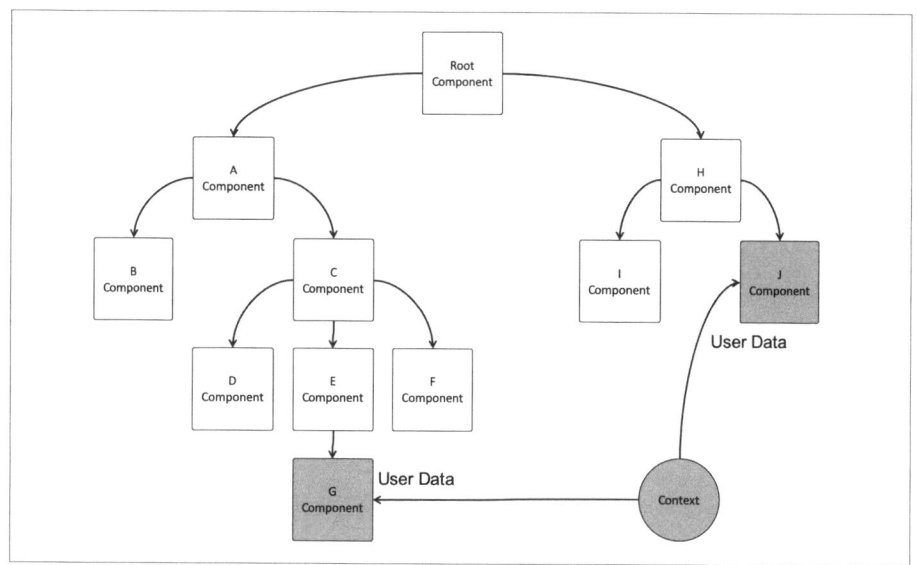

[그림 8-4] Context API

컨텍스트는 부모 컴포넌트로부터 자식 컴포넌트로 전달되는 데이터의 흐름과는 상관없이 전역적으로 데이터를 다룬다. 전역 데이터를 컨텍스트에 저장한 후 필요한 컴포넌트에서 해당 데이터를 불러와 사용할 수 있다.

컨텍스트를 사용하기 위해서는 Context API를 사용하여 컨텍스트의 프로바이더(Provider)와 컨슈머(Consumer)를 생성해야 한다. 컨텍스트에 저장된 데이터를 사용하기 위해서는 [그림 8-5]와 같이 공통 부모 컴포넌트에 컨텍스트의 프로바이더를 사용하여 데이터를 제공해야 하며 데이터를 사용하려는 컴포넌트에서 컨텍스트의 컨슈머를 사용하여 실제 데이터를 사용(소비)하게 된다.

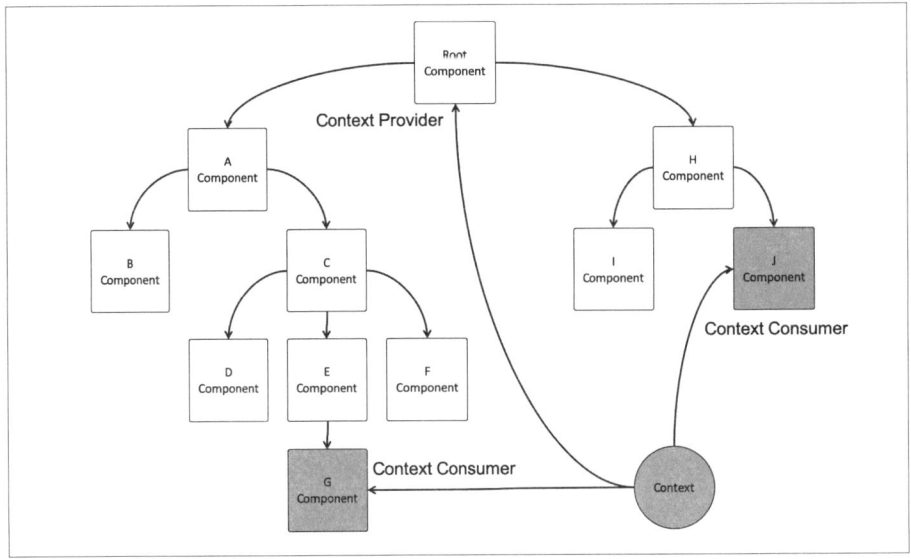

[그림 8-5] Context의 Provider, Consumer

이번 장에서는 앞에서 만든 할 일 목록 앱에 Context API를 적용해 봄으로써 Context API를 사용하여 전역 데이터를 다루는 컨텍스트를 생성하고 활용하는 방법을 확인할 예정이다.

8.2 프로젝트 준비

6장에서 만든 할 일 목록 앱을 그대로 사용해도 되지만, 프로젝트 생성을 연습하기 위해 새로운 프로젝트를 다시 생성해 보도록 한다.

새로운 할 일 목록 앱을 제작하기 위해 다음 create-react-app 명령어를 사용하여 새로운 React 프로젝트를 생성한다.

```
npx create-react-app context-todo-list --template=typescript
```

우리는 리액트 프로젝트의 스타일링을 하기 위해 styled-components를 사용할 예정이며 Prettier를 설정하여 소스 코드의 포맷을 관리할 예정이다. 따라서 다음 명령어를 실행하여 styled-components와 Prettier를 설치한다.

```
# cd context-todo-list
npm install --save styled-components
npm install --save-dev @types/styled-components jest-styled-
components
npm install --save-dev husky lint-staged prettier
```

설치가 완료되었다면 Prettier를 설정하기 위해 .prettierrc.js 파일을 생성하고 다음과 같이 수정한다.

```
module.exports = {
  jsxBracketSameLine: true,
  singleQuote: true,
  trailingComma: 'all',
  printWidth: 100,
};
```

파일을 수정하고 저장하였다면 lint-staged와 husky를 설정하기 위해 package.json 파일을 열어 다음과 같이 수정한다.

```
"scripts": {
  ...
},
"husky": {
  "hooks": {
    "pre-commit": "lint-staged"
  }
},
"lint-staged": {
  "src/**/*.{js,jsx,ts,tsx,json,css,scss,md}": [
    "prettier --write"
  ]
```

```
},
```

마지막으로 절대 경로로 컴포넌트를 추가하기 위해 타입스크립트 설정 파일인 tsconfig.json을 열어 다음과 같이 수정한다.

```
{
  "compilerOptions": {
    ...
    "jsx": "react-jsx",
    "baseUrl": "src"
  },
  ...
}
```

이렇게 모든 설정을 완료하였다면 6장에서 만든 할 일 목록 앱의 소스 코드를 그대로 사용하기 위해 현재 폴더(context-todo-list)에서 src 폴더를 삭제하고 6장에서 만든 예제 폴더(todo-list)에서 src 폴더를 복사하여 붙여넣기 한다.

복사가 완료되었다면 다음 명령어로 테스트 코드를 실행하여 문제없이 프로젝트가 설정되었는지 확인해 본다.

```
npm run test
```

문제없이 프로젝트가 설정되었다면 명령 프롬프트에 다음과 같은 화면을 확인할 수 있다.

```
PASS  src/Components/Input/index.test.tsx
PASS  src/Components/Button/index.test.tsx
PASS  src/Components/ToDoItem/index.test.tsx
PASS  src/App.test.tsx


Test Suites: 4 passed, 4 total
```

```
Tests:       11 passed, 11 total
Snapshots:   4 passed, 4 total
Time:        6.235 s
```

실행 중인 명령어를 종료하고 다음 명령어를 실행하여 6장에서 만든 할 일 목록 앱이 잘 실행되는지 확인한다.

```
npm start
```

문제없이 프로젝트가 실행되었다면 브라우저에 [그림 8-6]과 같은 화면을 확인할 수 있다.

[그림 8-6] 할 일 목록 앱

이제 Props, State 이외에 컨텍스트를 사용하여 데이터를 다루기 위한 프로젝트 준비가 끝났다. 이렇게 준비된 프로젝트에 Context API를 사용하여 전역적인 데이터를 다뤄보도록 하자.

8.3 개발

6장에서 만든 할 일 목록 앱은 사실 Context API를 사용할 필요가 없을 정도로 단순하다. 하지만 이번 장에서는 컨텍스트를 이해하기 위해 Context API를 사용할 수 있도록 할 일 목록 앱을 조금 수정할 예정이다.

현재 할 일 목록 앱의 구조를 간단하게 그래프로 표현해 보면 [그림 8-7]과 같다.

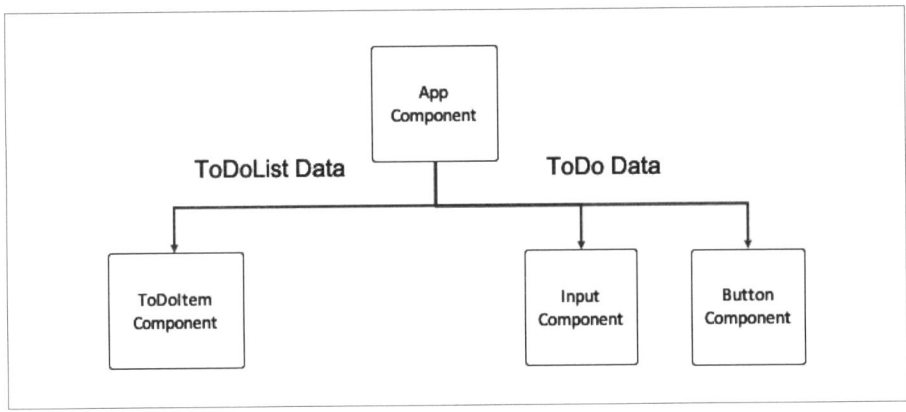

[그림 8-7] 할 일 목록 앱 구조

현재 할 일 목록 앱은 App 컴포넌트 안에 ToDo 데이터와 ToDoList 데이터가 존재하며 Input 컴포넌트와 Button 컴포넌트, 그리고 ToDoItem 컴포넌트를 사용하여 할 일을 추가하거나 추가된 할 일 목록을 표시하고 있다.

이런 할 일 목록 앱에 Context API를 사용할 준비를 하기 위해 [그림 8-8]과 같이 ToDoList 컴포넌트와 InputContainer 컴포넌트를 새롭게 추가할 예정이다.

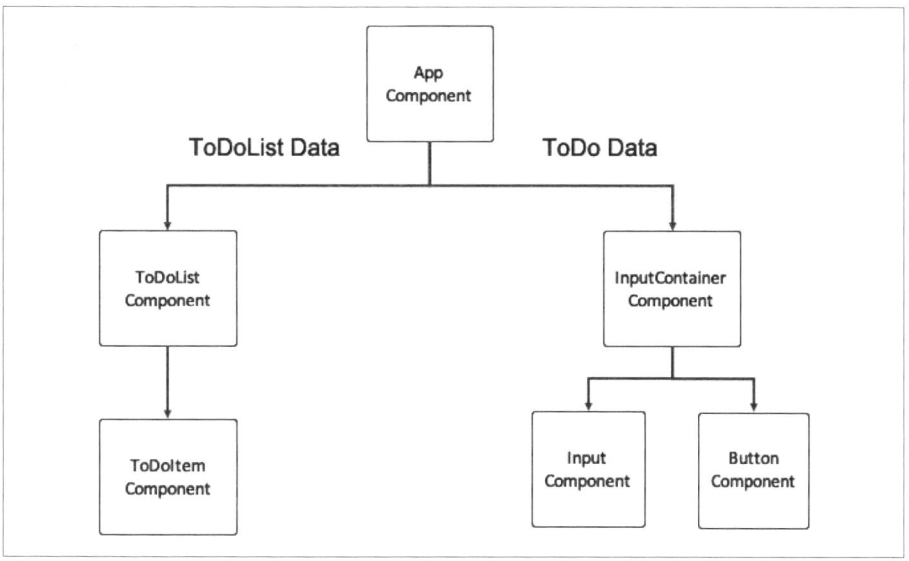

[그림 8-8] 할 일 목록 앱 구조 변경

이렇게 수정한 할 일 목록 앱에 [그림 8-9]와 같이 ToDoList 컨텍스를 추가하고 App 컴포넌트에는 컨텍스트의 프로바이더를, ToDoList 컴포넌트와 InputContainer 컴포넌트에는 컨텍스트의 컨슈머를 적용하여 Context API의 사용법을 확인할 예정이다.

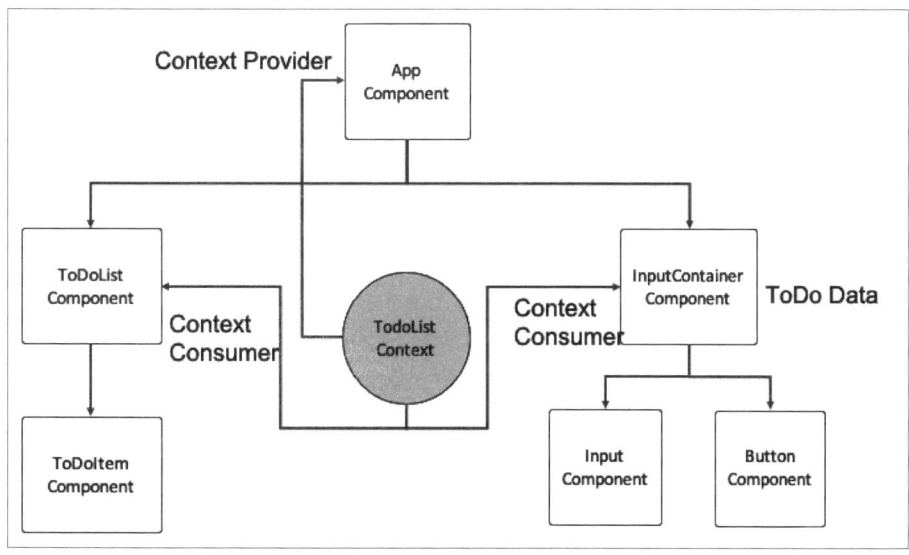

[그림 8-9] 할 일 목록 앱에 컨텍스트 추가

이제 본격적으로 6장에서 만든 할 일 목록 앱에 Context API를 적용해 보자.

1) InputContainer 컴포넌트

할 일 목록 앱에 InputContainer 컴포넌트를 추가하여 Context API를 사용할 준비를 해 보자. InputContainer 컴포넌트를 추가하기 위해 ./src/Components/InputContainer.tsx 파일을 생성하고 다음과 같이 수정한다.

```tsx
import React from 'react';
import Styled from 'styled-components';

import { Button } from 'Components/Button';
import { Input } from 'Components/Input';

const Container = Styled.div`
  display: flex;
`;

interface Props {
  readonly toDo?: string;
  readonly onChange?: (text: string) => void;
  readonly onAdd?: () => void;
}
export const InputContainer = ({ toDo, onChange, onAdd }: Props) => {
  return (
    <Container>
      <Input placeholder="할 일을 입력해 주세요" value={toDo} onChange={onChange} />
      <Button label="추가" onClick={onAdd} />
    </Container>
  );
};
```

InputContainer 컴포넌트는 할 일을 입력하기 위한 Input 컴포넌트와 할 일 데이터를 할 일 목록 데이터에 추가하기 위한 [추가] 버튼 불러온다.

앞에서도 설명하였지만, 공통 컴포넌트로 만든 Button 컴포넌트와 Input 컴포넌트는 우리가 컴포넌트들을 편하게 추가하기 위해 만든 Components/index를 사용하지 않고 Components/Button, Components/Input을 사용하여 직접 추가하였다. 이렇게 직접 추가한 이유는 Components/index에서 InputContainer 컴포넌트를 참조하고 있고 InputContainer 컴포넌트에서 다시 Components/index를 참조하게 되므로 무한 반복 참조가 일어나기 때문에 이를 방지하기 위해서이다.

```
import { Button } from 'Components/Button';
import { Input } from 'Components/Input';
…
```

그리고 App 컴포넌트 안에서 styled-components로 만든 InputContainer 컴포넌트를 복사하고 이름을 Container로 수정하였다.

```
…
const Container = Styled.div`
  display: flex;
`;
…
```

InputContainer 컴포넌트에 필요한 할 일 데이터와 할 일 데이터를 갱신하기 위한 onChange 함수, 그리고 할 일을 추가하기 위한 onAdd 함수를 타입스크립트의 인터페이스로 정의하였고 부모 컴포넌트로부터 전달받을 수 있도록 함수의 매개변수를 설정하였다.

```
…
interface Props {
  readonly toDo?: string;
  readonly onChange?: (text: string) => void;
```

```
  readonly onAdd?: () => void;
}
export const InputContainer = ({ toDo, onChange, onAdd }: Props) => {
  …
};
```

InputContainer 컴포넌트의 내용은 App 컴포넌트에서 <InputContainer />안에 작성한 내용을 복사/붙여넣기 하였다. 그리고 부모 컴포넌트로부터 전달받은 Props의 내용으로 교체하였다.

```
…
export const InputContainer = ({ toDo, onChange, onAdd }: Props) => {
  return (
    <Container>
      <Input placeholder="할 일을 입력해 주세요" value={toDo} onChange={onChange} />
      <Button label="추가" onClick={onAdd} />
    </Container>
  );
};
```

이렇게 만든 InputContainer 컴포넌트를 컴포넌트 추가를 편리하게 하려고 만든 파일인 ./src/Components/index.tsx 파일을 열어 다음과 같이 수정한다.

```
…
export * from './InputContainer';
```

마지막으로 InputContainer 컴포넌트를 사용하기 위해 App 컴포넌트를 수정할 필요가 있다. App 컴포넌트에서 InputContainer 컴포넌트를 사용하기 위해 ./src/App.tsx 파일을 열어 다음과 같이 수정한다.

```
import { InputContainer, ToDoItem } from 'Components';
…
function App() {

  …
  return (
    <Container>
      <Contents>
        …
        <InputContainer toDo={toDo} onChange={(text) => setToDo(text)} onAdd={addToDo} />
      </Contents>
    </Container>
  );
}
```

App 컴포넌트에서 Input 컴포넌트와 Button 컴포넌트를 사용하여 할 일을 추가였지만, 이제는 InputContainer 컴포넌트로 구현했기 때문에 더는 Input 컴포넌트와 Button 컴포넌트가 필요 없게 되었다. 대신 두 컴포넌트 기능을 하는 InputContainer 컴포넌트를 불러오도록 수정하였고 styled-components로 만든 InputContainer 컴포넌트는 더 사용하지 않으므로 제거하였다.

마지막으로 이전에 만든 <InputContainer />의 모든 내용을 삭제하고 컨텍스트를 사용하기 위해 새롭게 만든 InputContainer 컴포넌트를 사용하였다. 또한, 해당 컴포넌트에 필요한 Props 데이터를 설정하였다.

이렇게 모든 파일을 수정한 후 저장하면 앞서 실행한 명령어에 의해서 브라우저에 표시된 페이지가 갱신되고 [그림 8-6]과 같은 화면이 표시되는 것을 확인할 수 있다. 이로써 우리가 새롭게 추가한 InputContainer 컴포넌트가 제대로 적용된 것을 확인할 수 있었다.

2) ToDoList 컴포넌트
다음으로 할 일 목록을 보여주는 ToDoList 컴포넌트를 만들어 보자. ToDoList 컴포넌트를 만들기 위해 ./src/Components/ToDoList/index.tsx 파일을 만들고 다음과 같이 수정한다.

```
import React from 'react';
import Styled from 'styled-components';

import { ToDoItem } from 'Components/ToDoItem';

const Container = Styled.div`
  min-width: 350px;
  height: 400px;
  overflow-y: scroll;
  border: 1px solid #BDBDBD;
  margin-bottom: 20px;
`;

interface Props {
  readonly toDoList: string[];
  readonly deleteToDo: (index: number) => void;
}

export const ToDoList = ({ toDoList, deleteToDo }: Props) => {
  return (
    <Container data-testid="toDoList">
      {toDoList.map((item, index) => (
        <ToDoItem key={item} label={item} onDelete={() => deleteToDo(index)} />
      ))}
    </Container>
  );
};
```

앞에서 만든 InputContainer 컴포넌트와 같은 방식으로 ToDoList 컴포넌트를 개발하였다. 우선 react와 styled-components를 추가하고 ToDoItem 컴포넌트를 직접 추가하였다.

```
import React from 'react';
import Styled from 'styled-components';

import { ToDoItem } from 'Components/ToDoItem';
...
```

그리고 App 컴포넌트에서 styled-components로 제작한 ToDoListContainer 컴포넌트를 복사하여 이름을 Container로 변경하였다.

```
...
const Container = Styled.div`
  min-width: 350px;
  height: 400px;
  overflow-y: scroll;
  border: 1px solid #BDBDBD;
  margin-bottom: 20px;
`;
...
```

ToDoList 컴포넌트는 할 일 목록을 전달받아 화면에 표시하며 [삭제] 버튼을 통해 각각의 할 일을 삭제할 수 있다. 따라서 부모 컴포넌트로부터 할 일 목록과 삭제를 위한 함수를 전달받아야 하며 이를 다음과 같이 타입스크립트의 인터페이스로 정의하였다.

```
...
interface Props {
  readonly toDoList: string[];
  readonly deleteToDo: (index: number) => void;
}
```

```
export const ToDoList = ({ toDoList, deleteToDo }: Props) => {
  ...
};
```

마지막으로 App 컴포넌트에서 <ToDoListContainer /> 안의 내용을 복사하였으며 ToDoListContainer 컴포넌트의 이름을 Container로 변경하였다.

```
...
export const ToDoList = ({ toDoList, deleteToDo }: Props) => {
  return (
    <Container data-testid="toDoList">
      {toDoList.map((item, index) => (
        <ToDoItem key={item} label={item} onDelete={() => deleteToDo(index)} />
      ))}
    </Container>
  );
};
```

이제 이렇게 제작한 ToDoList 컴포넌트를 다른 컴포넌트에서 간단하게 추가할 수 있게 하려고 ./src/Componets/index.tsx 파일을 열어 다음과 같이 수정하였다.

```
...
export * from './ToDoList';
```

이렇게 추가한 ToDoList 컴포넌트를 App 컴포넌트에서 사용하기 위해 ./src/App.tsx 파일을 열어 다음과 같이 수정하였다.

```
...
import { InputContainer, ToDoList } from 'Components';
```

```
...
function App() {
  ...
  return (
    <Container>
      <Contents>
        <ToDoList toDoList={toDoList} deleteToDo={deleteToDo} />
        <InputContainer toDo={toDo} onChange={(text) =>
setToDo(text)} onAdd={addToDo} />
      </Contents>
    </Container>
  );
}
```

앞에서 제작한 ToDoList 컴포넌트를 Components로부터 불러온 후에 <ToDoListContainer />의 내용을 지운 후 해당 부분에 ToDoList 컴포넌트를 사용하여 화면을 구성하였다. 그리고 더는 사용하지 않는 styled-components로 제작한 ToDoListContainer 컴포넌트를 제거하였다.

이렇게 모든 파일을 수정한 후 저장하면 앞서 실행한 명령어에 의해서 브라우저에 표시된 페이지가 갱신되고 [그림 8-6]과 같은 화면이 표시되는 것을 확인할 수 있다. 이로써 우리가 새롭게 추가한 ToDoList 컴포넌트가 제대로 적용된 것을 확인할 수 있었다.

3) ToDoList 컨텍스트
지금까지 할 일 목록 앱에서 컨텍스트를 사용하기 위해 새로운 컴포넌트를 추가해 보았다. 이제 실제로 Context API를 사용하여 컨텍스트를 제작해 보자. ./src/Contexts/ToDoList/index.tsx 파일을 생성하고 다음과 같이 수정한다.

```
import React, { createContext, useState } from 'react';

interface Context {
```

```
  readonly toDoList: string[];
  readonly addToDo: (toDo: string) => void;
  readonly deleteToDo: (index: number) => void;
}

const ToDoListContext = createContext<Context>({
  toDoList: [],
  addToDo: (): void => {},
  deleteToDo: (): void => {},
});

interface Props {
  children: JSX.Element | JSX.Element[];
}

const ToDoListProvider = ({ children }: Props): JSX.Element => {
  const [toDoList, setToDoList] = useState<string[]>([]);

  const addToDo = (toDo: string): void => {
    if (toDo) {
      setToDoList([...toDoList, toDo]);
    }
  };

  const deleteToDo = (index: number): void => {
    let list = [...toDoList];
    list.splice(index, 1);
    setToDoList(list);
  };

  return (
```

```jsx
    <ToDoListContext.Provider
      value={{
        toDoList,
        addToDo,
        deleteToDo,
      }}>
      {children}
    </ToDoListContext.Provider>
  );
};

export { ToDoListContext, ToDoListProvider };
```

리액트에서 컨텍스트도 하나의 컴포넌트로 취급한다. 따라서 컨텍스트를 만드는 것은 리액트의 컴포넌트를 만드는 것과 매우 유사하다. 우선, 컨텍스트를 만들기 위해 createContext와 리액트에서 데이터를 동적으로 다루기 위해 사용하는 useState를 불러온다.

```jsx
import React, { createContext, useState } from 'react';
```

그리고 컨텍스트로 공유할 데이터와 함수들을 타입스크립트의 인터페이스로 정의하고 정의한 인터페이스를 사용하여 컨텍스트를 생성한다. 컨텍스트를 생성할 때는 타입스크립트의 인터페이스에 정의한 값들의 초기값을 지정해 주어야 한다.

```typescript
interface Context {
  readonly toDoList: string[];
  readonly addToDo: (toDo: string) => void;
  readonly deleteToDo: (index: number) => void;
}

const ToDoListContext = createContext<Context>({
  toDoList: [],
```

```
  addToDo: (): void => {},
  deleteToDo: (): void => {},
});
```

컨텍스트를 사용하기 위해서는 데이터를 공유하는 컴포넌트들의 공통 부모 컴포넌트에 컨텍스트의 프로바이더를 제공해야 한다. 여기서 제공한다는 의미는 공통 부모 컴포넌트를 컨텍스트의 프로바이더 안에서 렌더링되도록 하는 것을 의미한다.

컨텍스트도 하나의 리액트 컴포넌트이므로 기본적으로 컴포넌트의 구조로 되어 있다. 따라서 렌더링해야 하는 공통 부모 컴포넌트를 Props로 전달받고 컨텍스트의 프로바이더 안에서 전달받은 컴포넌트를 렌더링하도록 함으로써 컨텍스트를 사용할 수 있는 환경을 만들 수 있다.

```
...
interface Props {
  children: JSX.Element | JSX.Element[];
}

const ToDoListProvider = ({ children }: Props): JSX.Element => {
  ...
  return (
    <ToDoListContext.Provider
      value={{
        toDoList,
        addToDo,
        deleteToDo,
      }}>
      {children}
    </ToDoListContext.Provider>
  );
};
```

컨텍스트의 프로바이더를 설정할 때는 앞의 예제와 같이 value라는 프로바이더의 Props에 컨텍스트로 제공할 내용을 작성해야 한다. 우리는 할 일 목록을 컨텍스트로 제공할 예정이고 해당 데이터에 할 일을 추가하거나 삭제할 수 있는 함수를 제공할 예정이다.

다시 한번 설명하지만, 컨텍스트도 하나의 리액트 컴포넌트이다. 따라서 동적인 데이터를 다루기 위해서는 State를 사용할 필요가 있다. 우리는 할 일 목록이라는 데이터를 동적으로 다룰 예정이므로 State를 사용하여 할 일 목록(toDoList) 데이터를 정의하였다.

```
const ToDoListProvider = ({ children }: Props): JSX.Element => {
  const [toDoList, setToDoList] = useState<string[]>([]);
  ...
};
```

이제 이렇게 정의한 할 일 목록 데이터에 데이터를 추가하기 위한 함수인 addToDo와 데이터를 제거하기 위한 deleteToDo 함수를 정의하였다.

```
const ToDoListProvider = ({ children }: Props): JSX.Element => {
  ...
  const addToDo = (toDo: string): void => {
    if (toDo) {
      setToDoList([...toDoList, toDo]);
    }
  };

  const deleteToDo = (index: number): void => {
    let list = [...toDoList];
    list.splice(index, 1);
    setToDoList(list);
  };
  ...
};
```

마지막으로, 이렇게 만든 컨텍스트도 컴포넌트와 마찬가지로 간단하게 추가할 수 있게 하도록 ./Contexts/index.tsx 파일을 만들고 다음과 같이 수정한다.

```
export * from './ToDoList';
```

이것으로 Context API를 사용하여 전역적으로 사용할 데이터인 할 일 목록 데이터를 생성하였고 할 일 목록 데이터에 데이터를 추가, 삭제하기 위한 함수도 정의하였다.

현재는 컨텍스트를 정의하여 사용할 준비만 하였다. 이제 실제로 이렇게 정의한 컨텍스트를 사용하여 할 일 목록 앱을 리펙토링해 보자.

4) App 컴포넌트에 프로바이더 적용

앞에서 전역적으로 사용할 데이터인 할 일 목록 데이터에 관한 컨텍스트를 만들었다. 이제 ToDoList 컴포넌트와 InputContainer 컴포넌트는 이 컨텍스트를 사용하여 할 일 목록 데이터를 공유하게 될 것이다.

컨텍스트를 사용하여 데이터를 공유하기 위해서는 공통 부모 컴포넌트에 컨텍스트의 프로바이더를 제공해야 한다. ToDoList 컴포넌트와 InputContainer의 공통 컴포넌트는 App 컴포넌트이므로 이 App 컴포넌트에 앞에서 만든 ToDoList 컨텍스트의 프로바이더를 제공해야 한다.

그렇다면 App 컴포넌트에서 컨텍스트의 프로바이더를 제공하기 위해 ./src/App.tsx 파일을 열어 다음과 같이 수정한다.

```
import React from 'react';
...
import { ToDoListProvider } from 'Contexts';
...
function App() {
  return (
    <ToDoListProvider>
```

```
      <Container>
        <Contents>
          <ToDoList />
          <InputContainer />
        </Contents>
      </Container>
    </ToDoListProvider>
  );
}

export default App;
```

컨텍스트에서 할 일 목록 데이터를 전역적으로 다루기 때문에 더는 App 컴포넌트에서 데이터를 다룰 필요가 없어졌다. 따라서 앞에서 만든 App 컴포넌트보다 매우 단순해진 것을 확인할 수 있다.

우선 우리가 만든 컨텍스트에서 데이터를 다루고 App 컴포넌트에서는 데이터를 다루지 않으므로 useState를 지웠으며 대신 데이터를 가지고 있는 컨텍스트를 적용하기 위해 Context 파일로부터 ToDoListProvider를 가져왔다.

```
import React from 'react';
...
import { ToDoListProvider } from 'Contexts';
```

이렇게 가져온 ToDoListProvider를 사용하기 위해서 App 컴포넌트가 렌더링되는 부분에 컨텍스트의 프로바이더를 적용하였으며 useState를 통해 생성하던 State 데이터를 모두 제거하였다.

```
function App() {
  return (
    <ToDoListProvider>
```

```
      <Container>
        <Contents>
          <ToDoList />
          <InputContainer />
        </Contents>
      </Container>
    </ToDoListProvider>
  );
}
```

그리고 ToDoList 컴포넌트와 InputContainer 컴포넌트는 더이상 App 컴포넌트로부터 데이터를 전달받는 것이 아니라 컨텍스트 안에 있는 전역 데이터를 직접 참조할 예정이므로 ToDoList 컴포넌트와 InputContainer 컴포넌트로 전달하던 모든 Props를 제거하였다.

현재는 ToDoList 컴포넌트와 InputContainer 컴포넌트를 리펙토링하지 않았기 때문에 에러가 발생할 것이다. 이제 ToDoList 컴포넌트와 InputContainer 컴포넌트를 리펙토링하여 에러를 제거하고 컨텍스트의 데이터를 직접 사용하도록 해 보자.

5) InputContainer 컴포넌트에 컨슈머 적용

이제 컨텍스트를 사용하여 전역 데이터를 사용하기 위해 InputContainer 컴포넌트를 리펙토링해 보자. InputContainer 컴포넌트를 수정하기 위해 ./src/Compontes/InputContainer/index.tsx 파일을 열어 다음과 같이 수정한다.

```
import React, { useState, useContext } from 'react';
...
import { ToDoListContext } from 'Contexts';
...
export const InputContainer = () => {
  const [toDo, setToDo] = useState('');
  const { addToDo } = useContext(ToDoListContext);
  return (
```

```
    <Container>
      <Input placeholder="할 일을 입력해 주세요" value={toDo}
onChange={setToDo} />
      <Button
        label="추가"
        onClick={() => {
          addToDo(toDo);
          setToDo('');
        }}
      />
    </Container>
  );
};
```

InputContainer 컴포넌트는 사용자가 입력하는 데이터와 사용자가 입력한 데이터를 할 일 목록 데이터에 추가하는 역할을 해야 한다.

사용자가 입력한 데이터를 다루기 위해 State를 사용할 필요가 있다. 따라서 useState를 추가하였다. 또한, 컨텍스트를 사용하기 위해서는 useContext를 불러올 필요가 있다.

```
import React, { useState, useContext } from 'react';
…
```

그리고 우리가 만든 컨텍스트를 사용하기 위해 Contexts 파일로부터 ToDoListContext를 가지고 왔다. App 컴포넌트와는 다르게 ToDoListProvider가 아닌 ToDoListContext를 가지고 왔음에 주의하자. 컨텍스트를 제공하기 위해서는 프로바이더를 사용하지만, 컨텍스트를 사용하기 위해서는 컨텍스트를 직접 사용한다.

```
…
import { ToDoListContext } from 'Contexts';
…
```

이제 사용자의 데이터를 다루기 위해 useState를 사용하여 할 일 데이터를 정의하고 할 일 데이터를 전역 데이터인 할 일 목록 데이터에 추가하기 위해 useContext를 사용하여 우리가 만든 컨텍스트로부터 addToDo 함수를 불러왔다.

```
...
export const InputContainer = () => {
  const [toDo, setToDo] = useState('');
  const { addToDo } = useContext(ToDoListContext);
  ...
};
```

이제 이렇게 준비한 State 데이터와 컨텍스트 함수인 addToDo 함수를 InputContainer 컴포넌트의 필요한 부분에서 사용하도록 수정하였다.

```
...
export const InputContainer = () => {
  ...
  return (
    <Container>
      <Input placeholder="할 일을 입력해 주세요" value={toDo} onChange={setToDo} />
      <Button
        label="추가"
        onClick={() => {
          addToDo(toDo);
          setToDo('');
        }}
      />
    </Container>
  );
};
```

이것으로 InputContainer 컴포넌트에서 사용자의 데이터를 다루기 위해 State를 사용하도록 수정하였고 전역 데이터인 할 일 목록 데이터에 사용자의 데이터를 추가하기 위해 컨텍스트를 사용하는 방법에 대해 알아보았다.

6) ToDoList 컴포넌트에 컨슈머 적용
이제 ToDoList 컴포넌트를 수정하여 App 컴포넌트로부터 전달받은 데이터를 화면에 표시하는 것이 아니라 전역 데이터인 컨텍스트에서 데이터를 받아 화면에 표시하도록 수정해 보자. 컨텍스트를 사용하여 전역 데이터를 사용하기 위해 ./src/Componets/ToDoList/index.tsx 파일을 열어 다음과 같이 수정한다.

```
import React, { useContext } from 'react';
...
import { ToDoListContext } from 'Contexts';
...
export const ToDoList = () => {
  const { toDoList, deleteToDo } = useContext(ToDoListContext);

  return (
    <Container data-testid="toDoList">
      {toDoList.map((item, index) => (
        <ToDoItem key={item} label={item} onDelete={() => deleteToDo(index)} />
      ))}
    </Container>
  );
};
```

InputContainer 컴포넌트와 마찬가지로 부모 컴포넌트인 App 컴포넌트로부터 Props로 데이터를 더는 전달받지 않는다. 따라서 Props에 관한 모든 코드를 삭제하였다. 그리고 컨텍스트를 통해 전역 데이터를 사용하기 위해 useContext와 ToDoListContext를 불러왔다.

```
import React, { useContext } from 'react';
…
import { ToDoListContext } from 'Contexts';
…
```

ToDoList 컴포넌트는 전역 데이터에 추가된 할 일 목록 데이터를 화면에 표시하며, 표시된 할 일 목록 데이터를 [삭제] 버튼을 통해 삭제할 수 있다. 따라서 컨텍스트에서 useContext를 사용하여 toDoList와 deleteToDo 함수를 가져왔으며 이렇게 가져온 데이터와 함수를 ToDoList 컴포넌트의 필요한 부분에서 사용하도록 수정하였다.

```
export const ToDoList = () => {
  const { toDoList, deleteToDo } = useContext(ToDoListContext);

  return (
    <Container data-testid="toDoList">
      {toDoList.map((item, index) => (
        <ToDoItem key={item} label={item} onDelete={() => deleteToDo(index)} />
      ))}
    </Container>
  );
};
```

이것으로 ToDoList 컴포넌트도 부모 컴포넌트로부터 데이터를 Props를 통해 전달받는 것이 아니라 컨텍스트를 사용하여 전역 데이터를 사용하도록 수정되었다.

이렇게 모든 파일을 수정한 후 저장하면 앞서 실행한 명령어에 의해서 브라우저에 표시된 페이지가 갱신되고, [그림 8-6]과 같은 화면이 표시되는 것을 확인할 수 있다. 또한, 데이터를 추가하기 위해서 입력창에 할 일을 입력하고 [추가] 버튼을 클릭하면 할 일 데이터가 컨텍스트에 저장되어 할 일 목록에 표시되는 것을 확인할 수 있다. 그리고 표시된 할 일 목록에서 [삭제] 버튼을 클릭하여 해당 데이터가 컨텍스트에 저장된 할 일 목록 데이터에서 삭제되는 것을 알 수 있다.

이것으로 Context API를 사용하여 컨텍스트를 사용하는 방법에 대해서 알아보았다. 컨텍스트를 사용하여 전역 데이터를 공유하기 위해서는 데이터를 공유하고자 하는 컴포넌트들의 최상위 공통 부모 컴포넌트에 컨텍스트의 프로바이더를 제공해야 하며, 컨텍스트의 데이터를 사용하기 위해서는 useContext를 사용하여 컨텍스트로부터 필요한 데이터와 함수를 불러와 사용해야 한다는 것을 알 수 있었다.

8.4 localStorage

지금까지 State와 Props를 사용하여 관리하던 데이터를 Context API를 사용하여 컨텍스트를 만들고 전역으로 데이터를 관리하도록 변경해보았다. 이제 이렇게 관리되는 데이터를 외부에 저장하는 방법에 대해 알아보도록 하겠다.

보통의 웹 서비스에서는 이런 데이터를 API를 통해 서버에 저장하고 가져온다. 데이터를 저장하기 위한 서버를 구축하고 API를 생성하는 내용은 이 책의 범위를 벗어나므로 여기서는 localStorage를 사용하여 데이터를 브라우저에 저장하고 가져오는 방법을 소개하려고 한다.

여기서 소개하는 localStorage에 데이터를 저장하고 가져오는 타이밍과 API를 통해 서버에 데이터를 저장하고 가져오는 타이밍이 같다. 따라서 localStorage에 데이터를 저장하고 가져오는 방법을 통해 우리는 API를 통해 서버에 저장하고 가져오는 것을 연습할 수 있다.

localStorage를 사용하여 할 일 리스트 데이터를 브라우저에 저장하고 가져오기 위해 ./src/Contexts/ToDoList/index.tsx 파일을 열어 다음과 같이 수정한다.

```
import React, { ..., useEffect } from 'react';
...
const ToDoListProvider = ({ children }: Props): JSX.Element => {
  ...
```

```
  const addToDo = (toDo: string): void => {
    if (toDo) {
      const newList = [...toDoList, toDo];
      localStorage.setItem('ToDoList', JSON.stringify(newList));
      setToDoList(newList);
    }
  };

  const deleteToDo = (index: number): void => {
    let list = [...toDoList];
    list.splice(index, 1);
    localStorage.setItem('ToDoList', JSON.stringify(list));
    setToDoList(list);
  };

  useEffect(() => {
    const list = localStorage.getItem('ToDoList');
    if(list) {
      setToDoList(JSON.parse(list));
    }
  }, []);
  …
};
```

우선, localStorage에 저장된 데이터를 가져와 화면에 표시하기 위해서는 useEffect 훅을 사용할 필요가 있다. useEffect는 함수 컴포넌트에서 클래스 컴포넌트의 라이프 사이클 함수와 비슷한 역할을 하는 훅이다. useEffect를 사용할 때는 컴포넌트의 라이프 사이클에서 실행될 내용이 담긴 콜백 함수를 첫 번째 매개변수로 설정하고, 두 번째 매개변수에는 useEffect가 의존하는 변수들을 배열 형식으로 설정한다.

```
import React, { …, useEffect } from 'react';
```

```
...
const ToDoListProvider = ({ children }: Props): JSX.Element => {
  ...
  useEffect(() => {
    const list = localStorage.getItem('ToDoList');
    if(list) {
      setToDoList(JSON.parse(list));
    }
  }, []);
  ...
};
```

여기서는 useEffect를 컴포넌트가 화면에 표시된 후 호출되는 componentDidMount 함수와 같은 역할을 수행하도록 설정하였다. useEffect를 componentDidMount와 같은 역할을 수행하게 하려고 두 번째 매개변수에 빈 배열을 전달하였다. 자세한 내용은 뒤에서 다시 한번 설명하겠지만, 이렇게 빈 배열을 전달하면 해당 useEffect는 의존하는 변수가 없으므로 componentDidMount처럼 컴포넌트가 화면에 표시된 후 한 번만 호출되게 된다.

앞에서 componentDidMount는 컴포넌트가 화면에 표시된 후에 한 번만 호출되기 때문에 ajax를 통한 데이터 습득이나 다른 자바스크립트 라이브러리와의 연동을 수행할 때 주로 사용된다고 설명하였다. 그러므로 우리는 componentDidMount와 같게 동작하도록 설정된 useEffect에서 localStorage에 저장된 데이터를 습득하고 습득한 데이터를 State의 Set 함수를 통해 설정하였다.

서버가 있는 경우에도 역시 같은 방식으로 데이터를 가져와 앱에 설정한다. 컴포넌트가 화면에 표시된 후에 한 번만 호출되도록 설정한 useEffect에서 서버 API를 통해 데이터를 가져온 후, State의 Set 함수를 통해 가져온 데이터를 설정하게 된다.

localStorage에는 문자열 데이터만 저장할 수 있다. 따라서 저장한 문자열 데이터를 우리가 원하는 배열 데이터로 변경하기 위해 JSON.parse를 사용하였다.

이제 사용자가 데이터를 수정하여 localStorage에 저장된 데이터의 내용을 갱신하는 방법에 대해서 살펴보도록 하자. 할 일 목록 앱에서는 사용자에 의해 저장된 데이터가 수정되는 경우는 할 일 데이터를 추가할 때와 할 일 목록 데이터에서 할 일을 삭제할 때이다.

```
const ToDoListProvider = ({ children }: Props): JSX.Element => {
  …
  const addToDo = (toDo: string): void => {
    if (toDo) {
      const newList = [...toDoList, toDo];
      localStorage.setItem('ToDoList', JSON.stringify(newList));
      setToDoList(newList);
    }
  };

  const deleteToDo = (index: number): void => {
    let list = [...toDoList];
    list.splice(index, 1);
    localStorage.setItem('ToDoList', JSON.stringify(list));
    setToDoList(list);
  };
  …
};
```

할 일 목록 데이터에 새로운 할 일을 추가할 때 사용하는 addToDo 함수에서 localStorage.setItem을 사용하여 새로운 데이터를 저장하였다. 앞에서도 설명하였지만, localStorage에는 문자열 데이터만 저장할 수 있다. 따라서 배열 데이터를 JSON.stringify를 사용하여 문자열 데이터로 변경하였고 이렇게 변경한 문자열 데이터를 localStorage.setItem을 사용하여 브라우저에 저장하였다.

할 일 데이터를 삭제할 때 사용하는 deleteToDo 함수에서도 addToDo 함수와 같이 localStorage.setItem을 사용하여 삭제된 할 일 목록 데이터를 저장하도록 수정하였다.

서버에 데이터를 저장할 때도 같은 타이밍이 사용된다. 사용자가 저장, 갱신, 삭제 등을 통해 데이터를 변경할 때 서버의 API를 호출하여 DB에 저장된 해당 데이터를 변경하게 된다.

이렇게 모든 파일을 수정한 후 저장하면 앞서 실행한 명령어에 의해서 브라우저에 표시된 페이지가 갱신되고 [그림 8-6]과 같은 화면이 표시되는 것을 확인할 수 있다.

이제 할 일 입력창에 할 일을 입력하고 [추가] 버튼을 사용하여 할 일 데이터를 저장해 보자. 할 일을 입력하고 [추가] 버튼을 누르면 State에 데이터가 저장되면서 localStorage에도 데이터가 저장되게 된다. 그리고 이렇게 저장된 데이터가 할 일 목록에 표시되는 것을 확인할 수 있다. 이렇게 추가된 상태에서 브라우저를 새로고침 해 보자. 이전에는 localStorage에 데이터를 저장하지 않았으므로 새로고침을 하면 [추가] 버튼을 눌러 저장한 데이터가 사라졌다. 지금은 localStorage에 데이터를 저장하고 useEffect를 통해 컴포넌트가 화면에 표시된 후 localStorage에 저장된 데이터를 가져와 State에 설정하므로 이전에 [추가] 버튼을 통해 저장한 데이터가 화면에 잘 표시되는 것을 확인할 수 있다. 또한 [삭제] 버튼을 눌러도 데이터가 잘 삭제되고 삭제한 후 새로고침을 하면 데이터가 잘 삭제되는 것을 확인할 수 있다.

이것으로 우리는 localStorage에 데이터를 저장하고 가져오는 방법을 확인해 보았다. 이와 같은 방법으로 리액트의 앱 내부에 데이터를 앱 외부에 저장하고 가져올 수 있다.

8.5 useEffect 훅

이번 예제에서는 함수 컴포넌트에서 클래스 컴포넌트의 라이프 사이클 함수와 비슷한 역할을 하는 useEffect 훅을 사용하였다. 여기에서 useEffect의 사용법에 대해서 좀 더 자세히 알아보도록 하자.

```
useEffect(() => {
  const list = localStorage.getItem('ToDoList');
  if(list) {
    setToDoList(JSON.parse(list));
```

```
    }
  }, []);
```

useEffect의 첫 번째 매개변수에는 콜백 함수를 설정하여 useEffect의 역할을 정의한다. useEffect의 두 번째 매개변수에는 배열을 전달하는데, 이번 예제에서는 빈 배열을 전달하였다. 이렇게 두 번째 매개변수에 빈 배열을 전달하게 되면 클래스 컴포넌트의 componentDidMount와 같은 역할을 수행한다. 즉, 컴포넌트가 처음 화면에 표시된 후에 이 useEffect는 한 번만 호출되게 된다.

```
useEffect(() => {
  ...
});
```

이처럼 useEffect의 두 번째 매개변수를 설정하지 않는 경우 componentDidMount와 componentDidUpdate의 역할을 동시에 수행한다. 즉, 컴포넌트가 처음 화면에 표시된 후에도 실행되며 Props나 State의 변경으로 컴포넌트가 리렌더링된 후에도 실행된다.

```
useEffect(() => {
  ...
  return () => {
    ...
  };
});
```

useEffect 함수의 역할을 정의하는 첫 번째 매개변수 함수는 함수를 반환할 수 있다. 이 반환하는 함수는 componentWillUnmount와 같은 역할을 한다. 즉, 컴포넌트가 화면에서 사라진 후 이 함수가 호출되며 componentWillUnmount와 마찬가지로 라이브러리와의 연동을 해제하거나, 타이머를 해제하는 데 사용된다.

useEffect는 이처럼 클래스 컴포넌트의 라이프 사이클 함수와 비슷한 역할도 하지만, useEffect만의 고유한 기능도 제공하고 있다.

useEffect의 두 번째 매개변수로 배열을 전달할 수 있다. 이 두 번째 매개변수 배열에 특정 변수를 설정하여 전달하면 모든 Props와 State에 변경에 호출되는 componentDidUpdate와 다르게 전달된 변수가 변경될 때만 이 함수가 호출되도록 설정할 수 있다.

```
useEffect(() => {
    …
}, [toDoList]);
```

즉, 두 번째 매개변수로 toDoList를 전달하는 이 useEffect는 컴포넌트가 화면에 표시된 후 한 번 호출되며, toDoList 값에 변경 사항이 발생하면 이 변경 사항을 감지하고 useEffect의 콜백 함수를 실행하게 된다.

```
useEffect(() => {
    …
}, []);

useEffect(() => {
    …
}, [todoList]);
```

또한, useEffect는 클래스 컴포넌트의 라이프 사이클 함수와 다르게 한 컴포넌트 안에서 여러 번 정의하여 사용할 수 있다. 따라서 componentDidMount의 역할을 하는 useEffect와 특정 변수의 값이 변경될 때 실행되는 로직을 위한 useEffect를 함께 사용할 수 있다.

8.6 테스트

Context API와 localStorage를 사용하여 할 일 목록 앱을 리팩토링해 보았다. 이제 이렇게 수정한 할 일 목록 앱을 테스트하기 위한 테스트 명세를 작성해 보도록 하자.

일단 현재 실행 중인 명령어를 취소하고 다음 명령어를 실행하여 테스트 코드를 실행한다.

```
npm run test
```

이전과는 다르게 명령어를 실행한 후에 에러가 발생하는 것을 확인할 수 있다. 이는 우리가 리팩토링을 통해 컴포넌트의 구조가 변경되면서 컴포넌트가 화면에 표시된 상태를 체크하는 스냅샷 테스트에서 에러가 발생한 것이다. 이 에러를 해결하기 위해 키보드의 u 키를 눌러 스냅샷을 업데이트하도록 하자.

이제 새로운 테스트 코드를 추가할 준비가 되었다. 새롭게 추가한 컴포넌트에 대한 테스트 명세를 추가해 보도록 하자.

1) ToDoList 컨텍스트

이번 장에서는 전역 데이터를 만들기 위해 Context API를 사용하였다. 이렇게 Context API를 통해 만든 컨텍스트도 하나의 리액트 컴포넌트이므로 컴포넌트처럼 테스트 명세를 작성할 수 있다. 이제 ToDoList 컨텍스트를 테스트하기 위해 ./src/Contexts/ToDoList/index.test.tsx 파일을 만들고 다음과 같이 수정한다.

```
import React from 'react';
import { render, screen } from '@testing-library/react';

import { ToDoListProvider } from './index';

beforeEach(() => {
  localStorage.clear();
});

describe('ToDoList Context', () => {
  it('renders component correctly', () => {
    const ChildComponent = () => {
      return <div>Child Component</div>;
    };
    render(
```

```
      <ToDoListProvider>
        <ChildComponent />
      </ToDoListProvider>,
    );

    const childComponent = screen.getByText('Child Component');
    expect(childComponent).toBeInTheDocument();
    expect(localStorage.getItem('ToDoList')).toBeNull();
  });
});
```

Context API를 사용하여 만든 컨텍스트를 사용하기 위해서는 컨텍스트의 프로바이더를 제공할 필요가 있다. 이를 위해 우선 컨텍스트의 프로바이더를 불러왔다.

```
...
import { ToDoListProvider } from './index';
...
```

우리가 만든 컨텍스트는 localStorage를 통해 브라우저에 데이터를 저장한다. 이 localStorage는 데이터를 영구적으로 저장하므로 항상 깨끗이 지우지 않는다면 테스트가 의도된 바와 다르게 동작할 수 있다.

```
...
beforeEach(() => {
  localStorage.clear();
});
...
```

beforeEach는 각각의 테스트 명세가 실행되기 전에 실행되는 함수로써 각각의 명세가 실행되기 전에 준비해야 할 내용을 작성할 때 사용한다. 우리는 각각의 테스트 명세가 실행되기 전에 localStorage에 저장된 내용을 모두 지움으로써 테스트 명세가 우리가 의도한 바와 같이 실행되도록 설정하였다.

우리가 만든 컨텍스트는 children이라는 필수 Props를 가지고 있다. 따라서 컨텍스트를 테스트하기 위해서는 이 필수 Props에 리액트 컴포넌트를 전달할 필요가 있다.

```
...
const ChildComponent = () => {
  return <div>Child Component</div>;
};
render(
  <ToDoListProvider>
    <ChildComponent />
  </ToDoListProvider>,
);
...
```

이렇게 컨텍스트와 함께 렌더링한 컴포넌트가 화면에 잘 표시되는지, 아무 동작을 하지 않았으므로 localStorage가 비어있는지 등을 테스트하였다.

```
...
const childComponent = screen.getByText('Child Component');
expect(childComponent).toBeInTheDocument();
expect(localStorage.getItem('ToDoList')).toBeNull();
...
```

이제 localStorage에 데이터가 존재할 때 해당 데이터를 localStorage로부터 불러와서 컨텍스트에 잘 저장하는지 테스트하는 테스트 명세를 작성해 보자.

```
...
import React, { useContext } from 'react';
...
```

```
it('loads localStorage data and sets it to State', () => {
  localStorage.setItem('ToDoList', '["ToDo 1", "ToDo 2", "ToDo 3"]');

  const ChildComponent = () => {
    const { toDoList } = useContext(ToDoListContext);
    return (
      <div>
        {toDoList.map((toDo) => (
          <div key={toDo}>{toDo}</div>
        ))}
      </div>
    );
  };
  render(
    <ToDoListProvider>
      <ChildComponent />
    </ToDoListProvider>,
  );

  expect(screen.getByText('ToDo 1')).toBeInTheDocument();
  expect(screen.getByText('ToDo 2')).toBeInTheDocument();
  expect(screen.getByText('ToDo 3')).toBeInTheDocument();
});
...
```

우리가 만든 컨텍스트는 localStorage에 값이 저장된 경우 useEffect에서 해당 데이터를 읽어온 후 State에 저장하도록 했다. 이렇게 저장된 컨텍스트의 State를 테스트함으로써 localStorage로부터 데이터를 잘 읽어왔는지 확인할 것이다.

우선, 컨텍스트의 데이터를 사용하기 위해서는 useContext를 사용할 필요가 있다.

```
import React, { useContext } from 'react';
...
```

또한, localStorage가 비어있는 상태이므로 임의의 데이터를 미리 추가할 필요가 있다.

```
...
localStorage.setItem('ToDoList', '["ToDo 1", "ToDo 2", "ToDo 3"]');
...
```

이제 localStorage로부터 가져온 데이터가 화면에 잘 표시하는지 확인하기 위해 우리가 만든 컨텍스트를 사용하는 자식 컴포넌트를 렌더링해야 한다.

```
...
const ChildComponent = () => {
  const { toDoList } = useContext(ToDoListContext);
  return (
    <div>
      {toDoList.map((toDo) => (
        <div key={toDo}>{toDo}</div>
      ))}
    </div>
  );
};
render(
  <ToDoListProvider>
    <ChildComponent />
  </ToDoListProvider>,
);
...
```

마지막으로 우리가 localStorage.setItem을 사용하여 임의로 저장한 데이터가 화면에 잘 표시되는지 확인하였다.

```
…
expect(screen.getByText('ToDo 1')).toBeInTheDocument();
expect(screen.getByText('ToDo 2')).toBeInTheDocument();
expect(screen.getByText('ToDo 3')).toBeInTheDocument();
…
```

이제 컨텍스트에 데이터를 추가하거나 삭제하는 테스트 명세를 작성해 보도록 하자. 컨텍스트에 데이터를 추가하기 위해 다음과 같이 테스트 명세를 수정한다.

```
import { render, screen, fireEvent } from '@testing-library/react';
…
it('uses addToDo function', () => {
  const ChildComponent = () => {
    const { toDoList, addToDo } = useContext(ToDoListContext);
    return (
      <div>
        <div onClick={() => addToDo('study react 1')}>Add ToDo</div>
        <div>
          {toDoList.map((toDo) => (
            <div key={toDo}>{toDo}</div>
          ))}
        </div>
      </div>
    );
  };
  render(
    <ToDoListProvider>
      <ChildComponent />
    </ToDoListProvider>,
```

```
  );

  expect(localStorage.getItem('ToDoList')).toBeNull();
  const button = screen.getByText('Add ToDo');
  fireEvent.click(button);
  expect(screen.getByText('study react 1')).toBeInTheDocument();
  expect(localStorage.getItem('ToDoList')).toBe('["study react 1"]');
});
...
```

컨텍스트에 데이터를 추가하기 위해 addToDo 함수를 사용할 것이다. 이 함수를 onClick 이벤트와 연결하여 사용자가 클릭하였을 때 할 일 데이터가 추가되도록 할 예정이다. 따라서 사용자의 클릭 이벤트를 발생시키기 위한 fireEvent를 추가하였다.

```
...
import { render, screen, fireEvent } from '@testing-library/react';
...
```

그리고 화면에 표시되는 컴포넌트에서 useContext를 사용하여 컨텍스트의 toDoList 데이터와 addToDo 함수를 가져왔으며 이렇게 가져온 데이터와 함수를 필요한 곳에서 사용하여 렌더링하였다.

```
...
const ChildComponent = () => {
  const { toDoList, addToDo } = useContext(ToDoListContext);
  return (
    <div>
      <div onClick={() => addToDo('study react 1')}>Add ToDo</div>
      <div>
        {toDoList.map((toDo) => (
          <div key={toDo}>{toDo}</div>
```

```
      ))}
    </div>
  </div>
  );
};
render(
  <ToDoListProvider>
    <ChildComponent />
  </ToDoListProvider>,
);
...
```

마지막으로, localStorage가 비어있는지 확인하고 addToDo 함수를 연결한 버튼을 클릭하여 임의로 만든 할 일 데이터가 localStorage에 잘 저장되고 화면에도 잘 표시되는지 테스트하였다.

```
...
expect(localStorage.getItem('ToDoList')).toBeNull();
const button = screen.getByText('Add ToDo');
fireEvent.click(button);
expect(screen.getByText('study react 1')).toBeInTheDocument();
expect(localStorage.getItem('ToDoList')).toBe('["study react 1"]');
...
```

이제 추가된 데이터를 삭제하기 위한 컨텍스트의 deleteToDo 함수를 테스트해 보자. 컨텍스트의 deleteToDo 함수 테스트하기 위한 테스트 명세를 다음과 같이 추가한다.

```
...
it('uses deleteToDo function', () => {
  localStorage.setItem('ToDoList', '["ToDo 1", "ToDo 2", "ToDo 3"]');
```

```
  const ChildComponent = () => {
    const { toDoList, deleteToDo } = useContext(ToDoListContext);
    return (
      <div>
        {toDoList.map((toDo, index) => (
          <div key={toDo} onClick={() => deleteToDo(index)}>
            {toDo}
          </div>
        ))}
      </div>
    );
  };
  render(
    <ToDoListProvider>
      <ChildComponent />
    </ToDoListProvider>,
  );

  const toDoItem = screen.getByText('ToDo 2');
  expect(toDoItem).toBeInTheDocument();
  fireEvent.click(toDoItem);
  expect(toDoItem).not.toBeInTheDocument();
  expect(JSON.parse(localStorage.getItem('ToDoList') as string)).not.toContain('ToDo 2');
});
...
```

우선, localStorage에 임의에 데이터를 저장함으로써 삭제할 데이터를 미리 준비하였다.

```
...
localStorage.setItem('ToDoList', '["ToDo 1", "ToDo 2", "ToDo 3"]');
```

```
...
```

이렇게 준비한 데이터를 화면에 표시하기 위해 toDoList와 데이터를 삭제하기 위한 deleteToDo 함수를 컨텍스트로부터 가져왔다. 이렇게 가져온 deleteToDo 함수를 화면에 표시된 각각의 할 일 데이터의 onClick 이벤트와 연결해 두었다.

```
const ChildComponent = () => {
  const { toDoList, deleteToDo } = useContext(ToDoListContext);
  return (
    <div>
      {toDoList.map((toDo, index) => (
        <div key={toDo} onClick={() => deleteToDo(index)}>
          {toDo}
        </div>
      ))}
    </div>
  );
};
render(
  <ToDoListProvider>
    <ChildComponent />
  </ToDoListProvider>,
);
```

마지막으로, localStorage에 저장된 데이터가 화면에 잘 표시되어 있는지 확인하고 표시된 데이터를 삭제한 후 화면에서 잘 사라졌는지, localStorage에서도 잘 삭제되었는지 확인하였다.

```
...
const toDoItem = screen.getByText('ToDo 2');
expect(toDoItem).toBeInTheDocument();
```

```
fireEvent.click(toDoItem);
expect(toDoItem).not.toBeInTheDocument();
expect(JSON.parse(localStorage.getItem('ToDoList') as string)).not.
toContain('ToDo 2');
});
...
```

이렇게 파일을 수정한 후 저장하면 앞서 실행한 명령어에 의해 테스트가 자동으로 실행되며 문제없이 모든 테스트가 통과하는 것을 확인할 수 있다.

2) InputContainer 컴포넌트

Context API를 사용하기 위해 만든 InputContainer 컴포넌트를 테스트해 보자. InputContainer 컴포넌트를 테스트하기 위해 ./src/Components/InputContainer/index.test.tsx 파일을 만들고 다음과 같이 수정한다.

```
import React from 'react';
import { render, screen } from '@testing-library/react';
import 'jest-styled-components';

import { InputContainer } from './index';

describe('<InputContainer />', () => {
  it('renders component correctly', () => {
    const { container } = render(<InputContainer />);

    const input = screen.getByPlaceholderText('할 일을 입력해 주세요');
    expect(input).toBeInTheDocument();
    const button = screen.getByText('추가');
    expect(button).toBeInTheDocument();

    expect(container).toMatchSnapshot();
```

```
  });
});
```

우리가 만든 InputContainer 컴포넌트가 화면에 잘 표시되는지 확인하기 위한 테스트 명세이다. 다른 테스트 명세를 작성할 때 설명한 내용이므로 자세한 설명은 생략하도록 하겠다.

이제 InputContainer 컴포넌트의 State를 테스트하는 테스트 명세를 추가해 보도록 하자. InputContainer 컴포넌트의 State를 테스트하기 위해 다음과 같이 테스트 명세를 추가한다.

```
...
import { ..., fireEvent } from '@testing-library/react';
...
it('empties data after adding data', () => {
  render(<InputContainer />);

  const input = screen.getByPlaceholderText('할 일을 입력해 주세요') as HTMLInputElement;
  const button = screen.getByText('추가');

  expect(input.value).toBe('');
  fireEvent.change(input, { target: { value: 'study react 1' } });
  expect(input.value).toBe('study react 1');
  fireEvent.click(button);
  expect(input.value).toBe('');
});
...
```

InputContainer 컴포넌트의 State를 테스트하기 위해 react-testing-library로부터 fireEvent를 불러와 추가하였다. 이렇게 가져온 fireEvent를 통해 데이터를 수정(change)하고 [추가] 버튼을 클릭(click)한 후 사용자가 입력한 데이터가 잘 없어지는지 확인하였다. 다른 테스트 명세를 작성할 때 설명한 내용이므로 자세한 설명은 생략하도록 하겠다.

마지막으로 컨텍스트를 사용하는 부분을 테스트해 보도록 하자. InputContainer 컴포넌트에서 컨텍스트를 사용하는 부분을 테스트하기 위해 다음과 같이 수정한다.

```
...
import { ToDoListProvider } from 'Contexts';
...
...
it('adds input data to localStorage via Context', () => {
  render(
    <ToDoListProvider>
      <InputContainer />
    </ToDoListProvider>,
  );

  const input = screen.getByPlaceholderText('할 일을 입력해 주세요');
  const button = screen.getByText('추가');

  expect(localStorage.getItem('ToDoList')).toBeNull();

  fireEvent.change(input, { target: { value: 'study react 1' } });
  fireEvent.click(button);

  expect(localStorage.getItem('ToDoList')).toBe('["study react 1"]');
});
...
```

리액트에서 컨텍스트를 사용하기 위해서는 공통 부모 컴포넌트에 컨텍스트의 프로바이더를 제공해야 하고 컨텍스트에서 제공하는 함수들을 컨텍스트를 사용하고 싶은 곳에서 호출해야 한다. 따라서, 컨텍스트를 테스트하기 위해서도 우리는 컨텍스트의 프로바이더를 제공할 필요가 있다. 이를 위해 최상단에 컨텍스트의 프로바이더를 불러왔다.

```
import { ToDoListProvider } from 'Contexts';
```

그리고 컨텍스트의 프로바이더를 제공하기 위해 다른 테스트 명세와는 다르게 InputContainer 컴포넌트를 렌더링할 때 컨텍스트 프로바이더로 감싸서 화면에 표시하였다.

```
...
render(
  <ToDoListProvider>
    <InputContainer />
  </ToDoListProvider>,
);
...
```

테스트 명세에서는 공통 부모 컴포넌트가 없으므로 컨텍스트의 프로바이더를 제공하기 위해 InputContainer 컴포넌트에 직접 프로바이더를 사용하였다. 그리고 localStorage. getItem을 통해 우리가 입력한 사용자 데이터가 실제로 localStorage에도 저장이 되는지 확인함으로써 연결한 컨텍스트가 잘 동작하는지 확인하였다.

```
...
expect(localStorage.getItem('ToDoList')).toBe('["study react 1"]');
...
```

이렇게 파일을 수정한 후 저장하면 앞서 실행한 명령어에 의해 테스트가 자동으로 실행되며 문제없이 모든 테스트가 통과하는 것을 확인할 수 있다.

3) ToDoList 컴포넌트

Context API를 사용하기 위해 만든 ToDoList 컴포넌트를 테스트해 보자. ToDoList 컴포넌트를 테스트하기 위해 ./src/Components/ToDoList/index.test.tsx 파일을 만들고 다음과 같이 수정한다.

```jsx
import React from 'react';
import { render, screen } from '@testing-library/react';
import 'jest-styled-components';

import { ToDoListProvider } from 'Contexts';
import { ToDoList } from './index';

describe('<ToDoList />', () => {
  it('renders component correctly', () => {
    const { container } = render(
      <ToDoListProvider>
        <ToDoList />
      </ToDoListProvider>,
    );

    const toDoList = screen.getByTestId('toDoList');
    expect(toDoList).toBeInTheDocument();
    expect(toDoList.firstChild).toBeNull();

    expect(container).toMatchSnapshot();
  });
});
```

우선, ToDoList 컴포넌트가 화면에 잘 표시되는지 확인하는 테스트 명세를 작성하였다. 현재는 localStorage가 비어있기 때문에 ToDoList 컴포넌트의 자식 컴포넌트가 없는지 확인함으로써 ToDoList 컴포넌트가 제대로 표시되는지 확인하였다. 다른 테스트 명세를 작성할 때 설명한 내용이므로 자세한 설명은 생략하도록 하겠다.

이제 데이터가 있는 경우 화면에 할 일 목록이 잘 표시되는지 확인해 보자. 할 일 목록이 잘 표시되는지 확인하기 위해 다음과 같이 테스트 명세를 추가한다.

```
...
it('shows toDo list', () => {
  localStorage.setItem('ToDoList', '["ToDo 1", "ToDo 2", "ToDo 3"]');

  render(
    <ToDoListProvider>
      <ToDoList />
    </ToDoListProvider>,
  );

  expect(screen.getByText('ToDo 1')).toBeInTheDocument();
  expect(screen.getByText('ToDo 2')).toBeInTheDocument();
  expect(screen.getByText('ToDo 3')).toBeInTheDocument();
  expect(screen.getAllByText('삭제').length).toBe(3);
});
...
```

할 일 목록이 잘 표시되는지 확인하기 위해 localStorage에 임시 데이터를 추가한 후 화면에 목록이 잘 표시되었는지 확인하였다. 다른 테스트 명세를 작성할 때 설명한 내용을 바탕으로 작성하였으므로 자세한 설명은 생략하도록 하겠다.

마지막으로, 표시된 할 일 목록 데이터를 삭제하는 테스트 명세를 작성해 보자. 할 일 목록에서 할 일 데이터가 잘 삭제되는지 확인하기 위해 다음과 같은 테스트 명세를 추가하였다.

```
...
import { ..., fireEvent } from '@testing-library/react';

...
it('deletes toDo item', () => {
  localStorage.setItem('ToDoList', '["ToDo 1", "ToDo 2", "ToDo 3"]');

  render(
```

```
  <ToDoListProvider>
    <ToDoList />
  </ToDoListProvider>,
);

const toDoItem = screen.getByText('ToDo 2');
expect(toDoItem).toBeInTheDocument();
fireEvent.click(toDoItem.nextElementSibling as HTMLElement);
expect(toDoItem).not.toBeInTheDocument();
expect(JSON.parse(localStorage.getItem('ToDoList') as string)).not.
toContain('ToDo 2');
});
...
```

우선, 할 일 목록을 화면에 표시하기 위해 localStorage에 임의의 데이터를 추가한 후 컴포넌트를 렌더링하였다. 이렇게 화면에 표시된 할 일 목록에서 하나의 할 일 데이터를 찾고 삭제 버튼을 클릭하여 데이터를 삭제하였으며, 해당 데이터가 잘 삭제되었는지 확인하였다. 다른 테스트 명세를 작성하면서 사용한 방법들이므로 자세한 설명은 생략하도록 하겠다.

이렇게 파일을 수정한 후 저장하면 앞서 실행한 명령어에 의해 테스트가 자동으로 실행되며, 문제없이 모든 테스트가 통과하는 것을 확인할 수 있다.

4) App 컴포넌트

이제 마지막으로 App 컴포넌트의 테스트 명세를 수정해 보자. 사실 App 컴포넌트의 내부 구조는 변경되었지만, 기능적인 변경 사항이 없으므로 테스트 명세를 크게 수정할 필요는 없다.

다만, localStorage를 사용하여 초기 데이터를 불러오는 부분에 관한 테스트가 없으므로 다음과 같이 테스트 명세를 추가해 준다.

```
...
it('loads localStorage data', () => {
  localStorage.setItem('ToDoList', '["ToDo 1", "ToDo 2", "ToDo 3"]');
  render(<App />);

  expect(screen.getByText('ToDo 1')).toBeInTheDocument();
  expect(screen.getByText('ToDo 2')).toBeInTheDocument();
  expect(screen.getByText('ToDo 3')).toBeInTheDocument();
  expect(screen.getAllByText('삭제').length).toBe(3);
});
..
```

localStorage에 데이터를 추가한 후 App 컴포넌트를 화면에 렌더링한 후에 추가한 데이터들이 화면에 잘 표시되는지 확인하는 테스트 명세이다. App 컴포넌트는 App 컴포넌트 안에서 직접 컨텍스트의 프로바이더를 사용하고 있으므로 특별히 컨텍스트의 프로바이더를 추가하지 않았다.

테스트 명세의 내용은 다른 테스트 명세를 작성하면서 설명한 내용이므로 자세한 설명은 생략하도록 하겠다.

이렇게 파일을 수정한 후 저장하면 앞서 실행한 명령어에 의해 테스트가 자동으로 실행되며 문제없이 모든 테스트가 통과하는 것을 확인할 수 있다.

마지막으로, 현재 실행 중인 명령어를 취소하고 다음 명령어를 실행하여 코드 커버리지를 확인해 보자.

```
npm run test -- --coverage
```

이처럼 Jest의 코드 커버리지를 확인하는 명령어를 실행하면 [그림 8-10]과 같은 결과 화면을 확인할 수 있다.

```
PASS  src/Components/ToDoItem/index.test.tsx
-----------------------------|---------|----------|---------|---------|-------------------
File                         | % Stmts | % Branch | % Funcs | % Lines | Uncovered Line #s
-----------------------------|---------|----------|---------|---------|-------------------
All files                    |   100   |   100    |   100   |   100   |
 src                         |   100   |   100    |   100   |   100   |
  App.tsx                    |   100   |   100    |   100   |   100   |
 src/Components/ToDoList     |   100   |   100    |   100   |   100   |
  index.tsx                  |   100   |   100    |   100   |   100   |
 src/Contexts                |     0   |     0    |     0   |     0   |
  index.tsx                  |     0   |     0    |     0   |     0   |
-----------------------------|---------|----------|---------|---------|-------------------

Test Suites: 7 passed, 7 total
Tests:       22 passed, 22 total
Snapshots:   6 passed, 6 total
Time:        5.251 s
Ran all test suites.
```

[그림 8-10] Jest 코드 커버리지

./src/Context/index.tsx의 테스트 명세가 없다고 나오지만, 해당 파일은 우리가 컴포넌트를 추가하기 편하게 만든 단순한 파일이므로 특별히 테스트하지 않아도 된다. 이처럼 Jest 코드 커버리지를 통해 우리가 놓치고 있는 코드가 있는지, 없는지 확인할 수 있다.

8.6 요약

이번 장에서는 리액트에서 전역 데이터를 다루기 위한 Context API의 사용법에 대해 알아보았다. 이것으로 우리는 리액트에서 데이터를 다루는 모든 방법에 대해 알게 되었다.

이제 우리는 부모 컴포넌트로부터 데이터를 전달받기 위한 Props와 한 컴포넌트 안에서 동적인 데이터를 다루기 위한 State, 그리고 리액트로 만든 앱 전체에서 전역으로 데이터를 다루는 Context API를 다룰 수 있게 되었다.

리액트에서 Context API를 제공하기 전에는 전역 상태를 관리하는 방법을 제공하지 않았다. 단지 Flux라는 개념을 통해 전역 상태를 관리하는 방법론만 제시하였다. 따라서 Context API가 나오기 전에 리액트에서 전역 상태를 관리하기 위해 Redux, Mobx와 같이 Flux 개념을 구현한 외부 라이브러리를 많이 사용하였다. Context API가 나온 후에도 많은 프로젝트가 이미 Redux, Mobx와 같은 상태 관리 라이브러리를 사용하고 있었고, 현재도 많은 개발자가 이런 라이브러리들을 사용하는 것을 선호하고 있다.

따라서, Context API 사용법에 익숙해지면 Redux나 Mobx를 시간 내어 공부하는 것을 추천한다. 새롭게 시작하는 프로젝트라면 Context API만으로도 충분히 개발할 수 있지만, 이미 시작된 프로젝트나 Redux, Mobx 등을 사용하는 개발자들과 협업하기 위해서는 공부가 필요하다.

▶ Redux: https://redux.js.org/

▶ MobX: https://mobx.js.org/

또한, 최근에 페이스북에서는 전역 데이터를 관리하기 위해 리코일(Recoil)이라는 라이브러리를 릴리스하였다. 이는 Context API, Redux 또는 Mobx를 대체할 수 있는 라이브러리이므로 한번 공부해 두는 것도 좋을 것 같다.

▶ 리코일: https://recoiljs.org/

우리는 이번 예제를 통해 localStorage를 사용하여 데이터를 저장하였다. 실무에서는 ajax를 통해 서버에 데이터를 저장하고 불러온다. 하지만 서버 구성이나 DB 구성은 이 책의 범위를 벗어나므로 서버에 데이터를 저장하는 타이밍이나 저장된 데이터를 불러오는 타이밍을 공부하기 위해 localStorage를 사용해 보았다. 서버와 DB 구성이 가능하신 분들은 개발용 서버를 구축하고 localStorage를 사용하는 대신 ajax를 사용하는 예제를 만들어 보는 것도 좋은 공부가 될 것 같다.

09

react-router

9.1 react-router

9.2 프로젝트 준비

9.3 개발

    1) react-router
    2) List 페이지 컴포넌트
    3) Add 페이지 컴포넌트
    4) InputContainer 컴포넌트
    5) ToDoItem 컴포넌트
    6) ToDoList 컴포넌트
    7) Detail 페이지 컴포넌트
    8) PageHeader 컴포넌트
    9) NotFound 페이지 컴포넌트

9.4 테스트

    1) InputContainer 컴포넌트
    2) PageHeader 컴포넌트
    3) ToDoItem 컴포넌트
    4) ToDoList 컴포넌트
    5) Add 페이지 컴포넌트
    6) Detail 페이지 컴포넌트
    7) List 페이지 컴포넌트
    8) NotFound 페이지 컴포넌트
    9) App 컴포넌트

9.5 요약

react-router

지금까지 할 일 목록 앱을 제작해 봄으로써 리액트의 사용법에 대해서 알아보았다. 8장까지 리액트로 앱을 제작하면서 느끼고 있겠지만, 웹 서비스임에도 불구하고 페이지 이동을 전혀 하지 않았다.

리액트는 사용자의 UI를 만들기 위한 자바스크립트 라이브러리이다. 따라서 리액트는 페이지 이동에 관한 부분은 지원하고 있지 않다. 리액트를 사용하여 개발하는 웹 서비스에서 페이지 이동을 구현하기 위해서는 react-router라는 외부 라이브러리를 추가로 사용해야 한다.

이번 장에서는 8장에서 만든 할 일 목록 앱에 react-router를 적용하여 페이지 이동을 구현해 보도록 하겠다.

9.1 react-router

보통의 웹 서비스는 URL을 기준으로 화면을 표시한다. 사용자가 URL을 통해 웹 서버에 웹 페이지를 요청하면 웹 서버는 사용자가 요청한 URL을 보고 해당하는 웹 페이지를 응답하게 된다. 이렇게 서버로부터 응답받은 웹 페이지가 사용자의 웹 브라우저에 표시된다.

리액트는 싱글 페이지 애플리케이션의 UI를 만드는 자바스크립트 라이브러리이다. 이런 싱글 페이지 애플리케이션은 보통의 웹 서비스와는 다르게 웹 서버는 사용자가 요청한 모든 URL에 하나의 페이지만을 응답하게 되며, 응답받은 하나의 페이지가 화면에 표시되게 된다.

이렇게 응답한 하나의 페이지에서 URL을 확인하고 특정 기능 또는 특정 컴포넌트(페이지)를 표시하는 것이 싱글 페이지 애플리케이션의 기본 흐름이다. 싱글 페이지 애플리케이션 프레임워크인 앵귤러와 뷰에서는 URL을 판단하여 특정 컴포넌트를 보여주는 기능을 기본적으로 제공하고 있다. 하지만 싱글 페이지 애플리케이션의 UI 라이브러리인 리액트는 URL을 판단하고, 특정 컴포넌트를 보여주는 기능을 제공하지 않는다.

리액트에서 사용자가 요청한 URL을 이용하여 특정 컴포넌트를 표시하도록 하기 위해서는 react-router라는 외부 라이브러리를 사용해야 한다.

▶ react-router: https://reactrouter.com/

react-router를 사용하면 리액트에서도 URL에 해당하는 특정 컴포넌트를 표시하게 하거나 사용자가 URL을 통해 특정 페이지(컴포넌트로)로 이동하는 기능을 제공할 수 있다.

그럼 8장에서 만든 할 일 목록 앱에 react-router를 적용해 보면서 react-router의 사용법에 대해서 알아보자.

9.2 프로젝트 준비

8장에서 만든 할 일 목록 앱을 그대로 사용해도 되지만, 프로젝트 생성을 연습하기 위해 새로운 프로젝트를 다시 생성해 보도록 한다.

새로운 할 일 목록 앱을 제작하기 위해 다음 create-react-app 명령어를 사용하여 새로운 React 프로젝트를 생성한다.

```
npx create-react-app react-router-todo-list --template=typescript
```

우리는 리액트 프로젝트의 스타일링을 하기 위해 styled-components를 사용할 예정이며, Prettier를 설정하여 소스 코드의 포맷을 관리할 예정이다. 따라서 다음 명령어를 실행하여 styled-components와 Prettier를 설치한다.

```
# cd react-router-todo-list
npm install --save styled-components
npm install --save-dev @types/styled-components jest-styled-
components
npm install --save-dev husky lint-staged prettier
```

설치가 완료되었다면 Prettier를 설정하기 위해 .prettierrc.js 파일을 생성하고 다음과 같이 수정한다.

```
module.exports = {
  jsxBracketSameLine: true,
  singleQuote: true,
  trailingComma: 'all',
  printWidth: 100,
};
```

파일을 수정하고 저장하였다면 lint-staged와 husky를 설정하기 위해 package.json 파일을 열어 다음과 같이 수정한다.

```
"scripts": {
  …
},
"husky": {
  "hooks": {
    "pre-commit": "lint-staged"
  }
},
"lint-staged": {
  "src/**/*.{js,jsx,ts,tsx,json,css,scss,md}": [
    "prettier --write"
  ]
```

```
},
```

마지막으로 절대 경로로 컴포넌트를 추가하기 위해 타입스크립트 설정 파일인 tsconfig.json을 열어 다음과 같이 수정한다.

```
{
  "compilerOptions": {
    ...
    "jsx": "react-jsx",
    "baseUrl": "src"
  },
  ...
}
```

이렇게 모든 설정을 완료하였다면 8장에서 만든 할 일 목록 앱의 소스 코드를 그대로 사용하기 위해 현재 폴더(react-router-todo-list)에서 src 폴더를 삭제하고 8장에서 만든 예제 폴더(context-todo-list)에서 src 폴더를 복사/붙여넣기 한다.

복사가 완료되었다면 다음 명령어로 테스트 코드를 실행하여 문제없이 프로젝트가 설정되었는지 확인해 본다.

```
npm run test
```

문제없이 프로젝트가 설정되었다면 명령 프롬프트에 다음과 같은 화면을 확인할 수 있다.

```
PASS  src/Components/Input/index.test.tsx
PASS  src/Components/Button/index.test.tsx
PASS  src/Components/ToDoItem/index.test.tsx
PASS  src/App.test.tsx

Test Suites: 4 passed, 4 total
```

```
Tests:       11 passed, 11 total
Snapshots:   4 passed, 4 total
Time:        6.235 s
```

실행 중인 명령어를 종료하고 다음 명령어를 실행하여 8장에서 만든 할 일 목록 앱이 잘 실행되는지 확인한다.

```
npm start
```

문제없이 프로젝트가 실행되었다면 브라우저에 [그림 9-1]과 같은 화면을 확인할 수 있다.

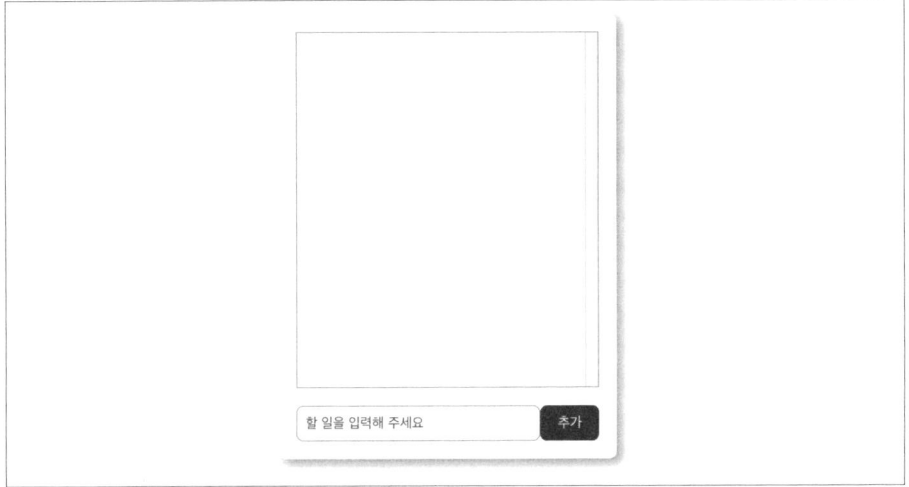

[그림 9-1] 할 일 목록 앱

이제 react-router를 사용하여 할 일 목록 앱을 리팩토링할 준비가 끝났다. 이제 할 일 목록 앱을 리팩토링해 보면서 react-router의 사용법을 익혀보도록 하자.

9.3 개발

8장에서 만든 할 일 목록 앱에서 react-router를 사용하여 페이지 이동 기능을 추가하기 위해 할 일 목록 앱을 할 일 목록 페이지, 등록 페이지, 상세 페이지, 이렇게 세 개의 페이지로 나눌 예정이다. 이렇게 세 개로 나눈 페이지를 개발하면서 react-router에 대한 사용 방법에 대해서 자세히 알아보도록 하자.

1) react-router

우선, 현재 프로젝트에 react-router를 사용하기 위해 다음 명령어를 실행하여 react-router를 설치하도록 한다. react-router-dom은 리액트에서 react-router를 사용하기 위한 라이브러리이며 @types/react-router-dom은 타입스크립트를 위한 react-router의 타입 파일이다.

```
npm install --save react-router-dom
npm install --save-dev @types/react-router-dom
```

이제 react-router를 사용하기 위해 ./src/index.tsx 파일을 열어 다음과 같이 수정한다.

```
...
import { BrowserRouter as Router } from 'react-router-dom';

ReactDOM.render(
  <React.StrictMode>
    <Router>
      <App />
    </Router>
  </React.StrictMode>,
  document.getElementById('root'),
);
...
```

react-router를 사용하기 위해서는 react-router가 제공하는 BrowserRouter를 사용해야 한다. 여기서는 이 BrowserRouter를 as를 이용하여 Router로 이름을 변경하여 사용하도록 하였다. 이렇게 이름을 변경하여 가져온 Router를 리액트의 앱 내에서 react-router 기능을 사용하고자 하는 부분에 적용한다.

이 Router가 최상위 컴포넌트로써 사용되지 않는 부분에서 react-router의 기능을 사용하면 에러가 발생하므로 주의하도록 하자. 대부분 프로젝트에서는 페이지 기능이 모든 화면에 영향을 미치므로 최상단 컴포넌트인 index 컴포넌트에서 사용하게 될 것이다.

이렇게 react-router의 Router를 설정한 다음 react-router를 사용하여 URL에 해당하는 페이지를 정의하기 위해 ./src/App.tsx 파일을 열어 다음과 같이 수정한다.

```
...
import { Switch, Route } from 'react-router-dom';
...
function App() {
  return (
    <ToDoListProvider>
      <Container>
        <Switch>
          <Route exact path="/">
            <Contents>
              <ToDoList />
              <InputContainer />
            </Contents>
          </Route>
        </Switch>
      </Container>
    </ToDoListProvider>
  );
}
```

URL에 따라 화면이 변경되는 부분에 react-router의 Switch를 사용한다. URL에 의해 변경이 필요한 부분은 Switch 컴포넌트 안에 작성하며 URL과 상관없이 항상 표시하고자 하는 컴포넌트는 Switch 컴포넌트 밖에 작성하게 된다. 추후 이 동작을 확인하기 위해 헤더(Header) 컴포넌트를 추가할 예정이다.

```
...
import { ..., Switch, ... } from 'react-router-dom';
...
function App() {
  return (
    ...
    <Switch>
      ...
    </Switch>
    ...
  );
}
```

이제 react-router의 Route 컴포넌트를 사용하여 URL에 해당하는 컴포넌트를 정의해 보자. 현재는 페이지를 제작하지 않았으므로 기존의 App 컴포넌트에서 화면을 구성하는 컴포넌트를 루트 URL인 '/'와 연결하였다.

```
...
import { ..., Route } from 'react-router-dom';
...
function App() {
  return (
    ...
    <Switch>
      <Route exact path="/">
        ...
      </Route>
    </Switch>
    ...
  );
}
```

이렇게 파일을 수정한 후 저장하면 브라우저에는 앞에서 확인한 화면과 같은 화면이 표시되고 있음을 확인할 수 있다. 하지만 이전과는 다르게 URL 입력창에 루트 URL인 '/' 이외에 특정 URL을 입력하면 화면에 아무것도 표시되지 않음을 확인할 수 있다.

이것으로 우리가 적용한 react-router가 잘 작동함을 알 수 있다. 이제 새로운 페이지를 작성해 보면서 react-router의 사용법에 대해서 더 자세히 알아보도록 하자.

2) List 페이지 컴포넌트

현재 App 컴포넌트에 표시되고 있는 할 일 목록을 표시할 List 페이지 컴포넌트를 만들어 보자. List 페이지 컴포넌트를 만들기 위해 ./src/Pages/List/index.tsx 파일을 만들고 다음과 같이 수정한다.

```tsx
import React from 'react';
import Styled from 'styled-components';
import { Link } from 'react-router-dom';

import { ToDoList } from 'Components';

const Container = Styled.div`
  display: flex;
  background-color: #FFFFFF;
  flex-direction: column;
  padding: 20px;
  border-radius: 8px;
  box-shadow: 5px 5px 10px rgba(0, 0, 0, 0.2);
  position: relative;
  align-items: center;
`;

const AddButton = Styled(Link)`
  font-size: 20px;
```

```
    color: #FFFFFF;
    display: flex;
    align-items: center;
    justify-content: center;
    width: 60px;
    height: 60px;
    border-radius: 30px;
    cursor: pointer;
    position: absolute;
    bottom: -30px;
    background-color: #304FFE;
    box-shadow: 5px 5px 10px rgba(0, 0, 0, 0.2);
    text-decoration: none;
    &:hover {
      background-color: #1E40FF;
    }
    &:active {
      box-shadow: inset 5px 5px 10px rgba(0, 0, 0, 0.2);
    }
`;

export const List = () => {
  return (
    <Container>
      <ToDoList />
      <AddButton to="/add">+</AddButton>
    </Container>
  );
};
```

App 컴포넌트에서 Route 컴포넌트 하위에 표시되고 있는 내용을 복사/붙여넣기 하였다.

그리고 Contets 컴포넌트의 이름을 Container로 변경하였다. 이렇게 Container로 변경하면서 새로운 디자인을 위해 CSS를 수정하여 적용하였다.

```
import React from 'react';
import Styled from 'styled-components';
…
import { ToDoList } from 'Components';

const Container = Styled.div`
  …
  position: relative;
  align-items: center;
`;
…
export const List = () => {
  return (
    <Container>
      <ToDoList />
      …
    </Container>
  );
};
```

그리고 react-router가 제공하는 Link 컴포넌트에 styled-components를 사용하여 디자인을 추가한 AddButton 컴포넌트를 만들었다. react-router에서 페이지 전환을 위한 링크는 a 태그를 사용하지 않고 react-router 컴포넌트가 제공하는 Link 컴포넌트를 사용하게 되며, a 태그의 href 속성과는 다르게 to라는 Props에 링크를 설정하게 된다.

```
…
import { Link } from 'react-router-dom';
…
```

```
const AddButton = Styled(Link)`
  ...
`;

export const List = () => {
  return (
    <Container>
      ...
      <AddButton to="/add">+</AddButton>
    </Container>
  );
};
```

이것으로 List 페이지에 해당하는 컴포넌트를 제작해 보았다. 이제 페이지 컴포넌트들을 쉽게 추가하기 위해 ./src/Pages/index.tsx 파일을 만들고 다음과 같이 수정한다.

```
export * from './List';
```

마지막으로, 우리가 만든 List 페이지 컴포넌트를 사용하도록 App 컴포넌트를 수정해 보자. App 컴포넌트를 수정하기 위해 ./src/App.tsx 파일을 열어 다음과 같이 수정한다.

```
import React from 'react';
import Styled from 'styled-components';
import { Switch, Route} from 'react-router-dom';

import { ToDoListProvider } from 'Contexts';
import { List } from 'Pages';

const Container = Styled.div`
  min-height: 100vh;
  background-color: #EEEEEE;
```

```
  display: flex;
  align-items: center;
  justify-content: center;
  flex-direction: column;
`;

function App() {
  return (
    <ToDoListProvider>
      <Container>
        <Switch>
          <Route exact path="/">
            <List />
          </Route>
        </Switch>
      </Container>
    </ToDoListProvider>
  );
}

export default App;
```

우리가 만든 List 페이지 컴포넌트를 불러온 후 기존에 표시하던 컴포넌트를 대체하도록 수정하였다.

```
…
import { List } from 'Pages';
…
function App() {
  return (
    …
```

```
    <Route exact path="/">
      <List />
    </Route>
    ...
  );
}

export default App;
```

그리고 이제는 불필요해진 컴포넌트들을 모두 제거하였다. 이렇게 파일을 수정한 후 저장하면 브라우저에 [그림 9-2]와 같은 화면을 확인할 수 있다.

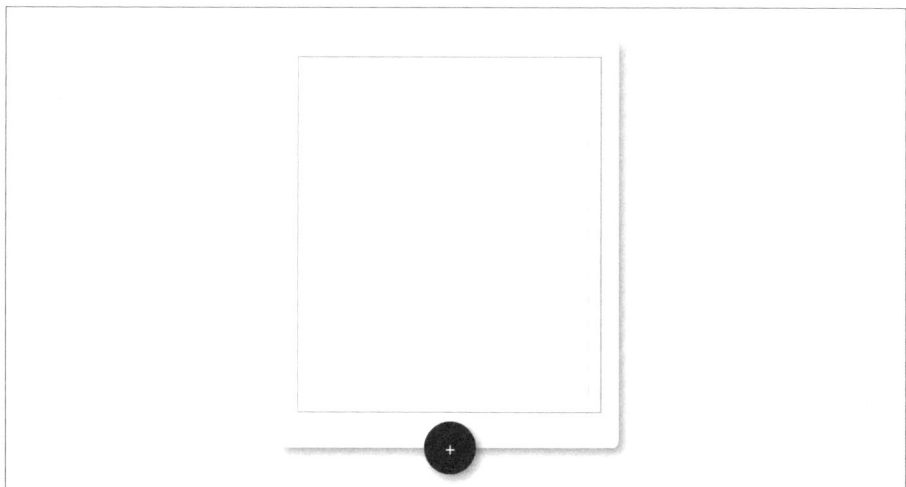

[그림 9-2] 할 일 목록 앱의 목록 페이지

이렇게 만든 할 일 목록 페이지에서 추가 버튼('+')을 선택하면 URL이 http://localhost:3000/add로 변경되는 것을 확인할 수 있다. 하지만 아직 할 일 추가 페이지를 만들지 않았으므로 빈 화면이 표시되고 있음을 알 수 있다.

3) Add 페이지 컴포넌트

이제 List 페이지 컴포넌트에서 추가 버튼을 눌렀을 때 화면에 표시되는 Add 페이지 컴포넌트를 만들어 보자. Add 페이지 컴포넌트를 만들기 위해 ./src/Pages/Add/index.tsx 파일을 생성하고 다음과 같이 수정한다.

```
import React from 'react';
import Styled from 'styled-components';

import { InputContainer } from 'Components';

const Container = Styled.div`
  display: flex;
  background-color: #FFFFFF;
  flex-direction: column;
  padding: 20px;
  border-radius: 8px;
  box-shadow: 5px 5px 10px rgba(0, 0, 0, 0.2);
  position: relative;
  align-items: center;
`;

export const Add = () => {
  return (
    <Container>
      <InputContainer />
    </Container>
  );
};
```

Add 페이지 컴포넌트는 우리가 앞에서 만든 InputContainer를 단순히 화면에 표시하는 페이지 컴포넌트이다. 이처럼 파일을 수정하고 저장한 후 List 페이지에서 추가 버튼을 누르면 이전과는 다르게 [그림 9-3]과 같이 할 일을 입력하는 InputContainer가 화면에 표시되는 것을 확인할 수 있다.

[그림 9-3] 할 일 목록 앱의 할 일 추가 페이지

이렇게 표시된 Add 페이지 컴포넌트에서 할 일을 입력하고 추가 버튼을 누르면 작성할 할 일이 사라지는 것을 확인할 수 있다. 그리고 브라우저의 페이지 뒤로 가기 버튼을 누르면 [그림 9-4]와 같이 Add 페이지 컴포넌트에서 추가한 할 일이 추가된 것을 확인할 수 있다.

[그림 9-4] 할 일 목록 앱의 할 일 추가

Add 페이지 컴포넌트의 InputContainer 컴포넌트에 할 일을 입력하고 추가하면 입력한 데이터는 앱의 전역 데이터를 다루는 ToDoList 컨텍스트에 저장된다. 이렇게 저장된 전역 데이터는 브라우저의 페이지 뒤로 가기 버튼을 통해 List 페이지 컴포넌트로 이동하여도 화면에 잘 표시되는 것을 확인할 수 있다.

하지만 Add 페이지 컴포넌트에서 추가 버튼을 눌렀을 때 매번 브라우저의 뒤로 가기 버튼으로 List 페이지 컴포넌트로 이동하는 것은 좋지 않은 사용자 경험(UX - User eXperience)이다. Add 페이지 컴포넌트에서 추가 버튼을 눌렀을 때 List 페이지 컴포넌트로 이동하는 것이 좀 더 좋은 사용자 경험처럼 보인다. 그러면 Add 페이지 컴포넌트에서 추가 버튼을 눌렀을 때 List 페이지 컴포넌트로 이동하기 위해 ./src/Page/Add/index.tsx 파일을 열어 다음과 같이 수정한다.

```
import React from 'react';
import { useHistory } from 'react-router-dom';
...
export const Add = () => {
  const { replace } = useHistory();
  return (
    <Container>
      <InputContainer onAdd={() => replace('/')} />
    </Container>
  );
};
```

react-router에서 특정 이벤트나 프로그래밍으로 페이지를 이동시키고자 할 때는 useHistory를 사용하게 된다.

```
...
import { useHistory } from 'react-router-dom';
...
```

이 useHistory 훅을 사용하면 replace, push, goBack 등을 사용하여 프로그래밍으로 페이지 이동을 할 수 있다. replace는 현재 페이지를 이동하고자 하는 페이지로 교체하는 것을 의미하며 이렇게 페이지를 교체한 경우에는 브라우저 뒤로 가기를 사용하여 replace를 사용한 페이지로 이동할 수 없다. 반대로 push는 이동하고자 하는 페이지를 추가하는 개념으로, 이렇게 이동한 페이지에서 브라우저의 뒤로 가기 버튼을 사용하면 push를 사용한 페이지로 이동할 수 있다. 마지막으로 goBack은 브라우저의 뒤로 가기 버튼과 같은 역할을 하는 함수로 이 함수를 호출하면 이전 페이지로 돌아갈 수 있다.

여기서는 replace를 사용하여 사용자가 데이터를 입력하고 추가 버튼을 누르면 현재 페이지를 List 페이지로 교체할 예정이다.

```
...
const { replace } = useHistory();
...
```

이렇게 useHistory를 사용하여 가져온 replace를 다음과 같이 이벤트와 연결함으로써 해당 이벤트가 발생하였을 때 페이지를 이동시킬 수 있다.

```
...
<InputContainer onAdd={() => replace('/')} />
...
```

이제 이렇게 만든 추가 페이지를 사용하기 위해 페이지 컴포넌트들을 간단하게 추가하려고 만든 ./src/Pages/index.tsx 파일을 열어 다음과 같이 수정한다.

```
...
export * from './Add;
```

그리고 이렇게 추가한 추가 페이지를 사용하기 위해 ./src/App.tsx 파일을 열어 다음과 같이 수정한다.

```
...
import { List, Add } from 'Pages';
...
function App() {
  return (
    ...
```

```
    <Switch>
      ...
      <Route path="/add">
        <Add />
      </Route>
    </Switch>
    ...
  );
}
...
```

이렇게 파일을 수정한 후 저장하면 아직 InputContainer 컴포넌트의 Props에는 onAdd 함수가 존재하지 않기 때문에 에러가 발생하는 것을 확인할 수 있다. 이 에러를 수정하기 위해 InputContainer 컴포넌트를 수정해 보도록 하자.

4) InputContainer 컴포넌트

onAdd 함수를 InputContainer 컴포넌트의 Props에 추가하기 위해 InputContainer 컴포넌트 파일인 ./src/Components/InputContainer/index.tsx을 열어 다음과 같이 수정한다.

```
...
interface Props {
  readonly onAdd?: () => void;
}
export const InputContainer = ({ onAdd }: Props) => {
  ...
  return (
    <Container>
      <Input placeholder="할 일을 입력해 주세요" value={toDo} onChange={setToDo} />
      <Button
        label="추가"
```

```
          onClick={() => {
            addToDo(toDo);
            setToDo('');
            if (toDo && typeof onAdd === 'function') {
              onAdd();
            }
          }}
        />
      </Container>
    );
};
```

기존의 InputContainer 컴포넌트는 부모 컴포넌트로부터 전달받는 데이터가 없었기 때문에 Props가 존재하지 않았다. 따라서 onAdd를 가지고 있는 Props를 생성하기 위해 타입스크립트의 인터페이스를 사용하여 다음과 같이 새롭게 Props를 정의하였다.

```
...
interface Props {
  readonly onAdd?: () => void;
}
...
```

이렇게 정의한 타입스크립트의 인터페이스를 사용하여 부모 컴포넌트로부터 전달받은 Props를 구조 분해 할당으로 할당받았으며, 사용자가 추가 버튼을 눌렀을 때 실행되도록 [추가] 버튼의 onClick 이벤트와 연결하였다.

```
export const InputContainer = ({ onAdd }: Props) => {
  ...
  return (
    ...
    <Button
```

```
      label="추가"
      onClick={() => {
        …
        if (toDo && typeof onAdd === 'function') {
          onAdd();
        }
      }}
    />
    …
  );
};
```

이처럼, 파일을 수정하고 저장한 후에 List 페이지에서 추가 버튼('+')을 눌러 Add 페이지 컴포넌트로 이동한 후 임의의 할 일 데이터를 입력하고 [추가] 버튼을 클릭하면 이전과는 다르게 List 페이지 컴포넌트로 이동하는 것을 확인할 수 있다. 또한, Add 페이지 컴포넌트에서 입력한 데이터가 화면에 잘 표시되는 것을 확인할 수 있다.

5) ToDoItem 컴포넌트

다음으로 할 일 목록 페이지에서 할 일을 선택하였을 때 할 일의 상세 내용을 확인할 수 있는 할 일 상세 페이지를 제작해 보자. 할 일 상세 페이지를 제작하기 전에 우선, 할 일을 선택하였을 때 할 일 상세 페이지로 이동할 수 있도록 수정할 예정이다. 그럼 할 일을 선택하였을 때 할 일 상세 페이지로 이동하기 위해 ./src/Components/ToDoItem/index.tsx 파일을 열어 다음과 같이 수정한다.

```
import React from 'react';
import { Link } from 'react-router-dom';

…
const Label = Styled(Link)`
  …
  text-decoration: none;
`;
```

```
interface Props {
  readonly id: number;
  …
}

export const ToDoItem = ({ id, label, onDelete }: Props) => {
  return (
    <Container>
      <Label to={`/detail/${id}`}>{label}</Label>
      …
    </Container>
  );
};
```

할 일 목록에서 하나의 할 일을 선택하였을 때 할 일 상세 페이지로 이동하기 위해 react-router의 Link 컴포넌트를 사용할 예정이다.

```
…
import { Link } from 'react-router-dom';
…
```

기존의 ToDoItem 컴포넌트의 할 일을 표시하는 Label 컴포넌트를 div에서 Link 컴포넌트로 변경하였으며 마우스 호버시 밑줄이 생기지 않도록 디자인을 적용하였다.

```
…
const Label = Styled(Link)`
  …
  text-decoration: none;
`;
…
```

할 일 상세 페이지로 이동하여 할 일의 상세 내용을 표시하기 위해서는 할 일 목록에서 하나의 할 일을 특정 지을 수 있어야 한다. 이렇게 하나의 할 일 데이터를 특정 짓기 위해 id라는 새로운 Props를 추가하였다.

```
interface Props {
  readonly id: number;
  …
}
```

이 id는 단순히 할 일 목록 데이터의 index 값을 지정할 예정이다. 하지만 실제 프로젝트에서는 데이터베이스에 저장된 id를 사용할 것이다.

새로 추가한 Props와 react-router의 Link 컴포넌트를 사용하여 할 일 목록에서 하나의 할 일을 선택하였을 때 할 일의 상세 페이지로 이동할 수 있도록 링크를 추가하였다.

```
export const ToDoItem = ({ id, label, onDelete }: Props) => {
  return (
    <Container>
      <Label to={`/detail/${id}`}>{label}</Label>
      …
    </Container>
  );
};
```

이처럼 파일을 수정한 후 저장하면 에러가 발생하는 것을 확인할 수 있다. 우리는 상세 페이지로 이동하기 위해 id라는 Props를 필수 Props로 추가하였지만, 부모 컴포넌트인 ToDoList 컴포넌트에서 필수 Props인 id를 전달하고 있지 않기 때문이다.

이 에러를 수정하고 할 일 목록에서 하나의 할 일을 선택했을 때 할 일 상세 페이지로 이동하도록 수정해 보자.

6) ToDoList 컴포넌트

ToDoItem 컴포넌트의 부모 컴포넌트인 ToDoList 컴포넌트를 수정하여 현재 발생하고 있는 에러를 수정해 보자. ToDoList 컴포넌트를 수정하기 위해 ./src/Components/ToDoList/index.tsx 파일을 열어 다음과 같이 수정한다.

```
export const ToDoList = () => {
  ...
  return (
    ...
    {toDoList.map((item, index) => (
      <ToDoItem key={item} id={index} label={item} onDelete={() => deleteToDo(index)} />
    ))}
    ....
  );
};
```

ToDoItem 컴포넌트의 부모 컴포넌트인 ToDoList 컴포넌트에서 ToDoItem 컴포넌트의 필수 Props인 id에 할 일 목록 데이터의 index 값을 전달하였다. 이처럼 파일을 수정한 후 저장하면 앞에서 발생한 에러가 수정된 것을 확인할 수 있다. 그리고 브라우저에 [그림 9-5]와 같이 할 일 목록이 표시되는 것을 확인할 수 있다.

[그림 9-5] 할 일 목록 앱의 할 일 추가

이제 이 할 일 목록에서 하나의 할 일을 클릭하면 URL이 http://localhost:3000/detail/1와 같이 변경되고 브라우저에는 빈 화면에 표시되는 것을 확인할 수 있다. 아직 할 일 상세 페이지를 제작하지 않았으므로 빈 화면이 표시되면 우리가 수정한 내용이 제대로 동작하는 것이다.

이것으로, 할 일 목록에서 하나의 할 일을 선택하였을 때 할 일 상세 페이지로 이동하도록 컴포넌트들을 수정하였다. 이제 할 일의 상세 내용을 표시하고 할 일을 삭제할 수 있는 할 일 상세 페이지를 제작해 보자.

7) Detail 페이지 컴포넌트

할 일 목록 페이지에서 하나의 할 일을 선택하였을 때 해당 할 일의 내용을 확인할 수 있는 상세 페이지를 만들어 보도록 하자. 상세 페이지를 만들기 위해 ./src/Pages/Detail/index.tsx 파일을 생성하고 다음과 같이 수정한다.

```
import React, { useContext } from 'react';
import { useParams, useHistory } from 'react-router-dom';
import Styled from 'styled-components';
```

```
import { ToDoListContext } from 'Contexts';
import { Button } from 'Components';

const Container = Styled.div`
  display: flex;
  background-color: #FFFFFF;
  padding: 20px;
  border-radius: 8px;
  box-shadow: 5px 5px 10px rgba(0, 0, 0, 0.2);
  align-items: center;
  flex-direction: column;
`;

const ToDo = Styled.div`
  min-width: 350px;
  height: 350px;
  overflow-y: auto;
  border: 1px solid #BDBDBD;
  margin-bottom: 20px;
  padding: 10px;
`;

export const Detail = () => {
  const { goBack } = useHistory();
  const params: { id: string } = useParams();
  const id = Number.parseInt(params.id);
  const { toDoList, deleteToDo } = useContext(ToDoListContext);
  const toDo = toDoList[id];

  return (
    <Container>
```

```
      <ToDo>{toDo}</ToDo>
      <Button
        label="삭제"
        backgroundColor="#FF1744"
        hoverColor="#F01440"
        onClick={() => {
          deleteToDo(id);
          goBack();
        }}
      />
    </Container>
  );
};
```

우리는 앞서 수정한 ToDoItem 컴포넌트에서 상세 페이지로 가는 링크를 "/detail/${id}"와 같이 할 일의 ID를 매개변수로 전달하고 있다. react-router에서는 이처럼 URL을 통해 전달한 매개변수를 사용할 때 useParams를 사용한다.

```
...
import { useParams, ... } from 'react-router-dom';
...
const params: { id: string } = useParams();
const id = Number.parseInt(params.id);
...
```

react-router의 useParams를 사용하면 URL로 전달한 동적 매개변수를 할당받을 수 있다. 이렇게 전달받은 매개변수는 항상 문자열 데이터이다. 하지만 할 일 목록 데이터에서 하나의 할 일을 찾기 위해서는 숫자형 데이터가 필요하므로 문자열 데이터인 ID값을 Number.parseInt를 사용하여 숫자형 데이터를 변환하였다.

상세 페이지에서는 이렇게 전달받은 할 일의 ID를 가지고 컨텍스트에 저장된 전역 데이터인 할 일 목록에서 ID에 해당하는 할 일을 가져왔으며 가져온 데이터를 화면에 표시하였다. 또한, 화면에 표시된 할 일을 삭제하기 위해 deleteToDo 함수를 컨텍스로부터 가져와서 Button 컴포넌트와 연결하였다.

```
import React, { useContext } from 'react';
…
import { ToDoListContext } from 'Contexts';
…
const { toDoList, deleteToDo } = useContext(ToDoListContext);
const toDo = toDoList[id];
…
return (
  <Container>
    <ToDo>{toDo}</ToDo>
    <Button
      label="삭제"
      backgroundColor="#FF1744"
      hoverColor="#F01440"
      onClick={() => {
        deleteToDo(id);
        …
      }}
    />
  </Container>
);
…
```

마지막으로, 사용자가 할 일 목록을 삭제하기 위해 [삭제] 버튼을 클릭하였을 때 해당 할 일을 삭제하고 이전 페이지로 돌아가기 위해 react-router의 useHistory를 사용하였다. 여기서는 useHistory의 goBack 함수를 사용하여 이전 페이지로 돌아가는 기능을 구현하였다.

```
...
import { ..., useHistory } from 'react-router-dom';
...
export const Detail = () => {
  const { goBack } = useHistory();
  ...
  return (
    <Container>
      <ToDo>{toDo}</ToDo>
      <Button
        ...
        onClick={() => {
          deleteToDo(id);
          goBack();
        }}
      />
    </Container>
  );
};
```

이렇게 만든 상세 페이지를 사용해 보도록 하자. 페이지 컴포넌트들을 간단하게 추가하기 위해 만든 ./src/Pages/index.tsx 파일을 열어 다음과 같이 수정한다.

```
...
export * from './Detail';
```

그리고 이렇게 추가한 상세 페이지를 사용하기 위해 ./src/App.tsx 파일을 열어 다음과 같이 수정한다.

```
...
import { List, Add, Detail } from 'Pages';
```

```
...
function App() {
  return (
    ...
    <Switch>
      ...
      <Route path="/detail/:id">
        <Detail />
      </Route>
    </Switch>
    ...
  );
}
...
```

이번에 추가한 상세 페이지는 URL에 매개변수를 포함하고 있다. 따라서 이전에 추가했던 페이지들과는 다르게 Route를 사용하여 path를 정의할 때 URL에 매개변수가 포함된 것을 알 수 있다.

```
...
<Route path="/detail/:id">
  <Detail />
</Route>
...
```

여기서 주의해야 할 점은 Route의 path를 사용하여 URL에서 사용하는 매개변수의 이름을 id로 지정하였다. 이렇게 지정한 매개변수의 이름을 우리는 Detail 페이지 컴포넌트에서 useParams를 사용하여 데이터를 할당받았다. 만약 Route의 path에 선언한 변수명이 id가 아니었다면 useParasm를 사용하여 데이터를 할당받을 때도 id가 아닌 path에서 선언한 변수명을 사용해야 할 것이다.

```
...
const params: { id: string } = useParams();
...
```

이렇게 파일을 수정하고 저장한 후 브라우저에 표시된 할 일 목록 페이지에서 하나의 할 일을 선택하면 앞에서 빈 화면이 표시되었던 상세 페이지가 [그림 9-6]과 같이 표시되는 것을 확인할 수 있다.

[그림 9-6] 할 일 목록 앱의 할 일 상세 페이지

또한, 이렇게 표시된 상세 페이지에서 [삭제] 버튼을 누르면 이전 페이지인 할 일 목록 페이지로 이동하고 방금 삭제한 할일이 사라진 화면을 확인할 수 있다.

8) PageHeader 컴포넌트

현재 개발한 할 일 목록 앱의 할 일 추가 페이지와 할 일 상세 페이지에서 이전 페이지로 돌아가기 위해서는 브라우저의 뒤로 가기 버튼을 눌러야만 한다. 이런 불편함을 없애기 위해 [그림 9-7]과 같이 페이지 헤더 컴포넌트를 제작하고 페이지 헤더 컴포넌트에 돌아가기 버튼을 추가해 보도록 하자.

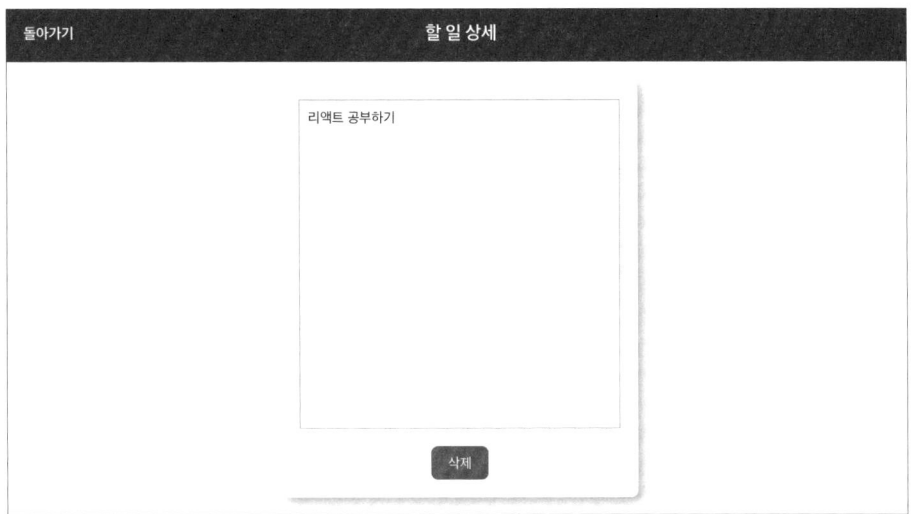

[그림 9-7] 할 일 목록 앱의 할 일 추가

할 일 목록 앱의 헤더 컴포넌트를 만들기 위해 ./src/Components/PageHeader/index.tsx 파일을 생성하고 다음과 같이 수정한다.

```tsx
import React from 'react';
import { useLocation, Link } from 'react-router-dom';
import Styled from 'styled-components';

const Container = Styled.div`
  position: absolute;
  top: 0;
  left: 0;
  right: 0;
  display: flex;
  align-items: center;
  justify-content: center;
  background-color: #1E40FF;
`;
const Title = Styled.div`
```

```
  padding: 20px;

  color: #FFFFFF;

  font-size: 20px;

  font-weight: 600;
`;
const GoBack = Styled(Link)`
  padding: 20px;

  color: #FFFFFF;

  font-size: 16px;

  font-weight: 600;

  text-decoration: none;

  position: absolute;

  left: 20px;
`;

export const PageHeader = () => {
  const { pathname } = useLocation();
  let title = '에러';

  if (pathname === '/') {
    title = '할 일 목록';
  } else if (pathname === '/add') {
    title = '할 일 추가';
  } else if (pathname.startsWith('/detail')) {
    title = '할 일 상세';
  }
  return (
    <Container>
      <Title>{title}</Title>
      {pathname !== '/' && <GoBack to="/">돌아가기</GoBack>}
    </Container>
```

```
  );
};
```

디자인에 관한 자세한 내용은 생략하고 기능 위주로만 살펴보도록 하겠다. 우선, 돌아가기 버튼은 react-router의 Link 컴포넌트를 사용하여 제작하였다.

```
…
import { Link, … } from 'react-router-dom';
…
const GoBack = Styled(Link)`
  …
`;

export const PageHeader = () => {
  …
  return (
    <Container>
      <Title>{title}</Title>
      {pathname !== '/' && <GoBack to="/">돌아가기</GoBack>}
    </Container>
  );
};
```

이렇게 제작한 [돌아가기] 링크는 할 일 목록 페이지에서는 불필요하므로 할 일 목록 페이지에서는 숨기고 다른 페이지에서는 보이도록 만들 필요가 있다. 이를 위해서 react-router가 제공하는 useLocation을 사용하였으며, useLocation이 제공하는 pathname을 사용하여 현재 페이지의 URL을 확인하여 할 일 목록 페이지인지 확인하도록 하였다.

```
…
import { …, useLocation } from 'react-router-dom';
…
```

```
export const PageHeader = () => {
  const { pathname } = useLocation();
  let title = '에러';

  if (pathname === '/') {
    title = '할 일 목록';
  } else if (pathname === '/add') {
    title = '할 일 추가';
  } else if (pathname.startsWith('/detail')) {
    title = '할 일 상세';
  }
  return (
    <Container>
      <Title>{title}</Title>
      {pathname !== '/' && <GoBack to="/">돌아가기</GoBack>}
    </Container>
  );
};;
```

또한, useLocation의 pathname을 사용하여 현재 페이지를 구별하고 해당 페이지의 이름을 결정한 후 화면에 표시하도록 하였다.

이로써 사용자는 현재 페이지가 어떤 페이지인지 한눈에 알 수 있게 되었으며, 추가 페이지나 상세 페이지에서 할 일 목록 페이지로 돌아가기 위한 링크를 사용할 수 있게 되었다.

이렇게 생성한 PageHeader 컴포넌트를 다른 컴포넌트에서 간단히 추가할 수 있게 하려면 ./src/Components/index.tsx 파일을 열어 다음과 같이 수정한다.

```
...
export * from './PageHeader';
```

이렇게 추가한 PageHeader 컴포넌트를 App 컴포넌트에서 사용하기 위해 ./src/App.tsx 파일을 열어 다음과 같이 수정한다.

```
...
import { PageHeader } from 'Components';
...
function App() {
  return (
    <Router>
      <ToDoListProvider>
        <Container>
          <PageHeader />
          <Switch>
            ...
          </Switch>
        </Container>
      </ToDoListProvider>
    </Router>
  );
}
...
```

PageHeader 컴포넌트는 지금까지 만든 페이지 컴포넌트들과는 다르게 모든 화면에서 공통으로 표시되며, PageHeader 컴포넌트 자신이 URL을 확인하고 페이지의 이름과 돌아가기 버튼을 표시하게 된다. 이처럼 페이지 이동과 관계없이 모든 페이지에 공통으로 표시되는 컴포넌트는 react-router의 Switch 컴포넌트의 외부에 작성되게 된다. 하지만 PageHeader 컴포넌트 안에서는 react-router의 기능을 사용하고 있으므로 여전히 react-router의 Router 컴포넌트 안에 작성해야 한다.

이렇게 모든 파일을 수정한 후 저장하면 브라우저에 [그림 9-8]과 같이 할 일 목록 페이지의 페이지 헤더가 표시되는 것을 확인할 수 있다. 또한, 페이지 헤더에 할 일 목록이라는 제목이 표시되며 돌아가기 버튼은 표시되지 않고 있음을 알 수 있다.

[그림 9-8] 할 일 목록 앱의 페이지 헤더

이제 이렇게 표시된 화면에서 할 일을 선택해 보자. 할 일 목록에서 하나의 할 일을 선택하면 [그림 9-9]와 같이 해당 할 일의 상세 페이지로 이동하게 된다.

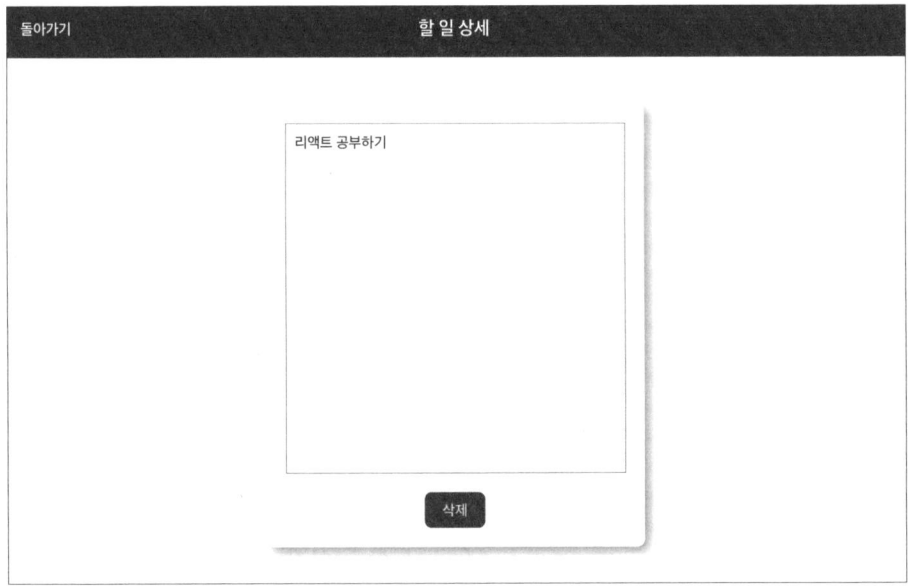

[그림 9-9] 페이지 헤더가 적용된 할 일 상세 페이지

이렇게 이동한 할 일 상세 페이지는 이전과 다르게 우리가 만든 페이지 헤더가 페이지 상단에 표시되는 것을 확인할 수 있으며 페이지의 제목이 할 일 상세로 변경된 것을 확인할 수 있다. 또한, 할 일 목록 페이지와는 다르게 왼쪽 상단에 돌아가기 링크가 표시되는 것을 확인할 수 있다.

이제 이 돌아가기 링크를 클릭해보자. 돌아가기 링크를 클릭하면 다시 할 일 목록 페이지로 잘 이동하는 것을 확인할 수 있다.

9) NotFound 페이지 컴포넌트

이제 마지막으로, 사용자가 존재하지 않는 URL을 입력하였을 때 에러 화면을 만들어 보자. 사용자가 존재하지 않는 URL을 입력하였을 때 표시할 NotFound 페이지 컴포넌트를 만들기 위해 ./src/Pages/NotFound/index.tsx 파일을 만들고 다음과 같이 수정한다.

```tsx
import React from 'react';
import Styled from 'styled-components';

const Container = Styled.div`
  font-size: 20px;
`;

export const NotFound = () => {
  return <Container>Not Found 🙀</Container>;
};
```

이 NotFound 페이지 컴포넌트는 단순히 화면에 Not Found 메시지를 표시하는 컴포넌트이다. 단순한 컴포넌트이므로 자세한 설명은 생략하도록 하겠다.

이제 이렇게 만든 페이지 컴포넌트를 다른 컴포넌트에서 간단하게 추가할 수 있게 하려면 ./src/Pages/index.tsx 파일을 열어 다음과 같이 수정한다.

```
...
```

```
export * from './NotFound';
```

마지막으로, 존재하지 않는 URL을 입력하였을 때 NotFound 페이지 컴포넌트를 표시하게 하도록 ./src/App.tsx 파일을 열어 다음과 같이 수정한다.

```
...
import { ..., NotFound } from 'Pages';
...
function App() {
  return (
    ...
    <Switch>
      ...
      <Route>
        <NotFound />
      </Route>
    </Switch>
    ...
  );
```

이번에 정의한 Route 컴포넌트는 다른 Route 컴포넌트들과는 달리 path가 존재하지 않는다. react-router에서 이렇게 path를 정의하지 않는 경우에는 모든 path에 해당 컴포넌트를 표시한다는 의미가 있다. 하지만 react-router는 사용자가 입력한 URL을 Switch 컴포넌트 안에서 위에서부터 순서대로 일치하는지를 확인하고 일치하는 URL 있는 경우 해당 컴포넌트를 화면에 표시하게 된다. 그러므로 우리가 앞에서 정의한 페이지의 URL을 사용자가 입력하는 경우 해당 페이지가 잘 표시될 것이고 존재하지 않는 URL을 입력하면 NotFound 페이지 컴포넌트가 표시될 것이다.

이렇게, 파일을 수정하고 저장한 후에 브라우저에 http://localhost:3000/test과 같이 react-router의 Switch 컴포넌트 안에 정의하지 않은 URL을 입력하면 [그림 9-10]과 같이 우리가 방금 만든 NotFound 페이지 컴포넌트가 화면에 잘 표시되는 것을 확인할 수 있다.

[그림 9-10] NotFound 페이지

이것으로 할 일 목록 앱의 모든 페이지를 제작해 보았다. 이제 이렇게 제작한 할 일 목록 앱에 테스트 명세를 작성해 보자.

9.4 테스트

지금까지 우리는 react-router의 사용법을 익히기 위해 8장에서 만든 할 일 목록 앱에 할 일 목록 페이지, 등록 페이지, 상세 페이지 등을 만들어 보았다. 이렇게 만든 할 일 목록 앱에 테스트 명세를 작성하여 우리가 의도한 대로 움직이는지 확인해 보자.

현재 실행 중인 명령어를 취소하고 다음 명령어를 실행하여 테스트 명세를 작성할 준비를 한다.

```
npm run test
```

이렇게 테스트를 실행하면 다음과 같은 화면을 확인할 수 있다.

```
No tests found related to files changed since last commit.
Press `a` to run all tests, or run Jest with `--watchAll`.

Watch Usage
 › Press a to run all tests.
 › Press f to run only failed tests.
 › Press q to quit watch mode.
 › Press p to filter by a filename regex pattern.
 › Press t to filter by a test name regex pattern.
 › Press Enter to trigger a test run.
```

여기서 키보드의 'a' 키를 눌러 모든 테스트를 실행해 보면 다음과 같이 테스트 명세가 실패하는 것을 확인할 수 있다.

```
Test Suites: 3 failed, 4 passed, 7 total
Tests:       7 failed, 15 passed, 22 total
Snapshots:   4 passed, 4 total
Time:        6.208 s
Ran all test suites.

Watch Usage: Press w to show more.
```

8장에서 만든 할 일 목록 앱과 현재 만든 할 일 목록 앱에 많은 차이가 존재하기 때문에 이전에 만든 많은 테스트 명세가 실패하는 것을 확인할 수 있다. 앞으로 이 모든 테스트 명세의 실패를 수정할 예정이므로 너무 걱정하지 말자.

이제 앞에서 제작한 컴포넌트에 대한 테스트 명세를 하나씩 하나씩 제작해 보자. 우선 현재 보이는 화면에서 키보드의 'w' 키를 눌러서 Jest가 변경된 파일만 테스트를 실행하도록 Jest를 실행한다.

```
Watch Usage
```

```
› Press f to run only failed tests.
› Press o to only run tests related to changed files.
› Press q to quit watch mode.
› Press p to filter by a filename regex pattern.
› Press t to filter by a test name regex pattern.
› Press Enter to trigger a test run.
```

키보드의 'w' 키를 눌러 위와 같이 Jest의 메뉴가 보인다면 키보드의 'o' 키를 눌러 변경된 파일의 테스트만 실행하도록 Jest를 실행해 두도록 하자.

1) InputContainer 컴포넌트

우리는 Add 페이지 컴포넌트를 생성하고, 해당 페이지에서 InputContainer 컴포넌트를 사용하여 사용자로부터 새로운 할 일을 입력받을 수 있도록 수정하였다. 이때, 사용자가 InputContainer 컴포넌트의 [추가] 버튼을 클릭하였을 때 이전 페이지로 돌아가게 하려고 onAdd라는 Props를 새로 추가하였다.

우리는 이처럼 InputContainer에 새롭게 Props를 추가하였으나 해당 Props에 대한 테스트 명세를 작성하지 않았다. 그래서 테스트를 실행하면 테스트 명세가 실패하는 것을 확인할 수 있다. 이렇게 실패하는 테스트 명세를 통과시키기 위해 다음과 같이 테스트 명세를 수정해 보도록 하자.

```
...
it('calls the onAdd function when the user clicks Add button', () => {
  const handleClick = jest.fn();
  render(<InputContainer onAdd={handleClick} />);

  const input = screen.getByPlaceholderText('할 일을 입력해 주세요');
  const button = screen.getByText('추가');
  expect(handleClick).toHaveBeenCalledTimes(0);

  fireEvent.click(button);
```

```
    expect(handleClick).toHaveBeenCalledTimes(0);

    fireEvent.change(input, { target: { value: 'study react 1' } });
    fireEvent.click(button);
    expect(handleClick).toHaveBeenCalledTimes(1);
});
...
```

Jest에서 사용자의 이벤트에 의해 함수가 호출되는지를 확인하기 위해서는 jest.fn()을 사용하여 모의 함수를 정의하고 해당 모의 함수가 호출되는지를 체크해야 한다. 이를 위해서 jest.fn()을 사용하여 모의 함수를 정의하였고 이렇게 정의한 모의 함수를 사용자의 이벤트와 연결하기 위해 InputContainer 컴포넌트의 Props로 전달해야 한다.

```
...
const handleClick = jest.fn();
render(<InputContainer onAdd={handleClick} />);
...
```

그리고 사용자의 이벤트를 이용하여 할 일 데이터를 입력하고 [추가] 버튼을 클릭하기 위해 입력창과 [추가] 버튼을 화면에서 찾았다. 그다음으로 앞에서 정의한 모의 함수가 아직 호출되지 않았는지 테스트하였다.

```
...
const input = screen.getByPlaceholderText('할 일을 입력해 주세요');
const button = screen.getByText('추가');
expect(handleClick).toHaveBeenCalledTimes(0);
...
```

우리는 InputContainer 컴포넌트에서 다음과 같이 사용자가 입력한 데이터가 있고 onAdd 함수를 Props로 전달받은 경우에만 이전 페이지로 돌아가게 하도록 onAdd 함수를 호출하였다.

```
...
<Button
  label="추가"
  onClick={() => {
    addToDo(toDo);
    setToDo('');
    if (toDo && typeof onAdd === 'function') {
      onAdd();
    }
  }}
/>
...
```

따라서 사용자가 할 일 데이터를 입력하지 않은 상태에서 [추가] 버튼을 클릭하면 앞에서 정의한 모의 함수가 호출되지 않을 것이다.

```
...
fireEvent.click(button);
expect(handleClick).toHaveBeenCalledTimes(0);
...
```

우리가 정의한 모의 함수가 호출되게 하도록 react-testing-library의 fireEvent를 사용하여 입력창에 데이터를 입력한 후 역시 fireEvent를 사용하여 [추가] 버튼을 클릭하였다.

이렇게 할 일 데이터를 입력하고 [추가] 버튼을 클릭하였을 때 모의 함수가 호출되었는지를 체크하여 우리가 예상한 대로 InputContainer 컴포넌트의 Props인 onAdd로 전달한 함수가 잘 호출되는지 테스트하였다.

```
...
fireEvent.change(input, { target: { value: 'study react 1' } });
fireEvent.click(button);
```

```
expect(handleClick).toHaveBeenCalledTimes(1);
…
```

테스트 명세를 추가하고 파일을 저장하면 앞서 실행한 Jest의 명령어에 의해 테스트 명세가 실행되며 다음과 같이 정상적으로 모든 테스트 명세가 통과되는 것을 확인할 수 있다.

```
PASS  src/Components/InputContainer/index.test.tsx
  <InputContainer />
    ✓ renders component correctly (42 ms)
    ✓ empties data after adding data (16 ms)
    ✓ adds input data to localStorage via Context (13 ms)
    ✓ calls the onAdd function when the user clicks Add button (10 ms)

Test Suites: 1 passed, 1 total
Tests:       4 passed, 4 total
Snapshots:   1 passed, 1 total
Time:        4.93 s
```

2) PageHeader 컴포넌트

이제 페이지와 상관없이 페이지의 상단에 항상 고정되어 표시되는 PageHeader 컴포넌트를 테스트해 보자.

PageHeader 컴포넌트는 URL과 상관없이 항상 표시되지만, URL에 따라 표시되는 메시지가 다르도록 개발하였다. 테스트 명세를 제작하기 위해 ./src/Components/PageHeader/index.test.tsx 파일을 생성하고 다음과 같이 수정한다.

```
import React from 'react';
import { render, screen } from '@testing-library/react';
import 'jest-styled-components';
```

```
import { Router } from 'react-router-dom';
import { createMemoryHistory } from 'history'

import { PageHeader } from './index';

describe('<PageHeader />', () => {
  it('renders component correctly', () => {
    const history = createMemoryHistory()
    history.push('/')

    const { container } = render(
      <Router history={history}>
        <PageHeader />
      </Router>,
    );

    const label = screen.getByText('할 일 목록');
    expect(label).toBeInTheDocument();
    const goBack = screen.queryByText('돌아가기');
    expect(goBack).not.toBeInTheDocument();

    expect(container).toMatchSnapshot();
  });
});
```

PageHeader 컴포넌트에서는 react-router의 Link와 useLocation을 사용하고 있다. 이렇게 react-router에서 제공하는 기능을 사용하는 컴포넌트를 사용할 때는 react-router가 제공하는 Route 컴포넌트를 항상 제공해야 한다.

PageHeader 컴포넌트에서는 useLocation을 사용하여 현재 URL을 확인하고 화면에 표시될 메시지를 결정하고 있다. 테스트 명세에서는 실제 브라우저를 사용하는 것이 아니므로 URL을 테스트하기 위해서는 react-router가 테스트용으로 제공하는 createMemoryHistory를 사용할 필요가 있다.

```
...
import { Router } from 'react-router-dom';
import { createMemoryHistory } from 'history'
...
```

이렇게 PageHeader 컴포넌트를 테스트하기 위해 가져온 컴포넌트들을 사용하여 우리가 만든 PageHeader 컴포넌트를 화면에 표시한다.

```
...
const history = createMemoryHistory()
history.push('/')

const { container } = render(
  <Router history={history}>
    <PageHeader />
  </Router>,
);
...
```

createMemoryHistory를 사용하여 현재 URL을 설정한 후 Route에 해당 URL을 전달함으로써 우리는 브라우저에 URL을 입력하는 것과 같은 테스트를 할 수 있다.

```
...
const label = screen.getByText('할 일 목록');
expect(label).toBeInTheDocument();
const goBack = screen.queryByText('돌아가기');
expect(goBack).not.toBeInTheDocument();
```

```
...
```

PageHeader 컴포넌트가 해당 URL의 메시지를 잘 표시하고 있는지 확인하였고 홈 화면인 할 일 목록 화면에서는 [돌아가기] 링크가 표시되지 않으므로 [돌아가기] 링크가 화면에 존재하지 않는지 확인하였다.

이렇게 파일을 수정한 후 저장하면 다음과 같이 우리가 작성한 테스트 명세가 잘 통과되는 것을 확인할 수 있다.

```
PASS  src/Components/PageHeader/index.test.tsx
  <PageHeader />
    √ renders component correctly (30 ms)


Test Suites: 1 passed, 1 total
Tests:       1 passed, 1 total
Snapshots:   1 passed, 1 total
Time:        3.918 s
```

우리가 전달한 URL에 맞게 PageHeader 컴포넌트의 메시지가 표시되고 있는지, 그리고 [돌아가기] 링크가 잘 표시되고 있는지 확인해 보자.

URL에 맞게 메시지가 표시되는지, [돌아가기] 링크가 잘 표시되는지 확인하기 위해 다음과 같이 테스트 명세를 수정한다.

```
...
it('renders component correctly with /add URL', () => {
  const history = createMemoryHistory();
  history.push('/add');

  render(
    <Router history={history}>
```

```
      <PageHeader />
    </Router>,
  );

  const label = screen.getByText('할 일 추가');
  expect(label).toBeInTheDocument();

  const goBack = screen.getByText('돌아가기');
  expect(goBack).toBeInTheDocument();
  expect(goBack.getAttribute('href')).toBe('/');
});
...
```

앞에서 작성한 테스트 명세와 같이 createMemoryHistory를 사용하여 URL을 설정한 다음 해당 URL에 맞는 메시지가 표시되고 있는지 확인하였다. 또한 [돌아가기] 링크가 화면에 잘 표시되고 있는지도 확인하였으며 [돌아가기] 링크가 우리가 설정한 할 일 목록 앱의 링크('/')를 잘 표시하는지도 확인하였다.

이렇게 파일을 수정한 후 저장하면 다음과 같이 우리가 작성한 테스트 명세가 잘 통과되는 것을 확인할 수 있다.

```
PASS   src/Components/PageHeader/index.test.tsx
  <PageHeader />
    ✓ renders component correctly (31 ms)
    ✓ renders component correctly with /add URL (7 ms)


Test Suites: 1 passed, 1 total
Tests:       2 passed, 2 total
Snapshots:   1 passed, 1 total
Time:        3.753 s
```

그렇다면 할 일 상세 페이지, Not Found 페이지의 링크도 테스트해 보자. 다른 링크들도 테스트하기 위해 다음과 같이 테스트 명세를 수정한다.

```js
...
it('renders component correctly with /detail/:id URL', () => {
  const history = createMemoryHistory();
  history.push('/detail/1');

  render(
    <Router history={history}>
      <PageHeader />
    </Router>,
  );

  const label = screen.getByText('할 일 상세');
  expect(label).toBeInTheDocument();
  const goBack = screen.getByText('돌아가기');
  expect(goBack).toBeInTheDocument();
  expect(goBack.getAttribute('href')).toBe('/');
});

it('renders component correctly with NotFound', () => {
  const history = createMemoryHistory();
  history.push('/not_found');

  render(
    <Router history={history}>
      <PageHeader />
    </Router>,
  );

  const label = screen.getByText('에러');
```

```
    expect(label).toBeInTheDocument();
    const goBack = screen.getByText('돌아가기');
    expect(goBack).toBeInTheDocument();
    expect(goBack.getAttribute('href')).toBe('/');
  });
  …
```

앞서 제작한 테스트 명세와 같으므로 자세한 설명은 생략하도록 하겠다. 이렇게 파일을 수정한 후 저장하면 다음과 같이 모든 테스트 명세가 통과되는 것을 확인할 수 있다.

```
PASS   src/Components/PageHeader/index.test.tsx
  <PageHeader />
    ✓ renders component correctly (37 ms)
    ✓ renders component correctly with /add URL (8 ms)
    ✓ renders component correctly with /detail/:id URL (6 ms)
    ✓ renders component correctly with NotFound (6 ms)

Test Suites: 1 passed, 1 total
Tests:       4 passed, 4 total
Snapshots:   1 passed, 1 total
Time:        4.459 s
```

마지막으로, [돌아가기] 링크를 클릭하였을 때 우리가 의도한 대로 할 일 목록 페이지로 URL이 잘 변경되는지 확인하는 테스트 명세를 작성해 보자. 사용자가 [돌아가기] 링크를 클릭하였을 때를 테스트하기 위한 테스트 명세를 다음과 같이 수정한다.

```
…
import { …, fireEvent } from '@testing-library/react';
…
it('renders component correctly with goBack link', () => {
  const history = createMemoryHistory();
```

```
    history.push('/not_found');

    render(
      <Router history={history}>
        <PageHeader />
      </Router>,
    );

    const goBack = screen.getByText('돌아가기');
    fireEvent.click(goBack);

    const label = screen.getByText('할 일 목록');
    expect(label).toBeInTheDocument();
    expect(goBack).not.toBeInTheDocument();
  });
  …
```

사용자의 클릭 이벤트를 테스트하기 위해서는 react-testing-library의 fireEvent가 필요하다. 이렇게 추가한 fireEvent의 click을 사용하여 화면에서 찾은 [돌아가기] 링크를 클릭하였다.

```
…
const goBack = screen.getByText('돌아가기');
fireEvent.click(goBack);
…
```

사용자가 [돌아가기] 링크를 클릭하였다면 화면은 할 일 목록 페이지이므로 PageHeader 컴포넌트의 "할 일 목록"이라는 메시지가 표시될 것이다. 또한, 할 일 목록 페이지에서는 [돌아가기] 링크를 표시하지 않으므로 [돌아가기] 링크는 화면에서 사라졌을 것이다.

```
...
const label = screen.getByText('할 일 목록');
expect(label).toBeInTheDocument();
expect(goBack).not.toBeInTheDocument();
...
```

이렇게 파일을 수정한 후 저장하면 다음과 같이 모든 테스트 명세가 문제없이 통과되는 것을 확인할 수 있다.

```
PASS  src/Components/PageHeader/index.test.tsx
  <PageHeader />
    ✓ renders component correctly (31 ms)
    ✓ renders component correctly with /add URL (8 ms)
    ✓ renders component correctly with /detail/:id URL (6 ms)
    ✓ renders component correctly with NotFound (5 ms)
    ✓ renders component correctly with goBack link (10 ms)

Test Suites: 1 passed, 1 total
Tests:       5 passed, 5 total
Snapshots:   1 passed, 1 total
Time:        4.106 s
```

이것으로 PageHeader에 관한 모든 테스트 명세를 작성해 보았다. 이번에 작성한 테스트 명세에는 react-router의 useLocation을 테스트하려는 방법에 대해 자세히 살펴보았다.

3) ToDoItem 컴포넌트

우리는 할 일 목록에서 하나의 할 일을 표시하기 위한 ToDoItem 컴포넌트에 id를 추가하고 해당 컴포넌트를 클릭했을 때 상세 페이지로 이동하기 위해 react-router의 Link 컴포넌트를 사용하였다.

이런 수정 사항을 테스트하기 위해 ./src/Components/ToDoItem/index.test.tsx 파일을

열어 다음과 같이 수정한다.

```
import React from 'react';
import { BrowserRouter as Router } from 'react-router-dom';
…
describe('<ToDoItem />', () => {
  it('renders component correctly', () => {
    const { container } = render(
      <Router>
        <ToDoItem id={1} label="default value" />
      </Router>,
    );

    const todoItem = screen.getByText('default value');
    expect(todoItem).toBeInTheDocument();
    expect(todoItem.getAttribute('href')).toBe('/detail/1');
    …
  });

  it('clicks the delete button', () => {
    const handleClick = jest.fn();
    render(
      <Router>
        <ToDoItem id={1} label="default value" onDelete={handleClick} />
      </Router>,
    );
    …
  });
});
```

ToDoItem 컴포넌트에서는 react-router의 Link 컴포넌트를 사용한다. 이렇게 react-router의 기능을 사용하는 경우 반드시 react-rotuer의 Router로 감싸줄 필요가 있다. PageHeader 컴포넌트의 테스트 명세에서는 직접 URL을 테스트하기 위해 Router와 createMemoryHistory를 사용하였지만, 이번 테스트 명세에서는 URL을 직접 테스트하지 않기 때문에 BrowserRouter만을 사용하였다.

또한, 상세 페이지의 링크를 만들기 위해 id라는 Props를 필수 Props로 설정하였다. 따라서 ToDoItem 컴포넌트를 렌더링할 때 id를 전달할 필요가 있다.

이렇게 파일을 수정한 후 저장하면 다음과 같이 스냅샷 테스트가 실패하는 것을 확인할 수 있다. 이번 변경에는 링크를 표시하는 등 화면에 표시되는 내용이 변경되었으므로 스냅샷 테스트에서 실패가 발생하였다.

```
...
› 1 snapshot failed.
Snapshot Summary
 › 1 snapshot failed from 1 test suite. Inspect your code changes or press `u` to update them.

Test Suites: 1 failed, 1 total
Tests:       1 failed, 1 passed, 2 total
Snapshots:   1 failed, 1 total
Time:        2.393 s
Ran all test suites related to changed files.
```

하지만 이 변경은 우리가 의도한 변경이므로 키보드의 'u' 버튼을 눌러 스냅샷을 업데이트한다. 키보드의 'u' 버튼을 눌러 스냅샷을 업데이트하면 다음과 같이 모든 테스트가 통과된 것을 확인할 수 있다.

```
...
PASS  src/Components/ToDoItem/index.test.tsx
```

```
  <ToDoItem />
    ✓ renders component correctly (44 ms)
    ✓ clicks the delete button (12 ms)

 › 1 snapshot updated.
Snapshot Summary
 › 1 snapshot updated from 1 test suite.

Test Suites: 1 passed, 1 total
Tests:       2 passed, 2 total
Snapshots:   1 updated, 1 total
Time:        2.41 s
Ran all test suites related to changed files.
```

마지막으로 상세 페이지의 링크를 클릭했을 때 우리가 의도한 대로 URL이 변경되는지 테스트해 보자. ToDoItem 컴포넌트는 어디까지나 할 일 목록에서 하나의 할 일을 표시하는 컴포넌트이므로 실제로 상세 페이지가 표시되는지 테스트할 필요는 없다. 단지 링크를 클릭했을 때 URL이 잘 변경되는지만 테스트하면 된다.

링크를 클릭하였을 때 URL이 변경되는지 확인하기 위한 테스트 명세를 다음과 같이 추가한다.

```
...
import { ..., useLocation } from 'react-router-dom';
...
it('clicks the link', () => {
  const TestComponent = (): JSX.Element => {
    const { pathname } = useLocation();
    return (
      <div>
        <div>{pathname}</div>
```

```
          <ToDoItem id={1} label="default value" />
      </div>
    );
  };
  render(
    <Router>
      <TestComponent />
    </Router>,
  );

  const pathName = screen.getByText('/');
  expect(pathName).toBeInTheDocument();
  const todoItem = screen.getByText('default value');
  fireEvent.click(todoItem);
  expect(pathName.textContent).toBe('/detail/1');
});
…
```

ToDoItem 컴포넌트 자체는 URL을 확인할 방법이 없다. 따라서 URL을 확인하기 위해 react-router의 useLocation와 ToDoItem 컴포넌트를 사용하여 테스트용 컴포넌트를 생성하였다.

```
…
import { …, useLocation } from 'react-router-dom';
…
const { pathname } = useLocation();
  return (
    <div>
      <div>{pathname}</div>
      <ToDoItem id={1} label="default value" />
    </div>
```

```
  );
};
render(
  <Router>
    <TestComponent />
  </Router>,
);
…
```

테스트용 컴포넌트를 화면에 표시한 후에 현재 URL이 잘 표시되었는지 확인하였다.

```
…
const pathName = screen.getByText('/');
expect(pathName).toBeInTheDocument();
…
```

그리고 현재 표시된 할 일을 클릭한 후 화면에 표시된 URL이 우리가 설정한 상세 페이지의 URL로 변경되었는지 확인하였다.

```
…
const todoItem = screen.getByText('default value');
fireEvent.click(todoItem);
expect(pathName.textContent).toBe('/detail/1');
```

이렇게 파일을 수정한 후 저장하면 다음과 같이 모든 테스트 명세가 문제없이 통과되는 것을 확인할 수 있다.

```
PASS  src/Components/ToDoItem/index.test.tsx
  <ToDoItem />
    ✓ renders component correctly (43 ms)
    ✓ clicks the delete button (10 ms)
```

```
    ✓ clicks the link (11 ms)

Test Suites: 1 passed, 1 total
Tests:       3 passed, 3 total
Snapshots:   1 passed, 1 total
Time:        3.394 s
Ran all test suites related to changed files.
```

이것으로 하나의 할 일 데이터를 표시하는 ToDoItem 컴포넌트에 관한 테스트 명세를 제작해 보았다. react-router의 Link를 테스트하기 위해 URL을 표시하는 테스트용 컴포넌트를 만들고 테스트하는 방법에 대해서도 살펴보았다.

4) ToDoList 컴포넌트

이제 ToDoItem 컴포넌트를 자식 컴포넌트로 사용하는 ToDoList 컴포넌트에 대한 테스트 명세를 작성해 보도록 하자. 우리는 ToDoList 컴포넌트에서 ToDoItem 컴포넌트를 사용하기 위해 ToDoItem 컴포넌트의 id를 Props로 전달하도록 수정하였지만, 이에 관한 테스트 명세를 작성하지 않았다.

이에 관한 테스트 명세를 작성하기 위해 ./src/Components/ToDoList/index.test.tsx 파일을 열어 다음과 같이 수정한다.

```
...
import { BrowserRouter as Router } from "react-router-dom";
...
it('renders component correctly', () => {
  const { container } = render(
    <Router>
      <ToDoListProvider>
        <ToDoList />
      </ToDoListProvider>
    </Router>,
```

```
    );
    ...
  });

  it('shows toDo list', () => {
    ...
    render(
      <Router>
        <ToDoListProvider>
          <ToDoList />
        </ToDoListProvider>
      </Router>,
    );
    ...
  });

  it('deletes toDo item', () => {
    ...
    render(
      <Router>
        <ToDoListProvider>
          <ToDoList />
        </ToDoListProvider>
      </Router>,
    );
    ...
  });
  ...
```

ToDoList 컴포넌트는 react-router의 기능을 사용하고 있는 ToDoItem 컴포넌트를 사용한다. react-router의 기능을 사용하고 있는 컴포넌트를 테스트하기 위해서는 react-router의

Router로 컴포넌트를 감싸줄 필요가 있다.

이렇게 파일을 수정한 후 저장하면 다음과 같이 모든 테스트 명세가 통과되는 것을 확인할 수 있다.

```
PASS  src/Components/ToDoList/index.test.tsx
  <ToDoList />
    √ renders component correctly (39 ms)
    √ shows toDo list (22 ms)
    √ deletes toDo item (18 ms)

Test Suites: 1 passed, 1 total
Tests:       3 passed, 3 total
Snapshots:   1 passed, 1 total
Time:        6.672 s
Ran all test suites related to changed files.
```

ToDoList 컴포넌트에서 ToDoItem 컴포넌트를 사용하기 위해 ToDoItem 컴포넌트의 Props인 id를 전달하도록 ToDoList 컴포넌트를 수정하였다. 이렇게 ToDoItem 컴포넌트의 Props인 id를 전달하도록 수정한 것은 할 일 데이터의 상세 페이지로 이동하기 위한 링크를 생성하기 위해서이다. 따라서 다음과 같이 테스트 명세를 수정하여 id를 통한 링크 생성이 제대로 동작하는지 확인할 필요가 있다.

```
...
it('shows toDo list', () => {
  ...
  const toDoItem1 = screen.getByText('ToDo 1');
  expect(toDoItem1).toBeInTheDocument();
  expect(toDoItem1.getAttribute('href')).toBe('/detail/0');

  const toDoItem2 = screen.getByText('ToDo 2');
```

```
    expect(toDoItem2).toBeInTheDocument();
    expect(toDoItem2.getAttribute('href')).toBe('/detail/1');

    const toDoItem3 = screen.getByText('ToDo 3');
    expect(toDoItem3).toBeInTheDocument();
    expect(toDoItem3.getAttribute('href')).toBe('/detail/2');

    expect(screen.getAllByText('삭제').length).toBe(3);
  });
  …
```

각각의 할 일 항목을 찾고, 해당 할 일 항목이 우리가 예상한 링크를 잘 가졌는지 테스트하였다. 이렇게 파일을 수정한 후 저장하면 다음과 같이 모든 테스트 명세가 통과되는 것을 확인할 수 있다.

```
PASS  src/Components/ToDoList/index.test.tsx
  <ToDoList />
    √ renders component correctly (40 ms)
    √ shows toDo list (23 ms)
    √ deletes toDo item (23 ms)


Test Suites: 1 passed, 1 total
Tests:       3 passed, 3 total
Snapshots:   1 passed, 1 total
Time:        6.593 s
Ran all test suites related to changed file
```

이제 하나의 할 일을 선택하였을 때 상세 페이지로 이동하는지 확인하는 테스트 명세를 작성해 보도록 하자. 하나의 할 일을 선택하였을 때 URL이 제대로 변경되는지 확인하기 위해 다음과 같은 테스트 명세를 추가한다.

```
...
import { …, useLocation } from 'react-router-dom';
...
it('moves to detail page', () => {
  const TestComponent = (): JSX.Element => {
    const { pathname } = useLocation();
    return <div>{pathname}</div>;
  };

  localStorage.setItem('ToDoList', '["ToDo 1", "ToDo 2", "ToDo 3"]');

  render(
    <Router>
      <TestComponent />
      <ToDoListProvider>
        <ToDoList />
      </ToDoListProvider>
    </Router>,
  );

  const url = screen.getByText('/');
  expect(url).toBeInTheDocument();

  const toDoItem1 = screen.getByText('ToDo 2');
  expect(toDoItem1.getAttribute('href')).toBe('/detail/1');
  fireEvent.click(toDoItem1);

  expect(url.textContent).toBe('/detail/1');
});
...
```

URL에 변경 사항을 확인하기 위해 react-router의 useLocation을 사용하여 URL을 표시하는 테스트용 컴포넌트를 만들었고 해당 컴포넌트를 render에 추가하여 화면에 표시되도록 하였다.

```
…
import { …, useLocation } from 'react-router-dom';
…
const TestComponent = (): JSX.Element => {
  const { pathname } = useLocation();
  return <div>{pathname}</div>;
};
…
render(
  <Router>
    <TestComponent />
    …
  </Router>,
);
…
```

이렇게 표시된 화면에서 현재 URL('/')이 잘 표시되었는지 확인한 후 하나의 할 일을 선택하여 할 일 상세 페이지의 URL인 'details/1'가 화면에 잘 표시되는지 확인하였다.

```
…
const url = screen.getByText('/');
expect(url).toBeInTheDocument();

const toDoItem1 = screen.getByText('ToDo 2');
expect(toDoItem1.getAttribute('href')).toBe('/detail/1');
fireEvent.click(toDoItem1);
```

```
expect(url.textContent).toBe('/detail/1');
...
```

이렇게 파일을 수정한 후 저장하면 다음과 같이 모든 테스트 명세가 문제없이 통과하는 것을 확인할 수 있다.

```
PASS  src/Components/ToDoList/index.test.tsx
  <ToDoList />
    ✓ renders component correctly (37 ms)
    ✓ shows toDo list (28 ms)
    ✓ deletes toDo item (22 ms)
    ✓ moves to detail page (18 ms)

Test Suites: 1 passed, 1 total
Tests:       4 passed, 4 total
Snapshots:   1 passed, 1 total
Time:        6.058 s
Ran all test suites related to changed files.
```

이것으로 할 일 목록을 표시하는 ToDoList 컴포넌트에 대한 테스트 명세를 모두 수정하였다. 이번 수정에는 이전 테스트에서 ToDoList 컴포넌트의 변경 사항에 대한 테스트를 추가하였다. 이렇게 기존의 테스트 명세가 존재하는 상황에서는 변경된 사항에 대해서만 테스트를 추가함으로써 우리가 개발한 내용을 검증할 수 있다.

5) Add 페이지 컴포넌트

이제 본격적으로 페이지에 대한 테스트 명세를 작성해 보자. 우선, 할 일 컴포넌트를 추가하기 위한 Add 페이지 컴포넌트를 테스트하기 위해 ./src/Pages/Add/index.test.tsx 파일을 생성하고 다음과 같이 수정한다.

```
import React from 'react';
import { Router } from 'react-router-dom';
```

```
import { createMemoryHistory } from 'history';
import { render, screen } from '@testing-library/react';
import 'jest-styled-components';

import { Add } from './index';

describe('<Add />', () => {
  it('renders component correctly', () => {
    const history = createMemoryHistory();
    history.push('/add');

    const { container } = render(
      <Router history={history}>
        <Add />
      </Router>,
    );

    const input = screen.getByPlaceholderText('할 일을 입력해 주세요');
    expect(input).toBeInTheDocument();
    const button = screen.getByText('추가');
    expect(button).toBeInTheDocument();

    expect(container).toMatchSnapshot();
  });
});
```

할 일을 추가하기 위한 Add 페이지 컴포넌트는 하나의 할 일을 추가한 후 페이지를 이동하기 위해 react-router의 useHistory를 사용하고 있다. 따라서 react-router의 Router로 Add 페이지 컴포넌트를 감싸 화면에 표시할 필요가 있다.

이렇게 화면에 표시된 컴포넌트가 할 일을 입력하기 위한 입력창과 [추가] 버튼을 가졌는지 확인하였고 마지막으로 스냅샷 테스트를 하였다.

이렇게 파일을 수정한 후 저장하면 다음과 같이 테스트 명세가 통과되는 것을 확인할 수 있으며 새로운 스냅샷이 생성되는 것도 확인할 수 있다.

```
PASS  src/Pages/Add/index.test.tsx
  <Add />
    √ renders component correctly (52 ms)

 › 1 snapshot written.
Snapshot Summary
 › 1 snapshot written from 1 test suite.

Test Suites: 1 passed, 1 total
Tests:       1 passed, 1 total
Snapshots:   1 written, 1 total
Time:        6.553 s
Ran all test suites related to changed files.
```

이제 실제로 할 일 데이터를 입력하고, [추가] 버튼을 눌러 데이터를 저장한 후 루트 URL('/')로 이동하는지 확인하기 위해 다음과 같은 테스트 명세를 추가한다.

```
…
import { …, useLocation } from 'react-router-dom';
import { …, fireEvent } from '@testing-library/react';
import { ToDoListProvider } from 'Contexts';
…
it('add a new ToDo and redirect to the root page', () => {
  const history = createMemoryHistory();
  history.push('/add');
```

```
  const TestComponent = () => {
    const { pathname } = useLocation();
    return (
      <ToDoListProvider>
        <div>{pathname}</div>
        <Add />
      </ToDoListProvider>
    )
  }
  render(
    <Router history={history}>
      <TestComponent />
    </Router>,
  );

  const pathName = screen.getByText('/add');
  expect(pathName).toBeInTheDocument();

  const input = screen.getByPlaceholderText('할 일을 입력해 주세요');
  const button = screen.getByText('추가');

  fireEvent.change(input, { target: { value: 'New ToDo' } });
  fireEvent.click(button);

  expect(pathName.textContent).toBe('/');
  expect(localStorage.getItem('ToDoList')).toBe('["New ToDo"]');
});
...
```

우선, 할 일을 등록한 이후 루트 URL로 URL이 변경되는지 확인하기 위해 react-router의 useLocation을 사용할 예정이다. 또한, 사용자의 이벤트를 사용하여 할 일 데이터를 입력하고 [추가] 버튼을 누르기 위해 react-testing-library의 fireEvent를 사용할 예정이다. 마지막으로 사용자가 할 일 데이터를 입력하고 [추가] 버튼을 눌러 할 일 데이터를 저장하면 이 할 일 데이터가 localStorage에 잘 저장이 되는지 확인하기 위해 ToDoListProvider를 활용할 예정이다.

```
...
import { ..., useLocation } from 'react-router-dom';
import { ..., fireEvent } from '@testing-library/react';
import { ToDoListProvider } from 'Contexts';
...
```

react-router의 useLocation을 활용하여 현재 URL을 테스트하기 위해 테스트용 컴포넌트를 제작하였다. 이렇게 제작한 테스트용 컴포넌트에 ToDoListProvider를 적용함으로써 사용자가 [추가] 버튼을 통해 할 일 데이터를 저장하면 해당 데이터가 localStorage에 저장될 수 있도록 하였다.

```
...
const TestComponent = () => {
  const { pathname } = useLocation();
  return (
    <ToDoListProvider>
      <div>{pathname}</div>
      <Add />
    </ToDoListProvider>
  )
}
...
```

현재는 페이지 이동을 하지 않았으므로 우리가 Add 페이지 컴포넌트를 화면에 표시할 때 사용한 URL이 화면에 표시되고 있는지 확인하였다.

```
...
const pathName = screen.getByText('/add');
expect(pathName).toBeInTheDocument();
...
..
const input = screen.getByPlaceholderText('할 일을 입력해 주세요');
const button = screen.getByText('추가');

fireEvent.change(input, { target: { value: 'New ToDo' } });
fireEvent.click(button);
...
```

그런 다음, 할 일 데이터를 입력하기 위해 화면에서 입력창과 [추가] 버튼을 찾은 후 react-testing-library의 fireEvent를 사용하여 할 일 데이터를 입력하고 [추가] 버튼을 눌러 데이터를 저장하도록 하였다.

```
...
expect(pathName.textContent).toBe('/');
expect(localStorage.getItem('ToDoList')).toBe('["New ToDo"]');
...
```

이렇게 데이터가 저장된 후 우리가 원하는 대로 URL이 변경되었는지 확인하였고 추가한 할 일 데이터도 localStorage에 잘 저장되었는지 확인하였다.

이렇게 파일을 수정한 후 저장하면 다음과 같이 테스트 명세가 잘 통과되는 것을 확인할 수 있다.

```
PASS  src/Pages/Add/index.test.tsx
  <Add />
    ✓ renders component correctly (45 ms)
    ✓ add a new ToDo and redirect to the root page (19 ms)
```

```
Test Suites: 1 passed, 1 total
Tests:       2 passed, 2 total
Snapshots:   1 passed, 1 total
Time:        6.709 s
```

이것으로 하나의 할 일 데이터를 추가할 수 있는 Add 페이지 컴포넌트를 테스트해 보았다. 앞에서 작성한 테스트 명세의 내용을 활용하여 테스트 명세를 작성하였으므로 큰 어려움 없이 작성할 수 있었다.

6) Detail 페이지 컴포넌트

다음으로 할 일 목록 페이지에서 하나의 할 일을 선택하였을 때 표시되는 Detail 페이지 컴포넌트에 관한 테스트 명세를 추가해 보자. Detail 페이지 컴포넌트에 관한 테스트 명세를 추가하기 위해 ./src/Pages/Detail/index.test.tsx 파일을 생성하고 다음과 같이 수정한다.

```tsx
import React from 'react';
import { Router, Route } from 'react-router-dom';
import { createMemoryHistory } from 'history';
import { render, screen } from '@testing-library/react';
import 'jest-styled-components';

import { ToDoListProvider } from 'Contexts';
import { Detail } from './index';

describe('<Detail />', () => {
  it('renders component correctly', () => {
    const history = createMemoryHistory();
    history.push('/detail/0');
    localStorage.setItem('ToDoList', '["ToDo 1"]');

    const { container } = render(
```

```
      <ToDoListProvider>
        <Router history={history}>
          <Route path="/detail/:id">
            <Detail />
          </Route>
        </Router>
      </ToDoListProvider>
    );

    const toDoItem = screen.getByText('ToDo 1');
    expect(toDoItem).toBeInTheDocument();

    const button = screen.getByText('삭제');
    expect(button).toBeInTheDocument();

    expect(container).toMatchSnapshot();
  });
});
```

Detail 페이지 컴포넌트는 react-router의 기능인 useHistory와 useParams를 사용하므로 react-router의 Router를 제공할 필요가 있다. 또한, Detail 페이지 컴포넌트는 useParams를 사용하여 URL로 전달한 id 매개변수를 할당받아 하나의 할 일 데이터를 표시한다. 이렇게 URL로부터 매개변수를 전달받기 위해서는 react-router의 Route를 사용하여 URL을 정의할 필요가 있다.

```
import { Router, Route } from 'react-router-dom';
import { createMemoryHistory } from 'history';
...
const history = createMemoryHistory();
history.push('/detail/0');
...
```

```
<Router history={history}>
  <Route path="/detail/:id">
    <Detail />
  </Route>
</Router>
...
```

Detail 페이지 컴포넌트에서는 URL로부터 전달받은 id를 사용하여 전역 데이터 저장소인 컨텍스트에서 하나의 할 일 데이터를 가져온다. 따라서 전역 데이터인 컨텍스트를 사용하기 위해 ToDoListProvider도 제공할 필요가 있다.

```
...
import { ToDoListProvider } from 'Contexts';
...
const { container } = render(
  <ToDoListProvider>
    ...
  </ToDoListProvider>
);
...
```

Detail 페이지 컴포넌트는 URL로부터 전달받은 할 일 데이터의 id를 사용하여 전역 데이터인 컨텍스트에서 하나의 할 일을 가져와 화면에 표시한다. 또한, 이렇게 표시된 할 일을 삭제하기 위한 [삭제] 버튼도 표시하고 있다. 다음과 같은 테스트 명세를 통해 화면에 잘 표시되는지 확인하였다.

```
...
const toDoItem = screen.getByText('ToDo 1');
expect(toDoItem).toBeInTheDocument();
const button = screen.getByText('삭제');
expect(button).toBeInTheDocument();
```

```
...
```

이렇게 파일을 수정한 후 저장하면 다음과 같이 테스트 명세가 잘 통과되는 것을 확인할 수 있다.

```
PASS  src/Pages/Detail/index.test.tsx
  <Detail />
    ✓ renders component correctly (39 ms)


Test Suites: 1 passed, 1 total
Tests:       1 passed, 1 total
Snapshots:   1 passed, 1 total
Time:        3.985 s
Ran all test suites related to changed files.
```

이제 화면에 표시된 [삭제] 버튼을 사용하여 할 일 데이터를 삭제하는 테스트 명세를 작성해 보자. 삭제에 관한 테스트 명세를 작성하기 위해 다음과 같이 수정한다.

```
...
import { ..., useLocation } from 'react-router-dom';
import { ..., fireEvent } from '@testing-library/react';
...
it('deletes ToDo data', () => {
  const history = createMemoryHistory();
  history.push('/');
  history.push('/detail/0');
  localStorage.setItem('ToDoList', '["ToDo 1"]');

  const TestComponent = () => {
    const {pathname} = useLocation();
    return <div>{pathname}</div>;
```

```
  }

  render(
    <ToDoListProvider>
      <Router history={history}>
        <TestComponent />
        <Route path="/detail/:id">
          <Detail />
        </Route>
      </Router>
    </ToDoListProvider>
  );

  const url = screen.getByText('/detail/0');
  expect(url).toBeInTheDocument();

  const toDoItem = screen.getByText('ToDo 1');
  expect(toDoItem).toBeInTheDocument();
  const button = screen.getByText('삭제');
  expect(button).toBeInTheDocument();

  fireEvent.click(button);

  expect(url.textContent).toBe('/');
  expect(toDoItem).not.toBeInTheDocument();
  expect(button).not.toBeInTheDocument();
});
...
```

Detail 페이지 컴포넌트에서 하나의 할 일을 삭제하기 위해 [삭제] 버튼을 클릭하면 react-router의 기능인 useHistory의 goBack을 사용하여 이전 페이지로 되돌아가도록 하였다.

goBack을 사용하여 페이지 이동을 했는지 확인하기 위해 useLocation을 사용하여 URL을 확인할 예정이다.

또한, 사용자의 이벤트를 사용하여 [삭제] 버튼을 클릭하기 위해 fireEvent를 사용할 예정이다.

```
...
import { ..., useLocation } from 'react-router-dom';
import { ..., fireEvent } from '@testing-library/react';
...
```

이번 테스트 명세는 다른 테스트 명세와는 다르게 goBack을 사용하여 이전 페이지로 이동하게 된다. 지금까지는 createMemoryHistory를 사용하여 하나의 URL만 설정하였으나 이전 페이지로 이동할 수 있게 하려고 history.push를 사용하여 루트 URL을 미리 추가해 두었다.

```
...
const history = createMemoryHistory();
history.push('/');
history.push('/detail/0');
...
```

그런 다음 URL을 확인하기 위해 useLocation을 사용한 테스트 컴포넌트를 생성하고 이렇게 생성한 테스트 컴포넌트도 react-router의 기능을 사용하므로 Router안에 추가하여 화면에 표시하도록 한다.

```
...
const TestComponent = () => {
  const {pathname} = useLocation();
  return <div>{pathname}</div>;
}
```

```
render(
  <ToDoListProvider>
    <Router history={history}>
      <TestComponent />
      …
    </Router>
  </ToDoListProvider>
);
…
```

이렇게 테스트용 컴포넌트와 Detail 페이지 컴포넌트를 화면에 표시한 후 현재 URL이 잘 표시되는지 확인하였다.

```
…
const url = screen.getByText('/detail/0');
expect(url).toBeInTheDocument();
…
```

또한, 전역 데이터인 컨텍스트로부터 가져온 하나의 할 일 데이터와 [삭제] 버튼도 화면에 잘 표시되고 있는지도 확인하였다.

```
…
const toDoItem = screen.getByText('ToDo 1');
expect(toDoItem).toBeInTheDocument();
const button = screen.getByText('삭제');
expect(button).toBeInTheDocument();
…
```

그다음 화면에 표시된 [삭제] 버튼을 react-testing-library의 fireEvent를 사용하여 클릭하였으며 할 일 데이터가 삭제된 후 이전 페이지로 이동하였는지 확인하기 위해 URL을 확인하고 할 일과 삭제 버튼이 사라졌는지 테스트하였다.

```
…
fireEvent.click(button);

expect(url.textContent).toBe('/');
expect(toDoItem).not.toBeInTheDocument();
expect(button).not.toBeInTheDocument();
…
```

이렇게 파일을 수정한 후 저장하면 다음과 같이 테스트 명세가 잘 통과되는 것을 확인할 수 있다.

```
PASS  src/Pages/Detail/index.test.tsx
  <Detail />
    ✓ renders component correctly (49 ms)
    ✓ deletes ToDo data (21 ms)


Test Suites: 1 passed, 1 total
Tests:       2 passed, 2 total
Snapshots:   1 passed, 1 total
Time:        2.586 s
Ran all test suites related to changed files.
```

이것으로 할 일 목록 페이지에서 하나의 할 일을 선택하였을 때 표시되는 Detail 페이지 컴포넌트에 대한 테스트 명세를 작성해 보았다. 이번 테스트 명세에서는 react-router의 useParams를 사용하여 URL로부터 매개변수를 전달하는 테스트와 useHistory의 goBack을 테스트하는 방법에 대해서 알아보았다.

7) List 페이지 컴포넌트

이제 할 일 목록을 표시하는 List 페이지 컴포넌트에 대한 테스트 명세를 작성해 보자. List

페이지 컴포넌트에 대한 테스트 명세를 작성하기 위해 ./src/Pages/List/index.test.tsx 파일을 생성하고 다음과 같이 수정한다.

```
import React from 'react';
import { Router } from 'react-router-dom';
import { createMemoryHistory } from 'history';
import { render, screen } from '@testing-library/react';
import 'jest-styled-components';

import { ToDoListProvider } from 'Contexts';
import { List } from './index';

describe('<List />', () => {
  it('renders component correctly', () => {
    const history = createMemoryHistory();
    history.push('/');

    localStorage.setItem('ToDoList', '["ToDo 1", "ToDo 2", "ToDo 3"]');

    const { container } = render(
      <ToDoListProvider>
        <Router history={history}>
          <List />
        </Router>
      </ToDoListProvider>,
    );

    const toDoItem1 = screen.getByText('ToDo 1');
    expect(toDoItem1).toBeInTheDocument();
    expect(toDoItem1.getAttribute('href')).toBe('/detail/0');
```

```
    const toDoItem2 = screen.getByText('ToDo 2');
    expect(toDoItem2).toBeInTheDocument();
    expect(toDoItem2.getAttribute('href')).toBe('/detail/1');

    const toDoItem3 = screen.getByText('ToDo 3');
    expect(toDoItem3).toBeInTheDocument();
    expect(toDoItem3.getAttribute('href')).toBe('/detail/2');

    expect(screen.getAllByText('삭제').length).toBe(3);

    const addButton = screen.getByText('+');
    expect(addButton).toBeInTheDocument();

    expect(container).toMatchSnapshot();
  });
});
```

List 페이지 컴포넌트는 react-router의 기능들을 사용하고 있다. 따라서 react-router의 Router를 제공할 필요가 있다. 이때 홈 URL('/')을 지정하기 위해 createMemoryHistory를 함께 사용하였다. 또한, 전역 데이터인 컨텍스트를 사용하여 저장된 할 일 목록 데이터를 화면에 표시하였다. 이를 위해서 컨텍스트인 ToDoListProvider를 사용하였다.

```
...
import { Router } from 'react-router-dom';
import { createMemoryHistory } from 'history';
import { ToDoListProvider } from 'Contexts';
...
localStorage.setItem('ToDoList', '["ToDo 1", "ToDo 2", "ToDo 3"]');

const { container } = render(
```

```
  <ToDoListProvider>
    <Router history={history}>
      <List />
    </Router>
  </ToDoListProvider>,
);
...
```

이렇게 화면에 표시된 List 페이지 컴포넌트에서 각각의 할 일들이 잘 표시되었는지 확인하였고 해당 할 일들이 상세 페이지로 이동하기 위한 링크를 가졌는지 확인하였다.

또한, 각각의 할 일 컴포넌트는 할 일을 삭제하기 위한 [삭제] 버튼을 가지고 있다. 우리가 입력한 할 일은 3가지이므로 삭제 버튼이 3개 잘 표시되어 있는지도 확인하였다.

```
...
const toDoItem1 = screen.getByText('ToDo 1');
expect(toDoItem1).toBeInTheDocument();
expect(toDoItem1.getAttribute('href')).toBe('/detail/0');

const toDoItem2 = screen.getByText('ToDo 2');
expect(toDoItem2).toBeInTheDocument();
expect(toDoItem2.getAttribute('href')).toBe('/detail/1');

const toDoItem3 = screen.getByText('ToDo 3');
expect(toDoItem3).toBeInTheDocument();
expect(toDoItem3.getAttribute('href')).toBe('/detail/2');

expect(screen.getAllByText('삭제').length).toBe(3);
....
```

마지막으로, 새롭게 추가한 할 일 추가 버튼('+')이 화면에 잘 표시되어 있는지 확인하기 위해 플러스 기호('+')로 버튼 컴포넌트를 찾은 다음 화면에 잘 표시되었는지 확인하였다. 또한, 스냅샷 테스트를 위해 toMatchSnapshot을 사용하여 새로운 스냅샷을 저장하였다.

```
...
const addButton = screen.getByText('+');
expect(addButton).toBeInTheDocument();

expect(container).toMatchSnapshot();
...
```

이렇게 파일을 수정한 후 저장하면 다음과 같이 테스트 명세가 문제없이 통과되는 것을 확인할 수 있다.

```
PASS   src/Pages/List/index.test.tsx
  <List />
    ✓ renders component correctly (66 ms)


Test Suites: 1 passed, 1 total
Tests:       1 passed, 1 total
Snapshots:   1 passed, 1 total
Time:        2.598 s, estimated 5 s
Ran all test suites related to changed files.
```

이제 표시된 하나의 할 일 데이터를 삭제하는 테스트 명세를 작성해 보자. 화면에 표시된 할 일을 삭제하는 테스트 명세를 다음과 같이 작성한다.

```
...
import { ..., fireEvent } from '@testing-library/react';

...
it('deletes toDo item', () => {
  const history = createMemoryHistory();
```

```
    history.push('/');

    localStorage.setItem('ToDoList', '["ToDo 1", "ToDo 2", "ToDo 3"]');

    render(
      <ToDoListProvider>
        <Router>
          <List />
        </Router>
      </ToDoListProvider>,
    );

    const toDoItem = screen.getByText('ToDo 2');
    expect(toDoItem).toBeInTheDocument();
    fireEvent.click(toDoItem.nextElementSibling as HTMLElement);
    expect(toDoItem).not.toBeInTheDocument();
    expect(JSON.parse(localStorage.getItem('ToDoList') as string)).not.
toContain('ToDo 2');
  });
  ...
```

앞에서 제작한 ToDoList 컴포넌트의 테스트 명세를 활용하였다. 앞에서 설명한 내용이므로 자세한 내용은 생략하도록 하겠다. 이렇게 파일을 수정한 후 저장하면 다음과 같이 모든 테스트 명세가 잘 통과하는 것을 확인할 수 있다.

```
PASS   src/Pages/List/index.test.tsx
  <List />
    ✓ renders component correctly (63 ms)
    ✓ deletes toDo item (22 ms)

Test Suites: 1 passed, 1 total
```

```
Tests:       2 passed, 2 total
Snapshots:   1 passed, 1 total
Time:        5.807 s
Ran all test suites related to changed files.
```

다음으로, List 페이지 컴포넌트에서 하나의 할 일 항목을 선택하였을 때 해당 할 일의 상세 페이지로 이동하는 테스트 명세를 작성해 보자. 할 일을 선택하였을 때 URL이 이동하는지 확인하기 위해 다음과 같은 테스트 명세를 작성한다.

```
...
import { ..., useLocation } from 'react-router-dom';
...
it('moves to detail page', () => {
  const TestComponent = (): JSX.Element => {
    const { pathname } = useLocation();
    return <div>{pathname}</div>;
  };

  const history = createMemoryHistory();
  history.push('/');

  localStorage.setItem('ToDoList', '["ToDo 1", "ToDo 2", "ToDo 3"]');

  render(
    <ToDoListProvider>
      <Router history={history}>
        <TestComponent />
        <List />
      </Router>
    </ToDoListProvider>,
  );
```

```
  const url = screen.getByText('/');
  expect(url).toBeInTheDocument();

  const toDoItem1 = screen.getByText('ToDo 2');
  expect(toDoItem1.getAttribute('href')).toBe('/detail/1');
  fireEvent.click(toDoItem1);

  expect(url.textContent).toBe('/detail/1');
});
...
```

역시 앞에서 작성한 ToDoList 컴포넌트의 테스트 명세를 그대로 활용하였으므로 자세한 설명은 생략하도록 하겠다. 이렇게 파일을 수정하고 저장하면 다음과 같이 모든 테스트 명세가 문제없이 통과되는 것을 확인할 수 있다.

```
PASS  src/Pages/List/index.test.tsx
  <List />
    ✓ renders component correctly (67 ms)
    ✓ deletes toDo item (27 ms)
    ✓ moves to detail page (20 ms)

Test Suites: 1 passed, 1 total
Tests:       3 passed, 3 total
Snapshots:   1 passed, 1 total
Time:        6.8 s
Ran all test suites related to changed files.
```

마지막으로, 새로운 할 일을 추가하기 위해 추가 버튼('+')을 클릭하였을 때 추가 페이지로 이동하는지 확인하는 테스트 명세를 작성해 보자. 추가 버튼을 클릭했을 때 추가 페이지의 URL로 변경되는지 확인하기 위해 다음과 같은 테스트 명세를 추가한다.

```
...
it('moves to add page', () => {
  const TestComponent = (): JSX.Element => {
    const { pathname } = useLocation();
    return <div>{pathname}</div>;
  };

  const history = createMemoryHistory();
  history.push('/');

  render(
    <ToDoListProvider>
      <Router history={history}>
        <TestComponent />
        <List />
      </Router>
    </ToDoListProvider>,
  );

  const url = screen.getByText('/');
  expect(url).toBeInTheDocument();

  const addButton = screen.getByText('+');
  fireEvent.click(addButton);

  expect(url.textContent).toBe('/add');
});
...
```

하나의 할 일을 선택하였을 때 상세 페이지로 이동하는 것을 테스트하는 테스트 명세를 활용하여 제작하였다. 따라서 자세한 설명은 생략하도록 하겠다. 간단하게 살펴보면 추가 버튼을 플러스 기호('+')로 찾고 해당 버튼을 클릭한 후 URL이 제대로 변경되었는지 테스트용 컴포넌트를 통해 확인하였다.

이렇게 파일을 수정한 후 저장하면 다음과 같이 모든 테스트 명세가 문제없이 통과하는 것을 확인할 수 있다.

```
PASS  src/Pages/List/index.test.tsx
  <List />
    ✓ renders component correctly (59 ms)
    ✓ deletes toDo item (20 ms)
    ✓ moves to detail page (17 ms)
    ✓ moves to add page (15 ms)


Test Suites: 1 passed, 1 total
Tests:       4 passed, 4 total
Snapshots:   1 passed, 1 total
Time:        8.016 s
Ran all test suites related to changed files.
```

이것으로 할 일 목록 페이지의 테스트 명세를 모두 작성하였다. 이번 테스트 명세는 앞에서 제작한 ToDoList 컴포넌트의 테스트 명세를 많이 활용한 것을 알 수 있다. 또한, 추가 페이지로 이동하는 테스트 명세도 앞서 제작한 테스트 명세를 활용한 것을 확인할 수 있었다.

8) NotFound 페이지 컴포넌트

사용자가 입력한 URL이 우리가 정의한 URL에 없을 때 화면에 표시되는 NotFound 페이지 컴포넌트에 대한 테스트 명세를 제작해 보자. NotFound 페이지 컴포넌트를 제작하기 위해 ./src/Pages/NotFound/index.test.tsx 파일을 생성하고 다음과 같이 수정한다.

```
import React from 'react';
import { render, screen } from '@testing-library/react';
import 'jest-styled-components';
```

```
import { NotFound } from './index';

describe('<NotFound />', () => {
  it('renders component correctly', () => {
    const { container } = render(<NotFound />);

    const message = screen.getByText('Not Found 🙀');
    expect(message).toBeInTheDocument();

    expect(container).toMatchSnapshot();
  });
});
```

NotFound 페이지 컴포넌트는 'Not Found'라는 문자열을 화면에 표시하는 단순한 컴포넌트이다. 따라서 특별한 테스트 명세를 작성할 필요 없이 우리가 만든 컴포넌트가 화면에 잘 표시되는지만 확인하였다.

이렇게 파일을 수정한 후 저장하면 다음과 같이 스냅샷이 생성되며 테스트 명세가 통과되는 것을 확인할 수 있다.

```
 PASS  src/Pages/NotFound/index.test.tsx
  <NotFound />
    ✓ renders component correctly (36 ms)

 › 1 snapshot written.
Snapshot Summary
 › 1 snapshot written from 1 test suite.

Test Suites: 1 passed, 1 total
Tests:       1 passed, 1 total
```

```
Snapshots:   1 written, 1 total
Time:        3.05 s
Ran all test suites related to changed files.
```

9) App 컴포넌트

마지막으로 모든 페이지 컴포넌트를 다루는 App 컴포넌트에 대한 테스트 명세를 작성해 보도록 하자. App 컴포넌트의 테스트 명세를 수정하기 위해 ./src/App.test.tsx 파일을 열어 다음과 같이 수정한다.

```
import React from 'react';
import { Router } from 'react-router-dom';
import { createMemoryHistory } from 'history';
import { render, screen } from '@testing-library/react';
import App from './App';
import 'jest-styled-components';

describe('<App />', () => {
  it('renders component correctly', () => {
    const history = createMemoryHistory();
    history.push('/');

    const { container } = render(
      <Router history={history}>
        <App />
      </Router>,
    );

    const header = screen.getByText('할 일 목록');
    expect(header).toBeInTheDocument();
```

```
    const toDoList = screen.getByTestId('toDoList');
    expect(toDoList).toBeInTheDocument();
    expect(toDoList.firstChild).toBeNull();

    const label = screen.getByText('+');
    expect(label).toBeInTheDocument();

    expect(container).toMatchSnapshot();
  });
});
```

App 컴포넌트는 URL에 따라 화면에 표시하는 페이지 컴포넌트들이 다르다. 따라서 Router 와 createMemoryHistory를 사용하여 URL을 지정할 필요가 있다.

```
...
import { Router } from 'react-router-dom';
import { createMemoryHistory } from 'history';
...
describe('<App />', () => {
  it('renders component correctly', () => {
    const history = createMemoryHistory();
    history.push('/');

    const { container } = render(
      <Router history={history}>
        <App />
      </Router>,
    );
    ...
  });
});
```

Router와 createMemoryHistory를 사용하여 기본 URL인 '/'으로 App 컴포넌트를 화면에 표시하였다. App 컴포넌트는 URL이 '/'인 경우 할 일 목록 페이지를 화면에 표시한다. 따라서 해당 화면이 잘 표시되었는지 확인하는 테스트 명세를 작성하였다.

해당 화면에 표시되는 컴포넌트를 검사하는 테스트 명세는 앞서 제작한 테스트 명세에 내용과 겹치는 부분이 많으므로 설명을 생략하고 진행하도록 하겠다.

이렇게 수정한 후 저장하면 다음과 같이 테스트 명세에서 실패가 발생하는 것을 확인할 수 있다. 앞선 테스트에서 생성한 스냅샷과 지금의 스냅샷이 다르므로 발생하였다.

```
› 1 snapshot failed.
Snapshot Summary
 › 1 snapshot failed from 1 test suite. Inspect your code changes or press `u` to update them.

Test Suites: 1 failed, 1 total
Tests:       1 failed, 1 total
Snapshots:   1 failed, 1 total
Time:        6.8 s
Ran all test suites related to changed files.
```

이번 수정으로 많은 화면 변경이 있었다. 따라서 이 스냅샷 변경은 우리가 의도한 변경이다. 그렇다면 키보드의 'u' 키를 눌러 스냅샷을 업데이트하자.

이렇게 키보드의 'u' 키를 눌러 스냅샷을 업데이트하면 다음과 같이 테스트 명세가 통과하는 것을 확인할 수 있다.

```
PASS  src/App.test.tsx
  <App />
    ✓ renders component correctly (63 ms)
```

```
› 1 snapshot updated.
Snapshot Summary
› 1 snapshot updated from 1 test suite.

Test Suites: 1 passed, 1 total
Tests:       1 passed, 1 total
Snapshots:   1 updated, 1 total
Time:        5.885 s
Ran all test suites related to changed files.
```

이제 할 일 목록 페이지에서 추가 버튼('+')을 눌렀을 때 동작을 확인하는 테스트 명세를 작성해 보자. 할 일 목록에서 추가 버튼을 눌렀을 때 동작을 확인하기 위해 다음과 같이 테스트 명세를 추가한다.

```
...
import { …, fireEvent } from '@testing-library/react';
...
 it('goes to Add page and goBack to List page', () => {
  const history = createMemoryHistory();
  history.push('/');

  const { container } = render(
    <Router history={history}>
      <App />
    </Router>,
  );

  const addButton = screen.getByText('+');
  fireEvent.click(addButton);

  const header = screen.getByText('할 일 추가');
```

```
    expect(header).toBeInTheDocument();
    const goBack = screen.getByText('돌아가기');
    expect(goBack).toBeInTheDocument();
    const input = screen.getByPlaceholderText('할 일을 입력해 주세요');
    expect(input).toBeInTheDocument();
    const button = screen.getByText('추가');
    expect(button).toBeInTheDocument();

    expect(container).toMatchSnapshot();

    fireEvent.click(goBack);
    expect(header.textContent).toBe('할 일 목록');
    const toDoList = screen.getByTestId('toDoList');
    expect(toDoList).toBeInTheDocument();
  });
...
```

우선, 할 일 목록 페이지에서 추가 버튼을 클릭하기 위해 fireEvent를 추가하였다. 그리고 createMemoryHistory를 사용하여 할 일 목록 페이지를 표시한 후 fireEvent를 사용하여 추가 버튼('+')을 클릭하여 할 일 추가 페이지로 이동하였다.

```
import { ..., fireEvent } from '@testing-library/react';
...
  it('goes to Add page and go back to List page', () => {
    const history = createMemoryHistory();
    history.push('/');

    const { container } = render(
      <Router history={history}>
        <App />
      </Router>,
```

```
  );

  const addButton = screen.getByText('+');
  fireEvent.click(addButton);
  …
});
```

실제로 화면이 잘 표시되어 있는지 확인하기 위해 모든 화면에 공통으로 표시되는 헤더 컴포넌트의 표시된 메시지를 확인하고 할 일을 입력하는 입력창과 할 일을 추가할 때 사용하는 추가 버튼이 화면에 표시되었는지 확인하였다.

또한, 추후 할 일 추가 페이지의 화면 검증을 하기 위해 할 일 추가 페이지가 표시되었을 때 스냅샷을 저장하도록 하였다.

```
…
const header = screen.getByText('할 일 추가');
expect(header).toBeInTheDocument();
const goBack = screen.getByText('돌아가기');
expect(goBack).toBeInTheDocument();
const input = screen.getByPlaceholderText('할 일을 입력해 주세요');
expect(input).toBeInTheDocument();
const button = screen.getByText('추가');
expect(button).toBeInTheDocument();

expect(container).toMatchSnapshot();
…
```

마지막으로 모든 화면에 공통으로 표시되는 헤더 컴포넌트의 [돌아가기] 버튼을 사용하여 할 일 추가 페이지에서 할 일 목록 페이지로 잘 되돌아가는지 확인하였다.

```
...
fireEvent.click(goBack);
expect(header.textContent).toBe('할 일 목록');
const toDoList = screen.getByTestId('toDoList');
expect(toDoList).toBeInTheDocument();
...
```

이렇게 파일을 수정한 후 저장하면 다음과 같이 우리가 추가한 테스트 명세가 잘 통과되는 것을 확인할 수 있다.

```
PASS    src/App.test.tsx
  <App />
    ✓ renders component correctly (70 ms)
    ✓ goes to Add page and go back to List page (59 ms)

 › 1 snapshot written.
Snapshot Summary
 › 1 snapshot written from 1 test suite.

Test Suites: 1 passed, 1 total
Tests:       2 passed, 2 total
Snapshots:   1 written, 1 passed, 2 total
Time:        6.355 s
Ran all test suites related to changed files.
```

이제 같은 방식으로 할 일 목록 페이지에서 할 일 상세 페이지로 이동했다가 다시 할 일 목록 페이지로 돌아오는 테스트 명세를 작성해 보자. 할 일 목록에서 할 일 상세 페이지로 이동하고 돌아오는 테스트 명세를 다음과 같이 추가한다.

```
...
it('goes to Detail page and go back to List page', () => {
```

```
  localStorage.setItem('ToDoList', '["ToDo 1"]');

  const history = createMemoryHistory();
  history.push('/');

  const { container } = render(
    <Router history={history}>
      <App />
    </Router>,
  );

  const toDoItem = screen.getByText('ToDo 1');
  expect(toDoItem).toBeInTheDocument();
  fireEvent.click(toDoItem);

  const header = screen.getByText('할 일 상세');
  expect(header).toBeInTheDocument();
  const goBack = screen.getByText('돌아가기');
  expect(goBack).toBeInTheDocument();
  const toDo = screen.getByText('ToDo 1');
  expect(toDo).toBeInTheDocument();
  const button = screen.getByText('삭제');
  expect(button).toBeInTheDocument();

  expect(container).toMatchSnapshot();

  fireEvent.click(goBack);
  expect(header.textContent).toBe('할 일 목록');
  const toDoList = screen.getByTestId('toDoList');
  expect(toDoList).toBeInTheDocument();
});
```

```
...
```

할 일 목록 페이지에서 할 일 추가 페이지로 이동하는 테스트 명세에서 설명한 내용을 바탕으로 제작한 테스트 명세이므로 자세한 설명은 생략하도록 하겠다.

앞에서 제작한 테스트 명세와 차이가 있다면 할 일 목록에 하나의 할 일을 표시하기 위해 localStorage에 임의의 데이터를 추가하여 화면에 표시한 부분이다.

```
...
it('goes to Detail page and go back to List page', () => {
  localStorage.setItem('ToDoList', '["ToDo 1"]');
  ...
});
...
```

이렇게 파일을 수정한 후 저장하면 다음과 같이 우리가 새롭게 추가한 테스트 명세가 잘 통과되는 것을 확인할 수 있다.

```
PASS  src/App.test.tsx (6.03 s)
  <App />
    ✓ renders component correctly (66 ms)
    ✓ goes to Add page and go back to List page (55 ms)
    ✓ goes to Detail page and go back to List page (33 ms)

 › 1 snapshot written.
Snapshot Summary
 › 1 snapshot written from 1 test suite.

Test Suites: 1 passed, 1 total
Tests:       3 passed, 3 total
Snapshots:   1 written, 2 passed, 3 total
```

```
Time:        9.065 s
Ran all test suites related to changed files.
```

다음으로, 우리가 정의하지 않은 URL을 입력하였을 때 Not Found 페이지가 화면에 표시되는지 확인하는 테스트 명세를 작성해 보도록 하자. 우리가 정의하지 않은 URL을 사용자가 입력하였을 때 Not Found 페이지가 표시되는지 확인하기 위해 다음과 같이 테스트 명세를 추가한다.

```
...
it('shows Not Found page if the user enters the wrong URL, and go
back to List page', () => {
  const history = createMemoryHistory();
  history.push('/foo');

  const { container } = render(
    <Router history={history}>
      <App />
    </Router>,
  );

  const header = screen.getByText('에러');
  expect(header).toBeInTheDocument();
  const goBack = screen.getByText('돌아가기');
  expect(goBack).toBeInTheDocument();
  const notFoundMessage = screen.getByText('Not Found 🐱');
  expect(notFoundMessage).toBeInTheDocument();

  expect(container).toMatchSnapshot();

  fireEvent.click(goBack);
  expect(header.textContent).toBe('할 일 목록');
```

```
  const toDoList = screen.getByTestId('toDoList');
  expect(toDoList).toBeInTheDocument();
});
…
```

Not Found 페이지는 사용자가 우리가 정의하지 않은 URL을 입력하였을 때 표시된다. 따라서 createMemoryHistory를 사용하여 우리가 정의하지 않은 URL을 입력하였다.

```
…
const history = createMemoryHistory();
history.push('/foo');

const { container } = render(
  <Router history={history}>
    <App />
  </Router>,
);
…
```

이렇게 createMemoryHistoy를 사용하여 우리가 정의하지 않은 URL을 입력한 후 표시된 화면이 Not Found 페이지 화면인지 확인하기 위해 화면에 표시된 내용을 확인하였다. 화면에 표시된 내용을 확인하는 코드는 앞서 제작한 테스트 명세에서 설명한 내용이므로 자세한 설명은 생략하도록 하겠다.

이렇게 파일을 수정한 후 저장하면 우리가 추가한 테스트 명세가 다음과 같이 통과되는 것을 확인할 수 있다.

```
Snapshot Summary
 › 1 snapshot written from 1 test suite.

Test Suites: 1 passed, 1 total
```

```
Tests:          4 passed, 4 total
Snapshots:      1 written, 3 passed, 4 total
Time:           3.307 s
Ran all test suites related to changed files.
```

지금까지는 페이지 전환에 대한 테스트를 간단하게 해 보았다. 지금부터는 페이지에 있는 기능들을 사용하여 할 일 목록 앱의 기능에 대해 테스트 명세를 작성해 보겠다.

우선 할 일을 추가하기 위해 할 일 목록 페이지에서 할 일 추가 페이지로 이동한 후 하나의 할 일을 입력하는 테스트 명세를 작성해 보도록 하겠다. 할 일 추가 기능에 관한 테스트 명세를 다음과 같이 추가한다.

```
...
it('adds a new ToDo', () => {
  const history = createMemoryHistory();
  history.push('/');

  render(
    <Router history={history}>
      <App />
    </Router>,
  );

  const addButton = screen.getByText('+');
  fireEvent.click(addButton);

  const input = screen.getByPlaceholderText('할 일을 입력해 주세요');
  const button = screen.getByText('추가');
  fireEvent.change(input, { target: { value: 'New ToDo' } });
  fireEvent.click(button);
```

```
  const header = screen.getByText('할 일 목록');
  expect(header).toBeInTheDocument();
  const newToDo = screen.getByText('New ToDo');
  expect(newToDo).toBeInTheDocument();
});
...
```

기본적으로 할 일 목록 페이지를 화면에 표시하기 위해 createMemoryHistory를 사용하여 홈 URL('/')로 이동하였다.

```
...
const history = createMemoryHistory();
history.push('/');

render(
  <Router history={history}>
    <App />
  </Router>,
);
...
```

이렇게 표시된 할 일 목록 화면에서 추가 버튼('+')을 클릭하여 하나의 할 일을 추가하기 위해 할 일 추가 화면으로 이동하였다.

```
...
const addButton = screen.getByText('+');
fireEvent.click(addButton);
...
```

할 일 추가 화면으로 이동한 후 fireEvent를 사용하여 할 일 입력창에 새로운 할 일을 입력하고, [추가] 버튼을 클릭하여 새로운 할 일을 추가하였다.

```
...
const input = screen.getByPlaceholderText('할 일을 입력해 주세요');
const button = screen.getByText('추가');
fireEvent.change(input, { target: { value: 'New ToDo' } });
fireEvent.click(button);
..
```

할 일 추가 화면에서 새로운 할 일을 추가하면 전역 데이터 저장소인 컨텍스트에 데이터를 저장한 후 할 일 목록 페이지로 이동한다. 이를 확인하기 위해 헤더의 메시지를 확인하여 현재 페이지가 할 일 목록 페이지인지를 확인하였고 새롭게 추가한 할 일이 화면에 표시되었는지 확인하였다.

```
...
const header = screen.getByText('할 일 목록');
expect(header).toBeInTheDocument();
const newToDo = screen.getByText('New ToDo');
expect(newToDo).toBeInTheDocument();
...
```

이렇게 파일을 수정한 후 저장하면 다음과 같이 우리가 추가한 새로운 테스트 명세가 잘 통과되는 것을 확인할 수 있다.

```
PASS  src/App.test.tsx (5.06 s)
  <App />
    ✓ renders component correctly (48 ms)
    ✓ goes to Add page and go back to List page (40 ms)
    ✓ goes to Detail page and go back to List page (29 ms)
    ✓ shows Not Found page if the user enters the wrong URL, and go back to List page (16 ms)
    ✓ adds a new ToDo (25 ms)
```

```
Test Suites: 1 passed, 1 total
Tests:       5 passed, 5 total
Snapshots:   4 passed, 4 total
Time:        6.461 s
Ran all test suites related to changed files.
```

이것으로 할 일 목록 앱에서 새로운 할 일을 등록하는 테스트 명세를 작성해 보았다. 이 테스트 명세를 통해 우리가 만든 할 일 목록 앱에서 할 일이 잘 등록되는 것을 확인할 수 있었다.

이제 할 일 목록 앱에서 추가된 할 일을 삭제하는 과정을 확인해 보자. 우리가 개발한 할 일 목록 앱에서는 할 일 목록 페이지에서 바로 할 일을 삭제하거나 할 일 목록 페이지에서 상세 페이지로 이동한 후 상세 페이지에서 추가된 할 일을 삭제할 수 있다.

우선, 할 일 목록 페이지에서 추가된 할 일이 잘 삭제되는지 확인하는 테스트 명세를 작성해 보자. 할 일 목록 페이지에서 추가된 할 일이 잘 삭제되는지 확인하기 위해 다음과 같이 테스트 명세를 추가한다.

```
...
it('deletes ToDo from ToDo List page', () => {
  localStorage.setItem('ToDoList', '["ToDo 1"]');

  const history = createMemoryHistory();
  history.push('/');

  render(
    <Router history={history}>
      <App />
    </Router>,
  );

  const toDoItem = screen.getByText('ToDo 1');
```

```
  const deleteButton = screen.getByText('삭제');
  expect(toDoItem).toBeInTheDocument();
  expect(deleteButton).toBeInTheDocument();

  fireEvent.click(deleteButton);
  expect(toDoItem).not.toBeInTheDocument();
  expect(deleteButton).not.toBeInTheDocument();
  expect(localStorage.getItem('ToDoList')).toBe('[]');
});
...
```

할 일 목록 페이지에 추가된 할 일을 표시하기 위해 임의의 데이터를 localStorage에 저장하였다.

```
...
localStorage.setItem('ToDoList', '["ToDo 1"]');
...
```

새로운 할 일을 localStorage에 저장한 후 할 일 목록 페이지를 표시하기 위해 createMemoryHistory를 사용하여 홈 URL로 App 컴포넌트를 화면에 표시하였다.

```
...
const history = createMemoryHistory();
history.push('/');

render(
  <Router history={history}>
    <App />
  </Router>,
);
...
```

이렇게 표시된 할 일 목록 페이지에서 우리가 미리 추가한 새로운 할 일과 그 할 일을 삭제할 수 있는 [삭제] 버튼을 화면에서 찾았다.

```
…
const toDoItem = screen.getByText('ToDo 1');
const deleteButton = screen.getByText('삭제');
expect(toDoItem).toBeInTheDocument();
expect(deleteButton).toBeInTheDocument();
expect(localStorage.getItem('ToDoList')).toBe('[]');
…
```

그다음, fireEvent를 사용하여 [삭제] 버튼을 클릭해보고 할 일 데이터가 화면에서 잘 사라지는지, localStorage에 저장된 데이터가 잘 사라지는지 확인하였다.

이렇게 파일을 수정한 후 저장하면 다음과 같이 새롭게 추가한 테스트 명세가 잘 통과되는 것을 확인할 수 있다.

```
PASS  src/App.test.tsx
  <App />
    ✓ renders component correctly (46 ms)
    ✓ goes to Add page and go back to List page (40 ms)
    ✓ goes to Detail page and go back to List page (26 ms)
    ✓ shows Not Found page if the user enters the wrong URL, and go back to List page (19 ms)
    ✓ adds a new ToDo (26 ms)
    ✓ deletes ToDo from ToDo List page (14 ms)

Test Suites: 1 passed, 1 total
Tests:       6 passed, 6 total
Snapshots:   4 passed, 4 total
Time:        4.526 s
```

```
Ran all test suites related to changed files.
```

마지막으로, 할 일 상세 페이지에서 할 일을 삭제하는 테스트 명세를 작성해 보자. 할 일 상세 페이지에서 할 일을 삭제하면 해당 할 일이 잘 삭제되는지 확인하기 위해 다음과 같은 테스트 명세를 추가한다.

```
...
it('deletes ToDo from the detail page', () => {
  localStorage.setItem('ToDoList', '["ToDo 1"]');

  const history = createMemoryHistory();
  history.push('/');

  render(
    <Router history={history}>
      <App />
    </Router>,
  );

  const toDoItem = screen.getByText('ToDo 1');
  expect(toDoItem).toBeInTheDocument();
  fireEvent.click(toDoItem);
  const header = screen.getByText('할 일 상세');
  expect(header).toBeInTheDocument();

  const deleteButton = screen.getByText('삭제');
  fireEvent.click(deleteButton);

  expect(header.textContent).toBe('할 일 목록');
  const toDoList = screen.getByTestId('toDoList');
  expect(toDoList).toBeInTheDocument();
```

```
    expect(toDoList.firstChild).toBeNull();
    expect(localStorage.getItem('ToDoList')).toBe('[]');
});
...
```

임의의 할 일을 추가한 상태로 할 일 목록 페이지를 화면에 표시하는 동작까지는 앞서 제작한 테스트 명세와 같다. 이렇게 화면에 하나의 할 일을 표시한 후 표시된 할 일을 클릭하여 할 일 상세 페이지로 이동하였다.

```
...
const toDoItem = screen.getByText('ToDo 1');
expect(toDoItem).toBeInTheDocument();
fireEvent.click(toDoItem);
const header = screen.getByText('할 일 상세');
expect(header).toBeInTheDocument();
...
```

할 일 상세 페이지로 이동한 후 [삭제] 버튼을 클릭하여 임의로 추가한 할 일을 삭제하고 삭제한 후 할 일 목록 페이지로 잘 돌아가는지 확인하였다. 또한 [삭제] 버튼으로 삭제한 할 일 데이터가 화면에서 사라졌는지, localStorage에서도 사라졌는지 확인하였다.

```
...
const deleteButton = screen.getByText('삭제');
fireEvent.click(deleteButton);

expect(header.textContent).toBe('할 일 목록');
const toDoList = screen.getByTestId('toDoList');
expect(toDoList).toBeInTheDocument();
expect(toDoList.firstChild).toBeNull();
expect(localStorage.getItem('ToDoList')).toBe('[]');
...
```

이렇게 파일을 수정한 후 저장하면 다음과 같이 우리가 추가한 테스트 명세가 무사히 통과되는 것을 확인할 수 있다.

```
PASS  src/App.test.tsx
  <App />
    √ renders component correctly (58 ms)
    √ goes to Add page and go back to List page (47 ms)
    √ goes to Detail page and go back to List page (27 ms)
    √ shows Not Found page if the user enters the wrong URL, and go back to List page (18 ms)
    √ adds a new ToDo (25 ms)
    √ deletes ToDo from ToDo List page (16 ms)
    √ deletes ToDo from the detail page (16 ms)

Test Suites: 1 passed, 1 total
Tests:       7 passed, 7 total
Snapshots:   4 passed, 4 total
Time:        4.438 s
Ran all test suites related to changed files.
```

이것으로 App 컴포넌트의 테스트 명세를 모두 작성해 보았다. 앞서 작성한 테스트 명세들의 내용을 많이 활용하였으므로 어렵지 않게 테스트 명세를 작성할 수 있었다.

9.5 요약

이번 장에서는 리액트에서 모든 웹 서비스가 기본적으로 가지고 있는 페이지 전환 기능을 사용하기 위해 react-router라는 라이브러리를 추가하고 사용하는 방법에 대해서 알아보았다. 또한, 이렇게 추가된 페이지 전환 기능에 대한 테스트 명세를 추가하는 방법을 확인해 보았다.

react-router는 리액트의 생태계에서 오랜 세월 페이지 전환 기능으로 사랑받아 왔다. 그만큼 성숙한 라이브러리이며 createMemoryHistory 등 테스트를 위한 기능도 잘 제공하고 있다. 따라서 큰 문제가 없다면 리액트 프로젝트에는 react-router를 적용하는 것을 추천한다.

지금까지 여러분은 리액트로 웹 서비스를 개발하는 데 필요한 거의 모든 기능을 배웠다. 또한, 그 기능들을 테스트하는 방법에 관해서도 확인해 보았다. 다음 장에서는 지금까지 만든 할 일 목록 앱을 테스트 주도 개발 방법론(Test-driven development, TDD)을 적용하여 개발해 봄으로써 리액트 프로젝트에서 TDD를 활용하는 방법에 관해서 확인해 보도록 하자.

10

TDD 맛보기

10.1 테스트 주도 개발이란

10.2 프로젝트 준비

10.3 개발

　　1) PageHeader 컴포넌트
　　2) Button 컴포넌트
　　3) List 페이지 컴포넌트
　　4) Add 페이지 컴포넌트
　　5) Detail 페이지 컴포넌트
　　6) NotFound 페이지 컴포넌트
　　7) App 컴포넌트

10.4 요약

TDD 맛보기

지금까지 create-react-app을 통해서 리액트 프로젝트를 생성하고, 개발하는 방법에 대해서 알아보았다. 또한, Jest와 react-testing-library를 통해 리액트 프로젝트에 대한 테스트 명세를 작성하는 방법을 알아보았다.

이번 장에서는 지금까지 배운 테스트 명세 작성법을 사용하여 테스트 주도 개발(Test-driven development, TDD) 방법론을 리액트 프로젝트에 적용하는 방법에 대해서 알아보려고 한다. 리액트 프로젝트에 테스트 주도 개발 방법론을 적용하는 방법을 알아보기 위해 지금까지 만든 할 일 목록 앱을 테스트 주도 개발 방법론으로 다시 개발해 볼 것이다.

이 책에서는 테스트 주도 개발의 모든 것을 설명하지 않는다. 가볍게 테스트 주도 개발 방법론이 무엇인지 살펴보고, 실습으로 테스트 주도 개발 방법론을 익혀보도록 할 것이다.

10.1 테스트 주도 개발이란

지금까지 우리는 할 일 목록 앱을 개발하고 테스트 명세를 작성하면서 소프트웨어의 개발에서 테스트가 왜 중요한지 확인하였다. 소프트웨어를 전문적으로 개발하는 기업들은 서비스의 안정적인 운영과 서비스의 품질을 확보하기 위해 테스트 코드를 작성하고 관리하고 있다. 다시 말하면 서비스를 안정적으로 운영하고 서비스의 품질을 유지하기 위해서는 테스트 코드 작성이 필수라는 것이다.

테스트 주도 개발이라는 개념이 나오기 전에는 우리가 지금까지 해온 것과 같이 움직이는 소프트웨어를 개발한 후 해당 소프트웨어에 대한 테스트 코드를 작성하는 방식을 사용해 왔다. 이 방식을 사용하면 다음과 같은 문제점들이 있다.

▶ 다른 사람이 작성한 소스 코드 또는 내가 예전에 작성한 코드에 대해 테스트 코드를 작성해야 하는데 이 코드가 어떻게 동작하는지 알 수 없거나 기억할 수 없음으로 코드를 다시 분석하고 테스트 코드를 작성해야 한다.

▶ 작성된 코드가 테스트하기 쉽게 작성되어 있지 않다. 따라서 테스트 코드를 작성하기가 불가능하거나 테스트 코드를 작성하기 위해 이미 작성된 코드를 수정해야 할 경우가 발생한다. 이때, 기존 코드의 수정으로 인해 예기치 않은 문제가 발생할 수 있다.

이런 문제들 때문에 많은 기업과 개발자들이 테스트 작성에 필요성을 느끼고 있지만, 정작 테스트 코드를 작성하지 않는 경우가 많이 발생하였다.

이런 문제를 해결하기 위해 켄트 벡(Kent Beck)은 테스트 코드를 먼저 작성하는 테스트 주도 개발 방법론을 제안하게 되었다.

테스트 주도 개발 방법론은 테스트 프레임워크 등을 사용하여 자동화된 테스트 시스템에서 미리 정의된 사양을 바탕으로 실패하는 테스트 명세를 작성하고 그 테스트 명세를 통과하기 위한 최소한의 코드를 작성한다. 마지막으로 해당 코드를 리팩토링하는 것으로 개발을 마치는 프로세스이다.

이번 장에서는 지금까지 만들었던 할 일 목록 앱을 테스트 주도 개발 방법론으로 개발해 봄으로써 테스트 명세 작성과 리액트 개발에 대해 더욱더 깊게 공부할 예정이다.

10.2 프로젝트 준비

그렇다면 테스트 주도 개발 방법론으로 할 일 목록 앱을 개발하기 위해서 새로운 프로젝트를 생성해 보자. 새로운 할 일 목록 앱을 제작하기 위해 다음과 같이 create-react-app 명령어를 사용하여 React 프로젝트를 생성한다.

```
npx create-react-app tdd-todo-list --template=typescript
```

우리는 리액트 프로젝트의 스타일링을 하기 위해 styled-components를 사용할 예정이며 Prettier를 설정하여 소스 코드의 포맷을 관리할 예정이다. 따라서 다음 명령어를 실행하여 styled-components와 Prettier를 설치한다.

```
# cd tdd-todo-list
npm install --save styled-components
npm install --save-dev @types/styled-components jest-styled-components
npm install --save-dev husky lint-staged prettier
```

설치가 완료되었다면 Prettier를 설정하기 위해 .prettierrc.js 파일을 생성하고 다음과 같이 수정한다.

```
module.exports = {
  jsxBracketSameLine: true,
  singleQuote: true,
  trailingComma: 'all',
  printWidth: 100,
};
```

파일을 수정하고 저장하였다면 lint-staged와 husky를 설정하기 위해 package.json 파일을 열어 다음과 같이 수정한다.

```
"scripts": {
  …
},
"husky": {
  "hooks": {
    "pre-commit": "lint-staged"
  }
},
```

```
"lint-staged": {
  "src/**/*.{js,jsx,ts,tsx,json,css,scss,md}": [
    "prettier --write"
  ]
},
```

마지막으로, 절대 경로로 컴포넌트를 추가하기 위해 타입스크립트 설정 파일인 tsconfig.json을 열어 다음과 같이 수정한다.

```
{
  "compilerOptions": {
    ...
    "jsx": "react-jsx",
    "baseUrl": "src"
  },
  ...
}
```

이렇게 모든 설정을 완료하였다면 다음 명령어를 실행하여 지금까지 설정한 리액트 프로젝트를 실행해 본다.

```
npm start
```

문제없이 프로젝트가 실행되면 [그림 10-1]과 같이 리액트 프로젝트가 실행되는 것을 확인할 수 있다.

[그림 10-1] 리액트 프로젝트

이제 실행 중인 명령어를 취소하고 다음 명령어를 실행하여 기본적으로 생성된 테스트 명세를 실행해 본다.

```
npm run test
```

테스트를 위한 명령어가 실행되면 다음과 같이 기본적으로 생성된 테스트 명세가 잘 통과하는 것을 확인할 수 있다.

```
PASS  src/App.test.tsx
  ✓ renders learn react link (29 ms)


Test Suites: 1 passed, 1 total
Tests:       1 passed, 1 total
Snapshots:   0 total
Time:        7.703 s
Ran all test suites related to changed files.
```

이것으로 테스트 주도 개발 방법론을 사용하여 할 일 목록 앱을 개발하기 위한 리액트 프로젝트 준비가 끝났다. 이제 본격적으로 테스트 주도 개발 방법론을 사용하여 할 일 목록 앱을 개발해 보자.

10.3 개발

리액트로 프로젝트를 개발을 시작한다면 아마 디자인이 주어지거나 해당 기능에 대한 개발 사양이 주어지게 될 것이다. 우선 이를 보고 어떤 컴포넌트가 필요한지, 어디서부터 개발하면 좋을지를 생각해야 한다.

우리에게는 [그림 10-2]와 같이 할 일 목록 앱의 할 일 목록 페이지, 할 일 추가 페이지, 할 일 상세 페이지에 대한 디자인이 주어졌다.

[그림 10-2] 할 일 목록 앱의 디자인

이를 보고 우리는 우선 어떻게 개발을 진행할지, 어떻게 설계해야 할지를 생각해야 한다. 이번 장에서는 우선 모든 페이지에 공통으로 표시되는 PageHeader 컴포넌트부터 개발해 보도록 하겠다. 여기서 PageHeader 컴포넌트부터 개발하는 이유는 모든 페이지에 표시되므로 나중에 개발할 경우에는 모든 페이지의 테스트 명세를 수정해야 할 가능성이 커 보이기 때문이다.

테스트 주도 개발 방법론으로 개발을 하기 위해서는 자동으로 테스트를 실행하도록 해야 한다. 앞서 우리는 Jest 명령어를 실행하여 테스트를 실행한 상태이다. 만약 테스트를 실행하지 않았다면 다음 명령어를 실행하여 테스트를 실행해 두도록 하자.

```
npm run test
```

이제 PageHeader 컴포넌트를 테스트 주도 개발 방법론을 사용하여 개발해 보도록 하자.

1) PageHeader 컴포넌트

테스트 주도 개발 방법론으로 PageHeader 컴포넌트를 개발하기 전에 PageHeader의 대한 사양을 먼저 파악해 보자. PageHeader 컴포넌트는 다음과 같은 기능이 있다.

▶ 페이지의 제목을 표시한다.

▶ 주어진 URL에 해당하는 페이지 제목을 표시한다. ('/': 할 일 목록, /add: 할 일 추가, '/detail/:id': 할 일 상세, 기타 URL: 에러)

▶ 할 일 목록 페이지('/') 이외에 페이지에서는 돌아가기 링크를 표시한다.

▶ 돌아가기 링크의 URL은 홈 URL('/')이다.

▶ 돌아가기 링크를 클릭하면 홈 URL로 이동한다.

이제 우리가 파악한 PageHeader 컴포넌트의 사양을 테스트 주도 개발 방법론으로 개발해 보도록 하자. 가장 먼저 PageHeader 컴포넌트의 '페이지의 제목을 표시한다'라는 사양을 테스트 주도 개발 방법론으로 개발하기 위해 우선 테스트 명세를 먼저 제작해야 한다. PageHeader 컴포넌트의 테스트 명세를 제작하기 위해 ./src/Components/PageHeader/

index.test.tsx 파일을 생성하고 다음과 같이 수정한다.

```
import React from 'react';
import { render, screen } from '@testing-library/react';
import 'jest-styled-components';

import { PageHeader } from './index';

describe('<PageHeader />', () => {
  it('renders component correctly', () => {
    render(<PageHeader />);

    const label = screen.getByText('할 일 목록');
    expect(label).toBeInTheDocument();
  });
});
```

우리가 제작하고자 하는 PageHeader 컴포넌트의 사양은 '페이지의 제목을 표시한다'이다. 따라서 PageHeader 컴포넌트를 화면에 표시하면 '할 일 목록'이라는 페이지의 제목이 표시되어야 한다. 우리는 이를 확인하기 위한 테스트 명세를 먼저 작성하였다.

이렇게 파일을 생성하고 저장하면 우리가 실행한 Jest의 명령어에 의해 다음과 같이 테스트 명세가 실패하는 것을 확인할 수 있다.

```
Test Suites: 1 failed, 1 total
Tests:       0 total
Snapshots:   0 total
Time:        1.474 s
Ran all test suites related to changed files.
```

우리는 아직 PageHeader 컴포넌트에 관해 어떠한 코드도 작성하지 않았다. 심지어 index.

tsx 파일도 생성하지 않았다. 그러므로 테스트 명세가 실패하는 것은 너무도 당연하다. 테스트 주도 개발 방법론은 이렇게 실패가 발생하는 테스트 명세를 먼저 작성하는 것에서 시작한다.

테스트 주도 개발 방법론에서는 실패가 발생하는 테스트 명세를 작성한 후 이 실패를 해결하기 위해 가장 간단하고 빠른 방법으로 코드를 작성한다. 만약 그 방법이 하드 코딩이라면 하드 코딩을 사용해도 괜찮다.

현재 실패하는 테스트 명세를 해결하기 위해 ./src/Components/PageHeader/index.tsx 파일을 생성하고 다음과 같이 수정한다.

```
import React from 'react';

export const PageHeader = () => {
  return <div>할 일 목록</div>;
};
```

이렇게 파일을 수정한 후 저장하면 앞서 제작한 테스트 명세에서 새롭게 만든 PageHeader 컴포넌트의 파일을 찾지 못해 여전히 다음과 같이 테스트 명세가 실패하는 것을 확인할 수 있다.

```
    3 | import 'jest-styled-components';
    4 |
  > 5 | import { PageHeader } from './index';
      | ^
    6 |
    7 | describe('<PageHeader />', () => {
    8 |   it('renders component correctly', () => {

    at Resolver.resolveModule (node_modules/jest-runtime/node_modules/jest-resolve/build/index.js:306:11)
```

```
        at Object.<anonymous> (src/Components/PageHeader/index.test.
tsx:5:1)


Test Suites: 1 failed, 1 total
Tests:       0 total
Snapshots:   0 total
Time:        0.685 s
Ran all test suites related to changed files.


Watch Usage: Press w to show more.
```

이렇게 실패가 발생하였다면 키보드의 'w' 키를 누르고 'a' 키를 눌러 모든 테스트 명세를 다시 실행하도록 한다. 키보드의 'w' 키와 'a'키를 눌러 모든 테스트 명세를 다시 실행하였다면 다음과 같이 모든 테스트 명세가 통과하는 것을 알 수 있다.

```
 PASS  src/Components/PageHeader/index.test.tsx
 PASS  src/App.test.tsx

Test Suites: 2 passed, 2 total
Tests:       2 passed, 2 total
Snapshots:   0 total
Time:        3.514 s, estimated 5 s
Ran all test suites.


Watch Usage: Press w to show more.
```

이것으로 테스트 주도 개발 방법론의 두 번째 과정이 끝났다. 테스트 주도 개발 방법론으로 개발할 때는 실패하는 테스트를 작성하고 실패한 테스트를 통과시키기 위해 가장 단순하고 빠르게 코딩을 한다. 그리고 이렇게 제작한 가장 단순한 코드를 리팩토링한다.

리팩토링할 내용이 없을 정도로 단순한 코드이지만, 우리는 추후 디자인을 추가할 예정이므로 해당 코드에 styled-components를 추가해 두는 게 좋을 것 같다. PageHeader 컴포넌트의 코드에 다음과 같이 styled-components를 사용하여 리팩토링한다.

```
import React from 'react';
import Styled from 'styled-components';

const Container = Styled.div``;
const Title = Styled.div``;

export const PageHeader = () => {
  return (
    <Container>
      <Title>할 일 목록</Title>
    </Container>
  );
};
```

우리는 화면을 보지 않고 기능에 대한 코딩을 하고 있으므로 해당 컴포넌트의 스타일을 지정할 수 없다. 다만 이런 구조를 가지지 않을까 정도를 생각하고 styled-components를 사용하여 리팩토링하였다.

이렇게 리팩토링을 하고 해당 파일을 저장하면 다음과 같이 테스트 명세가 여전히 통과하는 것을 확인할 수 있다.

```
 PASS  src/App.test.tsx
 PASS  src/Components/PageHeader/index.test.tsx

Test Suites: 2 passed, 2 total
Tests:       2 passed, 2 total
Snapshots:   0 total
Time:        3.883 s
```

```
Ran all test suites.

Watch Usage: Press w to show more.
```

이것으로 테스트 주도 개발 방법론을 사용하여 리액트로 컴포넌트를 제작하는 방법에 대해서 알아보았다. 테스트 주도 개발 방법론을 다시 정리하면 다음과 같다.

▶ 실패하는 테스트 명세를 작성한다.

▶ 실패를 통과하는 코드를 간단하고 빠르게 작성한다.

▶ 이렇게 작성한 코드를 리팩토링한다.

테스트 주도 개발 방법론은 이 짧은 주기를 반복적으로 사용하여 개발하는 것을 의미한다. 우리는 현재 PageHeader 컴포넌트의 사양 중 하나의 사양만을 구현하였다. 이제 테스트 주도 개발 방법론을 활용하여 다음 사양을 구현해 보도록 하자.

▶ 주어진 URL에 해당하는 페이지 제목을 표시한다. ('/': 할 일 목록, /add: 할 일 추가, '/detail/:id': 할 일 상세, 기타 URL: 에러)

PageHeader 컴포넌트는 주어진 URL에 해당하는 페이지 제목을 표시한다. 그럼 react-router와 createMemoryHistory를 사용하여 URL을 지정하고, 지정한 URL에 대한 페이지 제목이 제대로 표시되는지 확인하는 테스트 명세를 작성해 보자. URL에 해당하는 페이지 제목이 표시되는지 확인하기 위해 테스트 명세를 다음과 같이 수정한다.

```
import React from 'react';
…
import { Router } from 'react-router-dom';
import { createMemoryHistory } from 'history';
…
describe('<PageHeader />', () => {
```

```
  it('renders component correctly', () => {
    const history = createMemoryHistory();
    history.push('/');

    render(
      <Router history={history}>
        <PageHeader />
      </Router>,
    );
    …
  });
});
```

react-router와 createMemoryHistory를 사용하여 URL을 지정하는 코드를 테스트 명세에 추가하였다. 이렇게 파일을 수정한 후 저장하면 다음과 같이 문제없이 테스트 명세를 통과하는 것을 확인할 수 있다.

```
 PASS  src/App.test.tsx
 PASS  src/Components/PageHeader/index.test.tsx


Test Suites: 2 passed, 2 total
Tests:       2 passed, 2 total
Snapshots:   0 total
Time:        3.674 s
Ran all test suites.

Watch Usage: Press w to show more.
```

우리는 추가한 테스트 명세가 실패하지 않았으므로 코드를 수정할 필요가 없다. 이제 URL을 변경하고 URL에 해당하는 페이지 제목이 표시되는지 확인하는 테스트 명세를 다음과 같이 추가한다.

```
...
it('renders component correctly with /add URL', () => {
  const history = createMemoryHistory();
  history.push('/add');

  render(
    <Router history={history}>
      <PageHeader />
    </Router>,
  );

  const label = screen.getByText('할 일 추가');
  expect(label).toBeInTheDocument();
});
...
```

URL을 '/add'로 지정하고, 지정한 URL에 해당하는 페이지 제목인 '할 일 추가'가 화면에 잘 표시되는지 확인하는 테스트 명세를 추가하였다. 이렇게 파일을 수정한 후 저장하면 다음과 같이 테스트 명세가 실패하는 것을 확인할 수 있다.

```
...
    > 35 |      const label = screen.getByText('할 일 추가');
         |                            ^
      36 |      expect(label).toBeInTheDocument();
      37 |    });
      38 | });
...
Test Suites: 1 failed, 1 passed, 2 total
Tests:       1 failed, 2 passed, 3 total
Snapshots:   0 total
Time:        3.649 s
```

```
Ran all test suites.
```

실패한 테스트 명세의 내용을 살펴보면 우리가 추가한 새로운 테스트 명세에서 '할 일 추가'라는 글자를 찾지만, '할 일 추가'라는 글자를 찾을 수 없어 실패가 발생하였다.

이제 이렇게 발생한 실패를 통과시키기 위해 PageHeader 컴포넌트의 소스 코드를 수정해보자. PageHeader/index.tsx 파일을 열어 다음과 같이 수정한다.

```
...
import { useLocation } from 'react-router-dom';
...
export const PageHeader = () => {
  const { pathname } = useLocation();

  return (
    <Container>
      <Title>{pathname === '/add' ? '할 일 추가' : '할 일 목록'}</Title>
    </Container>
  );
};
```

PageHeader 컴포넌트에서 URL을 확인하기 위해서는 react-router의 useLocation 함수에서 pathname을 확인해야 한다.

```
...
import { useLocation } from 'react-router-dom';
...
const { pathname } = useLocation();
...
```

이렇게 가져온 pathname을 확인하여 우리가 테스트 명세에서 작성한 URL인 '/add'인 경우 '할 일 추가'를 표시하고 그렇지 않으면 할 일 목록을 표시하도록 하였다.

```
...
<Title>{pathname === '/add' ? '할 일 추가' : '할 일 목록'}</Title>
...
```

이렇게 파일을 수정한 후 저장하면 다음과 같이 실패했던 테스트 명세가 무사히 통과되는 것을 확인할 수 있다.

```
PASS  src/App.test.tsx
PASS  src/Components/PageHeader/index.test.tsx


Test Suites: 2 passed, 2 total
Tests:       3 passed, 3 total
Snapshots:   0 total
Time:        3.591 s
Ran all test suites.


Watch Usage: Press w to show more.
```

이제 해당 컴포넌트를 리팩토링해 보자. 현재 코드는 테스트 명세를 통과하였으나 홈 URL을 확인하지 않고 있으며, 추후 URL별로 페이지의 제목을 변경하여 표시할 예정이므로 현재 구조보다는 다음과 같은 구조가 좋을 것으로 보인다.

```
...
let title = '';

if (pathname === '/') {
  title = '할 일 목록';
} else if (pathname === '/add') {
  title = '할 일 추가';
```

```
    }

    return (
      <Container>
        <Title>{title}</Title>
      </Container>
    );
    ...
```

이렇게 파일을 수정한 후 저장하면 다음과 같이 여전히 우리가 작성한 테스트 명세가 잘 통과되는 것을 확인할 수 있다.

```
 PASS   src/App.test.tsx
 PASS   src/Components/PageHeader/index.test.tsx


Test Suites: 2 passed, 2 total
Tests:       3 passed, 3 total
Snapshots:   0 total
Time:        2.823 s, estimated 3 s
Ran all test suites.

Watch Usage: Press w to show more.
```

계속해서 URL을 변경하여 해당 제목이 제대로 표시되는지 확인하는 테스트 명세를 작성해 보자. 이번에는 상세 페이지의 URL을 지정하고 할 일 상세 페이지의 제목이 잘 표시되는지 확인하는 테스트 명세를 다음과 같이 추가한다.

```
...
it('renders component correctly with /detail/:id URL', () => {
  const history = createMemoryHistory();
  history.push('/detail/1');
```

```
  render(
    <Router history={history}>
      <PageHeader />
    </Router>,
  );

  const label = screen.getByText('할 일 상세');
  expect(label).toBeInTheDocument();
});
…
```

이렇게 파일을 수정한 후 저장하면 다음과 같이 새롭게 추가한 테스트 명세가 실패하는 것을 확인할 수 있다.

```
Test Suites: 1 failed, 1 passed, 2 total
Tests:       1 failed, 3 passed, 4 total
Snapshots:   0 total
Time:        3.791 s
Ran all test suites.


Watch Usage: Press w to show more.
```

이렇게 실패한 테스트 명세를 통과시키기 위해서 PageComponent/index.tsx 파일을 다음과 같이 수정한다.

```
…
export const PageHeader = () => {
  …
  if (pathname === '/') {
    title = '할 일 목록';
  } else if (pathname === '/add') {
```

```
    title = '할 일 추가';
  } else if (pathname === '/detail/1') {
    title = '할 일 상세';
  }
  …
};
```

이렇게 파일을 수정한 후 저장하면 다음과 같이 실패하던 테스트 명세가 무사히 통과하는 것을 확인할 수 있다.

```
PASS    src/App.test.tsx
PASS    src/Components/PageHeader/index.test.tsx

Test Suites: 2 passed, 2 total
Tests:       4 passed, 4 total
Snapshots:   0 total
Time:        3.758 s
Ran all test suites.

Watch Usage: Press w to show more.
```

이제 해당 소스 코드를 리팩토링해 보자. 현재는 상세 페이지의 URL을 하드 코딩하였으므로 이 부분을 모든 상세 페이지 URL에 대응할 수 있도록 다음과 같이 수정한다.

```
…
} else if (pathname.startsWith('/detail')) {
  title = '할 일 상세';
}
…
```

이렇게 파일을 수정한 후 저장하면 앞서 제작한 테스트 명세가 여전히 잘 통과되는 것을 확인할 수 있다.

```
 PASS  src/App.test.tsx
 PASS  src/Components/PageHeader/index.test.tsx


Test Suites: 2 passed, 2 total
Tests:       4 passed, 4 total
Snapshots:   0 total
Time:        4.148 s
Ran all test suites.


Watch Usage: Press w to show more.
```

마지막으로, 지금까지 정의한 URL 이외에 URL에서는 '에러'라는 제목이 표시되는지 확인하기 위해 다음과 같이 테스트 명세를 추가한다.

```
...
it('renders component correctly with NotFound', () => {
  const history = createMemoryHistory();
  history.push('/not_found');

  render(
    <Router history={history}>
      <PageHeader />
    </Router>,
  );

  const label = screen.getByText('에러');
  expect(label).toBeInTheDocument();
});
...
```

이렇게 파일을 수정한 후 저장하면 다음과 같이 새롭게 추가한 테스트 명세가 실패하는 것을 확인할 수 있다.

```
Test Suites: 1 failed, 1 passed, 2 total
Tests:       1 failed, 4 passed, 5 total
Snapshots:   0 total
Time:        4.03 s
Ran all test suites.


Watch Usage: Press w to show more.
```

이렇게 실패한 테스트 명세를 통과시키기 위해서 PageHeader/index.tsx 파일을 다음과 같이 수정한다.

```
…
let title = '에러';
…
```

이렇게 파일을 수정한 후 저장하면 다음과 같이 실패하던 테스트 명세가 통과하는 것을 확인할 수 있다.

```
PASS  src/App.test.tsx
 PASS  src/Components/PageHeader/index.test.tsx

Test Suites: 2 passed, 2 total
Tests:       5 passed, 5 total
Snapshots:   0 total
Time:        3.836 s
Ran all test suites.


Watch Usage: Press w to show more.
```

이것으로 PageHeader 컴포넌트의 사양 중 '페이지의 제목을 표시한다'와 'URL에 해당하는 페이지 제목을 표시한다'를 개발하였다.

다음으로, PageHeader 컴포넌트의 '돌아가기' 링크에 대한 사양을 개발해 보도록 하자. 이미 컴포넌트를 표시하는 테스트 명세들은 작성되어 있으므로 돌아가기 링크에 대한 부분만 추가하여 테스트 명세를 제작해 보도록 하자.

우선, 할 일 상세 페이지에서 돌아가기 버튼이 표시되지 않는 것을 확인하기 위해 다음과 같이 테스트 명세를 수정한다.

```
…
it('renders component correctly', () => {
  …
  const label = screen.getByText('할 일 목록');
  expect(label).toBeInTheDocument();
  const goBack = screen.queryByText('돌아가기');
  expect(goBack).not.toBeInTheDocument();
});
…
```

이렇게 파일을 수정한 후 저장하면 다음과 같이 여전히 테스트 명세가 잘 통과하는 것을 확인할 수 있다.

```
PASS  src/App.test.tsx
 PASS  src/Components/PageHeader/index.test.tsx

Test Suites: 2 passed, 2 total
Tests:       5 passed, 5 total
Snapshots:   0 total
Time:        4.112 s
Ran all test suites.
```

```
Watch Usage: Press w to show more.
```

할 일 목록 페이지에서는 돌아가기 링크가 표시되지 않는다. 따라서 PageHeader 컴포넌트에 관한 소스 코드를 특별히 수정하지 않아도 테스트 명세가 잘 통과되는 것을 확인할 수 있다.

계속해서 '돌아가기' 링크에 대한 기능을 개발하기 위해 할 일 추가 페이지에 대한 테스트 명세를 다음과 같이 수정한다.

```
...
it('renders component correctly with /add URL', () => {
  ...
  const label = screen.getByText('할 일 추가');
  expect(label).toBeInTheDocument();
  const goBack = screen.getByText('돌아가기');
  expect(goBack).toBeInTheDocument();
  expect(goBack.getAttribute('href')).toBe('/');
});
...
```

화면에 표시된 할 일 추가 페이지에서 '돌아가기' 링크를 찾고, 화면에 표시되었는지 확인하고 해당 링크가 홈 URL('/')을 가졌는지 확인하는 테스트 명세를 추가하였다. 이렇게 파일을 수정한 후 저장하면 다음과 같이 테스트 명세가 실패하는 것을 확인할 수 있다.

```
Test Suites: 1 failed, 1 passed, 2 total
Tests:       1 failed, 4 passed, 5 total
Snapshots:   0 total
Time:        4.07 s
Ran all test suites.
```

```
Watch Usage: Press w to show more.
```

이렇게 실패하는 테스트 명세를 통과시키기 위해 PageHeader/index.tsx 파일을 다음과 같이 수정한다.

```
…
import { useLocation, Link } from 'react-router-dom';
…
export const PageHeader = () => {
  …
  return (
    <Container>
      <Title>{title}</Title>
      {pathname !== '/' && <Link to="/">돌아가기</Link>}
    </Container>
  );
};
```

우리는 페이지 전환의 react-router를 사용하고 있다. react-router에서 페이지 링크는 react-router가 제공하는 Link 컴포넌트를 사용할 필요가 있다. 또한, '돌아가기' 링크는 할 일 목록 페이지인 '/' URL에서 표시되면 안 되기 때문에 useLocation의 pathname을 확인하고 홈 URL('/')을 확인하여 할 일 목록 페이지가 아닌 경우에만 표시하도록 수정하였다.

이렇게 파일을 수정한 후 저장하면 다음과 같이 실패하던 테스트 명세가 통과하는 것을 확인할 수 있다.

```
PASS  src/App.test.tsx
 PASS  src/Components/PageHeader/index.test.tsx

Test Suites: 2 passed, 2 total
Tests:       5 passed, 5 total
```

```
Snapshots:   0 total
Time:        3.857 s
Ran all test suites.


Watch Usage: Press w to show more.
```

이제 PageHeader 컴포넌트를 리팩토링해 보자. 추가한 내용이 단순하므로 특별히 리팩토링할 부분은 없지만, 나중에 추가될 디자인을 위해 다음과 같이 리팩토링해 둔다.

```
…
const GoBack = Styled(Link)``;

export const PageHeader = () => {
  …
  return (
    <Container>
      <Title>{title}</Title>
      {pathname !== '/' && <GoBack to="/">돌아가기</GoBack>}
    </Container>
  );
};
```

이렇게 파일을 수정한 후 저장하면 여전히 다음과 같이 테스트 명세가 문제없이 통과되는 것을 확인할 수 있다.

```
PASS  src/App.test.tsx
 PASS  src/Components/PageHeader/index.test.tsx


Test Suites: 2 passed, 2 total
Tests:       5 passed, 5 total
Snapshots:   0 total
```

```
Time:         4.061 s
Ran all test suites.


Watch Usage: Press w to show more.
```

이제 PageHeader 컴포넌트의 할 일 상세 페이지와 에러 페이지에서도 '돌아가기' 링크가 잘 표시되는지 확인하기 위해 다음과 같이 테스트 명세를 수정한다.

```
…
it('renders component correctly with /detail/:id URL', () => {
  …
  const label = screen.getByText('할 일 상세');
  expect(label).toBeInTheDocument();
  const goBack = screen.getByText('돌아가기');
  expect(goBack).toBeInTheDocument();
  expect(goBack.getAttribute('href')).toBe('/');
});

it('renders component correctly with NotFound', () => {
  …
  const label = screen.getByText('에러');
  expect(label).toBeInTheDocument();
  const goBack = screen.getByText('돌아가기');
  expect(goBack).toBeInTheDocument();
  expect(goBack.getAttribute('href')).toBe('/');
});
…
```

이렇게 수정한 후 저장하면 다음과 같이 새롭게 추가한 테스트 명세가 모두 잘 통과되는 것을 확인할 수 있다.

```
 PASS  src/App.test.tsx
 PASS  src/Components/PageHeader/index.test.tsx


Test Suites: 2 passed, 2 total
Tests:       5 passed, 5 total
Snapshots:   0 total
Time:        2.973 s, estimated 3 s
Ran all test suites.


Watch Usage: Press w to show more.
```

앞서 제작한 테스트 명세를 통해 PageHeader 컴포넌트에 이미 '돌아가기' 링크에 대한 기능을 개발하였다. 따라서, 새로 추가한 테스트 명세도 잘 통과되는 것을 확인할 수 있으며 이에 우리는 추가로 개발할 필요가 없음을 알 수 있다.

이제 PageHeader 컴포넌트의 마지막 사양인 '돌아가기' 링크를 클릭하였을 때 동작을 개발해 보자. PageHeader 컴포넌트의 마지막 사양을 개발하기 위해 다음과 같이 테스트 명세를 추가한다.

```
...
import { ..., fireEvent } from '@testing-library/react';
...
it('renders component correctly with goBack link', () => {
  const history = createMemoryHistory();
  history.push('/not_found');

  render(
    <Router history={history}>
      <PageHeader />
    </Router>,
  );
```

```
  const goBack = screen.getByText('돌아가기');
  fireEvent.click(goBack);

  const label = screen.getByText('할 일 목록');
  expect(label).toBeInTheDocument();
  expect(goBack).not.toBeInTheDocument();
});
...
```

PageHeader 컴포넌트에서 '돌아가기' 링크를 클릭하기 위해 react-testing-library의 fireEvent를 추가하였다. 우선 에러 페이지를 표시한 후에 이렇게 추가한 fireEvent를 사용하여 '돌아가기' 링크를 클릭하여 할 일 목록 페이지가 표시되는지 확인하는 테스트 명세를 추가하였다.

이렇게 파일을 수정한 후 저장하면 다음과 같이 새롭게 추가한 테스트 명세가 무사히 통과되는 것을 확인할 수 있다.

```
 PASS  src/App.test.tsx
 PASS  src/Components/PageHeader/index.test.tsx


Test Suites: 2 passed, 2 total
Tests:       6 passed, 6 total
Snapshots:   0 total
Time:        2.881 s, estimated 3 s
Ran all test suites.

Watch Usage: Press w to show more.
```

이것으로, PageHeader 컴포넌트를 테스트 주도 개발 방법론으로 개발해 보았다. 테스트 주도 개발 방법론으로 개발하기 위해서는 우선 컴포넌트의 사양을 파악하고 해당 사양에 관한 테스트 명세를 먼저 작성한 후 테스트 명세가 실패하는 것을 확인한 후에 실패한 테스트 명세를 통과하는 코드를 작성한다. 테스트 명세가 통과되는 코드를 작성한 후에는 작성한 컴포넌트를 리팩토링함으로써 개발을 완료한다.

지금까지는 PageHeader 컴포넌트의 기능만을 개발하였다. 이제 PageHeader 컴포넌트의 디자인을 적용해 보도록 하자.

현재 실행 중인 명령어를 취소하고 다음 명령어를 실행하여 리액트 프로젝트를 실행하도록 한다.

```
npm start
```

이렇게 react-create-app의 명령어를 사용하여 리액트 프로젝트를 실행하면 [그림 10-3]과 같이 리액트 프로젝트의 기본 화면이 표시되는 것을 확인할 수 있다.

[그림 10-3] 리액트 프로젝트의 기본 화면

지금까지 우리가 개발한 PageHeader 컴포넌트를 화면에 표시하기 위해 아직 아무 수정도 하지 않았으므로 리액트 프로젝트의 기본 화면이 표시되는 것을 확인할 수 있다. 이제

PageHeader 컴포넌트를 화면에 표시하도록 수정해 보자.

먼저, 컴포넌트를 쉽게 추가하기 위해 ./src/Components/index.tsx 파일을 만들고 다음과 같이 수정한다.

```
export * from './PageHeader';
```

우리가 개발할 할 일 목록 앱은 react-router 기능을 사용하여 페이지 전환을 한다. 또한, PageHeader 컴포넌트도 react-router의 useLocation으로 현재 URL을 확인한다. 이렇게 react-router의 기능을 사용하는 컴포넌트를 화면에 표시하기 위해서는 react-router의 Router를 제공할 필요가 있다.

우리는 할 일 목록 앱에 전반적으로 react-router를 사용할 예정이므로 리액트 프로젝트의 루트 컴포넌트인 ./src/index.tsx 파일을 열어 다음과 같이 수정한다.

```
...
import { BrowserRouter as Router } from 'react-router-dom';

ReactDOM.render(
  <React.StrictMode>
    <Router>
      <App />
    </Router>
  </React.StrictMode>,
  document.getElementById('root'),
);
...
```

마지막으로 PageHeader 컴포넌트를 실제로 화면에 표시하기 위해 App 컴포넌트를 수정해 보자. App 컴포넌트를 수정할 때도 테스트 주도 개발 방법론으로 수정해 보자. 나중에 페이지 전환 등의 기능을 추가할 때 더 자세히 수정하겠지만, 지금은 테스트 명세를 실행할 때 실패가 되지 않을 정도만 추가해 두자. 그리고 App 컴포넌트에 관한 테스트 명세를 추가하기 위해 ./src/App.test.tsx 파일을 열어 다음과 같이 수정한다.

```
import React from 'react';
import { render, screen } from '@testing-library/react';
import App from './App';

import { Router } from 'react-router-dom';
import { createMemoryHistory } from 'history';

test('renders learn react link', () => {
  const history = createMemoryHistory();
  history.push('/');

  render(
    <Router history={history}>
      <App />
    </Router>,
  );

  const linkElement = screen.getByText('할 일 목록');
  expect(linkElement).toBeInTheDocument();
});
```

react-router와 createMemoryHistoy 기능을 사용하여 App 컴포넌트를 화면에 표시하고, 화면에 표시된 PageHeader 컴포넌트의 페이지 제목을 찾아 화면에 표시되었는지 확인하는 테스트 명세이다. 이렇게 수정한 후 현재 실행 중인 명령어를 취소하고 다음과 같이 테스트 명세를 실행하기 위한 명령어를 실행한다.

```
npm run test
```

현재는 App 컴포넌트를 수정하지 않았으므로 다음과 같이 테스트가 실패하는 것을 확인할 수 있다.

```
PASS  src/Components/PageHeader/index.test.tsx


Test Suites: 1 failed, 1 passed, 2 total
Tests:       1 failed, 5 passed, 6 total
Snapshots:   0 total
Time:        2.551 s, estimated 3 s
Ran all test suites related to changed files.
```

이제 실패한 테스트 명세를 통과시키기 위해 다음과 같이 ./src/App.tsx 파일을 열어 수정한다.

```
import React from 'react';
import { PageHeader } from 'Components';

function App() {
  return <PageHeader />;
}

export default App;
```

이렇게 파일을 수정한 후 저장하면 다음과 같이 실패했던 테스트 명세가 무사히 통과하는 것을 확인할 수 있다.

```
  PASS  src/App.test.tsx
  PASS  src/Components/PageHeader/index.test.tsx


Test Suites: 2 passed, 2 total
Tests:       6 passed, 6 total
```

```
Snapshots:   0 total
Time:        2.528 s
Ran all test suites related to changed files.
```

이렇게 테스트 명세가 통과되었다면 디자인을 위해 App 컴포넌트를 다음과 같이 리팩토링한다.

```
import React from 'react';
import Styled from 'styled-components';
import { PageHeader } from 'Components';

const Container = Styled.div``;

function App() {
  return (
    <Container>
      <PageHeader />
    </Container>
  );
}

export default App;
```

이렇게 App 컴포넌트를 리팩토링한 후 저장하여도 여전히 테스트 명세가 잘 통과되는 것을 확인할 수 있다. 이렇게 테스트 주도 개발 방법론으로 App 컴포넌트를 개발하였다면 현재 실행 중인 테스트 명령어를 다시 종료하고 아래의 명령어를 실행하여 다시 PageHeader 컴포넌트의 디자인 개발을 하도록 하자.

```
npm start
```

우리는 App 컴포넌트를 수정하여 PageHeader 컴포넌트를 단순히 화면에 표시하도록 하였다. 따라서 명령어를 실행하고 브라우저를 확인하면 [그림 10-4]와 같이 단순히 '할 일 목록'이라는 글자가 표시되는 것을 확인할 수 있다.

```
할 일 목록
```

[그림 10-4] PageHeader 컴포넌트

이제 우리는 전달받은 디자인을 확인하며 PageHeader 컴포넌트에 디자인을 입혀보도록 하자. 일단, PageHeader 컴포넌트에 디자인을 입히기 전에 App 컴포넌트를 다음과 같이 전체적인 디자인을 적용한다.

```
...
const Container = Styled.div`
  min-height: 100vh;
  background-color: #EEEEEE;
  display: flex;
  align-items: center;
  justify-content: center;
  flex-direction: column;
`;
...
```

이렇게 App 컴포넌트를 수정한 후 PageHeader 컴포넌트에 디자인을 적용하기 위해 ./src/Components/PageHeader/index.tsx 파일을 열어 다음과 같이 수정한다.

```
...
const Container = Styled.div`
  position: absolute;
```

```
  top: 0;
  left: 0;
  right: 0;
  display: flex;
  align-items: center;
  justify-content: center;
  background-color: #1E40FF;
`;
const Title = Styled.div`
  padding: 20px;
  color: #FFFFFF;
  font-size: 20px;
  font-weight: 600;
`;
...
```

이렇게 파일을 수정한 후 저장하면 브라우저에 [그림 10-5]와 같이 디자인이 적용된 PageHeader 컴포넌트를 확인할 수 있다.

[그림 10-5] 디자인이 적용된 PageHeader 컴포넌트

이제 '돌아가기' 링크에 디자인을 적용해 보자. '돌아가기' 링크를 확인하기 위해 브라우저에 'http://localhost:3000/add'를 입력하면 돌아가기 링크가 [그림 10-6]과 같이 할 일 추가 페이지를 화면에 표시되는 것을 확인할 수 있다.

[그림 10-6] PageHeader 컴포넌트의 돌아가기 링크

'돌아가기' 링크에 디자인을 적용하기 위해 ./src/Components/PageHeader/index.tsx 파일을 열어 다음과 같이 수정한다.

```
...
const GoBack = Styled(Link)`
  padding: 20px;
  color: #FFFFFF;
  font-size: 16px;
  font-weight: 600;
  text-decoration: none;
  position: absolute;
  left: 20px;
`;
...
```

이렇게 파일을 수정한 후 저장하면 브라우저에 [그림 10-7]과 같이 디자인이 적용된 '돌아가기' 링크를 확인할 수 있다.

[그림 10-7] 디자인이 적용된 PageHeader 컴포넌트의 돌아가기 링크

이것으로 PageHeader 컴포넌트의 디자인을 적용하는 방법에 대해 알아보았다. 이렇게 디자인을 적용하였다면 추후 컴포넌트를 수정하였을 때 의도치 않게 디자인이 변경되는 것을 인지하기 위해 스냅샷 테스트를 작성해 두도록 하자. PageHeader 컴포넌트에 스냅샷 테스트를 적용하기 위해 ./src/Components/PageHeader/index.test.tsx 파일을 열어 다음과 같이 수정한다.

```
...
describe('<PageHeader />', () => {
  it('renders component correctly', () => {
    ...
    const { container } = render(
      ...,
    );
    ...
    expect(container).toMatchSnapshot();
  });

  it('renders component correctly with /add URL', () => {
    ...
    const { container } = render(
      ...,
    );
    ...
```

```
    expect(container).toMatchSnapshot();
  });
  ...
});
```

container와 toMatchSnapshot을 사용하여 PageHeader 컴포넌트가 화면에 잘 표시되었을 때 스냅샷을 저장하였다. 그리고 '돌아가기' 링크가 화면에 표시되었을 때도 디자인을 확인하기 위해 스냅샷을 저장하였다.

이렇게 파일을 수정하고 저장한 후에 현재 실행 중인 명령어를 취소하고, 다음 명령어를 실행하여 테스트 명세를 실행한다.

```
npm run test
```

테스트 명세를 실행하는 명령어를 실행하였다면 다음과 같이 스냅샷이 잘 저장되는 것을 확인할 수 있다.

```
PASS  src/App.test.tsx
 PASS  src/Components/PageHeader/index.test.tsx
 › 2 snapshots written.

Snapshot Summary
 › 2 snapshots written from 1 test suite.

Test Suites: 2 passed, 2 total
Tests:       6 passed, 6 total
Snapshots:   2 written, 2 total
Time:        3.543 s
Ran all test suites related to changed files.
```

이것으로 우리는 테스트 주도 개발 방법론을 사용하여 PageHeader 컴포넌트를 개발해 보았다. 또한, 기능 개발을 완료한 후 디자인을 적용하는 방법과 적용한 디자인을 추후 테스트하기 위해 스냅샷을 저장하는 방법에 대해서도 알아보았다.

앞으로 만들 다른 컴포넌트도 이와 같은 방식으로 제작하게 될 것이다. 이렇게 테스트 주도 개발 방법론으로 컴포넌트들을 개발하면서 테스트 주도 개발 방법론에 익숙해져 보자.

2) Button 컴포넌트

다음으로 할 일 목록 앱에서 공통으로 사용되는 Button 컴포넌트를 개발해 보자. Button 컴포넌트는 다음과 같은 사양을 가져야 한다.

▶ 공통 컴포넌트이므로 부모 컴포넌트에서 버튼의 라벨을 결정할 수 있다.

▶ 기본적으로 파란색 계열의 배경색(#304FFE)과 마우스 호버 색상('#1E40FF)이 화면에 표시된다. 하지만, 필요하면 배경색과 마우스 호버 색상을 부모 컴포넌트에서 변경할 수 있다.

▶ 버튼을 누르고 있으면(active) 버튼 안쪽에 box-shadow를 표시한다. (box-shadow: inset 5px 5px 10px rgba(0, 0, 0, 0.2))

▶ 버튼을 클릭할 수 있으며, 클릭하였을 때 동작은 부모 컴포넌트가 결정한다.

이렇게 Button 컴포넌트의 사양을 확인하였다면 테스트 주도 개발 방법론을 사용하여 Button 컴포넌트를 개발해 보도록 하자. Button 컴포넌트를 테스트 주도 개발 방법론으로 개발하기 위해 ./src/Components/Button/index.test.tsx 파일을 생성하고 다음과 같이 수정한다.

```
import React from 'react';
import { render, screen } from '@testing-library/react';
import 'jest-styled-components';

import { Button } from './index';
```

```
describe('<Button />', () => {
  it('renders component correctly', () => {
    render(<Button />);

    const label = screen.getByText('추가');
    expect(label).toBeInTheDocument();
  });
});
```

우선 우리가 만들 Button 컴포넌트를 화면에 표시하고 '추가'라는 라벨이 잘 표시되는지 확인하는 테스트 명세를 작성하였다. 이렇게 파일을 수정한 후 저장하면 아직 Button 컴포넌트를 만들지 않았기 때문에 테스트 명세가 실패하는 것을 확인할 수 있다.

실패한 테스트 명세를 통과시키기 위해 ./src/Components/Button/index.tsx 파일을 생성하고 다음과 같이 수정한다.

```
import React from 'react';

export const Button = () => {
  return <div>추가</div>;
};
```

실패한 테스트 명세를 통과시키기 위해 단순히 화면에 '추가'라는 글자를 표시하는 컴포넌트를 작성하였다. 이렇게 파일을 수정한 후 저장하면 새롭게 추가된 파일을 인식하지 못하고 테스트 명세가 실패하는 것을 확인할 수 있다. 이제 키보드의 'w' 키를 누르고 'a' 키를 눌러 모든 테스트 명세를 다시 시작시킨다. 이렇게 모든 테스트 명세를 다시 실행시키면 이전과는 다르게 모든 테스트 명세가 통과되는 것을 확인할 수 있다.

테스트 주도 개발 방법론의 다음 단계인 리팩토링 해보자. Button 컴포넌트를 리팩토링하기 위해 다음과 같이 수정한다.

```
import React from 'react';
import Styled from 'styled-components';

const Container = Styled.div``;
const Label = Styled.div``;

export const Button = () => {
  return (
    <Container>
      <Label>추가</Label>
    </Container>
  );
};
```

추후 Button 컴포넌트에 스타일을 적용하기 위해 styled-components를 사용하여 컴포넌트의 구조를 잡아두었다. 이렇게 파일을 수정하고 저장해도 여전히 테스트 명세가 잘 통과되는 것을 확인할 수 있다.

Button 컴포넌트는 공통 컴포넌트로써 부모 컴포넌트로부터 전달받은 라벨을 화면에 표시해야 한다. 따라서 앞서 작성한 테스트 명세를 다음과 같이 수정한다.

```
import React from 'react';
import { render, screen } from '@testing-library/react';
import 'jest-styled-components';

import { Button } from './index';

describe('<Button />', () => {
  it('renders component correctly', () => {
    render(<Button label="추가" />);
```

```
    const label = screen.getByText('추가');
    expect(label).toBeInTheDocument();
  });
});
```

Button 컴포넌트의 label이라는 Props를 통해 화면에 표시될 데이터를 전달하도록 수정하였다. 파일을 수정하고 저장하여도 앞에서 작성한 테스트 명세가 통과되는 것을 알 수 있다.

하지만 에디터에서 타입스크립트 에러를 표시하고 있으므로 해당 에러를 수정하도록 하자. 타입스크립트의 에러를 수정하기 위해 다음과 같이 Button 컴포넌트를 수정한다.

```
...
interface Props {
  readonly label: string;
}

export const Button = ({ label }: Props) => {
  ...
};
```

이렇게 파일을 수정한 후 저장하면 여전히 테스트 명세는 잘 통과되는 것을 확인할 수 있고 테스트 명세에서 발생하던 타입스크립트 에러도 해결된 것을 확인할 수 있다.

이제 이 변경 사항을 리팩토링해 보자. 현재는 label이라는 Props를 지정만 한 상태이므로 해당 Props를 사용하도록 다음과 같이 컴포넌트를 수정한다.

```
...
export const Button = ({ label }: Props) => {
  return (
    <Container>
      <Label>{label}</Label>
```

```
    </Container>
  );
};
```

이렇게 파일을 수정한 후 저장하면 여전히 테스트 명세가 문제없이 통과되는 것을 확인할 수 있다. 이것으로 Button 컴포넌트의 첫 번째 사양을 테스트 주도 개발 방법론을 사용하여 개발해 보았다. 이어서 Button 컴포넌트의 두 번째 사양을 개발해 보도록 하자. Button 컴포넌트의 두 번째 사양은 다음과 같다.

▶ 기본적으로 파란색 계열의 배경색(#304FFE)과 마우스 호버 색상(#1E40FF)이 화면에 표시된다. 하지만, 필요하면 배경색과 마우스 호버 색상을 부모 컴포넌트에서 변경할 수 있다.

Button 컴포넌트의 두 번째 사양을 테스트 주도 개발 방법론으로 개발하기 위해 테스트 명세를 다음과 같이 수정한다.

```
it('renders component correctly', () => {
  …
  const parent = label.parentElement;
  expect(parent).toHaveStyleRule('background-color', '#304FFE');
  expect(parent).toHaveStyleRule('background-color', '#1E40FF', {
    modifier: ':hover',
  });
});
```

기존의 테스트 명세에 파란색 계통의 배경색과 호버 색상을 가졌는지 확인하는 테스트 명세를 추가하였다. 이렇게 파일을 수정한 후 저장하면 테스트 명세가 실패하는 것을 확인할 수 있다. 이제 실패한 테스트 명세를 통과시키기 위해 Button 컴포넌트를 다음과 같이 수정하도록 한다.

```
…
const Container = Styled.div`
```

```
  background-color: #304FFE;
  &:hover {
    background-color: #1E40FF;
  }
`;
...
```

이렇게 파일을 수정한 후 저장하면 실패하던 테스트 명세가 통과하는 것을 확인할 수 있다. 현재 수정 사항은 테스트 주도 개발 방법론의 다음 단계인 리팩토링 과정을 거치지 않아도 괜찮아 보이므로 리팩토링하지 않고 그대로 진행하도록 한다.

다음으로, 부모 컴포넌트에서 Button 컴포넌트의 배경색과 호버 색상을 결정할 수 있어야한다. 이를 확인하기 위해 다음과 같이 새로운 테스트 명세를 추가한다.

```
describe('<Button />', () => {
  it('renders component correctly', () => {
    ...
  });
  ...
  it('changes backgroundColor and hoverColor Props', () => {
    const backgroundColor = '#FF1744';
    const hoverColor = '#F01440';
    render(<Button label="추가" backgroundColor={backgroundColor} hoverColor={hoverColor} />);

    const parent = screen.getByText('추가').parentElement;
    expect(parent).toHaveStyleRule('background-color', backgroundColor);
    expect(parent).toHaveStyleRule('background-color', hoverColor, {
      modifier: ':hover',
    });
```

```
  });
});
```

Button 컴포넌트에 배경색과 호버 색상을 지정한 후 지정한 색상이 화면에 잘 표시되는지 확인하는 테스트 명세를 추가하였다. 이렇게 파일을 수정한 후 저장하면 테스트 명세가 실패하는 것을 확인할 수 있으며, 에디터에서는 타입스크립트 에러가 표시되는 것을 확인할 수 있다. 이 두 문제를 해결하기 위해 Button 컴포넌트를 다음과 같이 수정한다.

```
...
interface ContainerProps {
  readonly backgroundColor?: string;
  readonly hoverColor?: string;
}
const Container = Styled.div<ContainerProps>`
  background-color: ${(props) => props.backgroundColor ?? '#304FFE'};
  &:hover {
    background-color: ${(props) => props.hoverColor ?? '#1E40FF'};
  }
`;
...
interface Props {
  readonly label: string;
  readonly backgroundColor?: string;
  readonly hoverColor?: string;
}

export const Button = ({ label, backgroundColor, hoverColor }: Props) => {
  return (
    <Container backgroundColor={backgroundColor} hoverColor={hoverColor}>
```

```
      <Label>{label}</Label>
    </Container>
  );
};
```

우선, 타입스크립트의 에러를 없애기 위해 Props의 backgroundColor와 hoverColor를 추가하였다. 이때 첫 번째 테스트 명세에서 에러가 나올 수 있으므로 타입스크립트의 "?" 기호를 사용하여 필수가 아닌 Props로 추가하였다.

이후 이렇게 전달받은 backgroundColor와 hoverColor를 styled-components로 만든 Container로 전달하였으며, Container 컴포넌트는 전달받은 Props를 화면에 표시하거나 Props를 전달받지 않았다면 기본값을 표시하도록 수정하였다.

이렇게 파일을 수정한 후 저장하면 실패하던 테스트 명세가 통과되는 것을 확인할 수 있으며 에디터에서 발생하던 타입스크립트 에러도 수정된 것을 확인할 수 있다.

이제 이렇게 수정한 Button 컴포넌트를 리팩토링해 보자. Button 컴포넌트를 다음과 같이 리팩토링한다.

```
...
interface ContainerProps {
  readonly backgroundColor: string;
  readonly hoverColor: string;
}

const Container = Styled.div<ContainerProps>`
  background-color: ${(props) => props.backgroundColor};
  &:hover {
    background-color: ${(props) => props.hoverColor};
  }
`;
```

```
...
export const Button = ({ label, backgroundColor = '#304FFE',
hoverColor = '#1E40FF' }: Props) => {
  ...
};
```

styled-componets로 제작한 Container 컴포넌트가 로직을 가지고 자신의 색상을 결정하면 Button 컴포넌트에서 색상을 결정하는 부분을 찾을 때 Button 컴포넌트의 내부를 확인하고 색상 결정하는 부분을 찾지 못하면 styled-components 내부까지 확인해야 한다. 따라서 색상 결정을 Button 컴포넌트에서 진행하게 되면 styled-components를 확인할 필요가 없으므로 효율적이라고 생각하였다. 또한, backgroundColor와 hoverColor는 필수가 아닌 Props이므로 자바스크립트의 구조 분해 할당을 사용할 때 기본값을 설정해 주도록 하였다.

이렇게 파일을 수정한 후 저장하면 앞서 작성한 테스트 명세가 잘 통과되는 것을 확인할 수 있다. 이것으로 우리가 개발한 두 번째 사양도 잘 동작하는 것을 확인할 수 있게 되었다.

다음으로, 버튼을 누르고 있으면 box-shadow가 적용되는지 확인하는 테스트 명세를 작성해 보자. Button 컴포넌트의 테스트 명세를 다음과 같이 수정한다.

```
...
it('renders component correctly', () => {
  ...
  expect(parent).toHaveStyleRule('box-shadow', 'inset 5px 5px 10px rgba(0,0,0,0.2)', {
    modifier: ':active',
  });
});

it('changes backgroundColor and hoverColor Props', () => {
  ...
```

```
});
...
```

버튼을 누르면 CSS의 Active 스타일이 표시된다. 따라서 toHaveStyleRule을 사용해서 CSS의 Active를 확인하는 코드를 추가하였다. 이렇게 파일을 수정한 후 저장하면 테스트 명세가 실패하는 것을 확인할 수 있다. 실패하는 테스트 명세를 통과시키기 위해 다음과 같이 Button 컴포넌트를 수정한다.

```
...
const Container = Styled.div<ContainerProps>`
  ...
  &:active {
    box-shadow: inset 5px 5px 10px rgba(0, 0, 0, 0.2);
  }
`;
...
```

이렇게 Button 컴포넌트를 수정한 후 저장하면 실패하던 테스트 명세가 잘 통과되는 것을 확인할 수 있다. 단순한 스타일 추가였으므로 리팩토링은 진행하지 않는다.

마지막으로, Button 컴포넌트의 클릭 이벤트에 관한 테스트 명세를 작성해 보도록 하자. Button 컴포넌트의 클릭 이벤트를 확인하기 위해서 다음과 같이 테스트 명세를 수정한다.

```
...
import { ..., fireEvent } from '@testing-library/react';
...
it('clicks the button', () => {
  const handleClick = jest.fn();
  render(<Button label="추가" onClick={handleClick} />);

  const label = screen.getByText('추가');
```

```
  expect(handleClick).toHaveBeenCalledTimes(0);
  fireEvent.click(label);
  expect(handleClick).toHaveBeenCalledTimes(1);
});
…
```

이렇게 새로운 테스트 명세를 추가하고 저장하면 테스트 명세가 실패하는 것과 에디터에서 onClick이 존재하지 않는다는 타입스크립트 에러가 발생하는 것을 확인할 수 있다.

이제 실패하는 테스트 명세와 타입스크립트 에러를 수정하기 위해 Button 컴포넌트를 다음과 같이 수정한다.

```
…
interface Props {
  …
  readonly onClick?: () => void;
}

export const Button = ({
  …,
  onClick,
}: Props) => {
  return (
    <Container … onClick={onClick}>
      <Label>{label}</Label>
    </Container>
  );
};
…
```

이렇게 파일을 수정한 후 저장하면 타입스크립트 에러가 해결되고 실패하던 테스트 명세가 통과하는 것을 확인할 수 있다. 이것으로 Button 컴포넌트의 모든 기능을 구현했다. 이제 디자인을 적용해 보도록 하자.

우선 우리가 만든 Button 컴포넌트를 다른 컴포넌트에서도 간단하게 추가할 수 있게 하려면 ./src/Components/index.tsx 파일을 열어 다음과 같이 수정한다.

```
...
export * from './Button';
```

Button 컴포넌트의 디자인을 위해 App 컴포넌트에 임시로 Button 컴포넌트를 표시하여 디자인할 예정이다. App 컴포넌트를 수정하기 위해 ./src/App.tsx 파일을 열어 다음과 같이 수정한다.

```
import React from 'react';
import { Button } from 'Components';
...
function App() {
  return (
    <Container>
      <Button label="추가" />
    </Container>
  );
}
...
```

이렇게 파일을 수정하였다면 현재 실행 중인 테스트 명령어를 취소하고 다음 명령어를 실행하여 리액트 프로젝트를 실행한다.

```
npm start
```

리액트 프로젝트를 실행하였다면 브라우저에 http://localhost:3000/ 페이지가 열리면서 우리가 추가한 Button 컴포넌트가 화면에 표시되는 것을 확인할 수 있다. 이렇게 표시된 Button 컴포넌트를 보면서 Button 컴포넌트에 디자인을 적용해 보자.

Button 컴포넌트에 디자인을 추가하기 위해 ./src/Components/Button/index.tsx 파일을 열어 다음과 같이 추가한다.

```
...
const Container = Styled.div<ContainerProps>`
  text-align: center;
  padding: 10px 20px;
  border-radius: 8px;
  cursor: pointer;
  background-color: ${(props) => props.backgroundColor};
  &:hover {
    background-color: ${(props) => props.hoverColor};
  }
  &:active {
    box-shadow: inset 5px 5px 10px rgba(0, 0, 0, 0.2);
  }
`;
const Label = Styled.div`
  color: #FFFFFF;
  font-size: 16px;
`;
...
```

지금은 미리 정해진 코드를 작성하기 때문에 화면을 볼 일이 없지만, 실제로 작업을 할 때는 앞에서 실행한 리액트 프로젝트를 보면서 하나씩 스타일을 적용할 것이다.

이렇게 파일을 수정한 후 저장하면 Button 컴포넌트가 우리가 원하는 디자인으로 화면에 표시되는 것을 확인할 수 있다. 이제 Button 컴포넌트의 디자인을 완료하였으므로 App 컴포넌트는 다음과 같이 이전 상태로 되돌려 놓는다.

```
import React from 'react';
import Styled from 'styled-components';
import { PageHeader } from 'Components';

const Container = Styled.div`
  min-height: 100vh;
  background-color: #EEEEEE;
  display: flex;
  align-items: center;
  justify-content: center;
  flex-direction: column;
`;

function App() {
  return (
    <Container>
      <PageHeader />
    </Container>
  );
}

export default App;
```

그리고, 디자인한 Button 컴포넌트를 추후 의도하지 않은 디자인 변경이 발생하는지 확인하기 위해 스냅샷을 저장해 두자. 스냅샷을 저장하기 위해 ./src/Components/Button/index.test.tsx 파일을 열어 다음과 같이 수정한다.

```
...
describe('<Button />', () => {
```

```
it('renders component correctly', () => {
  const { container } = render(<Button label="추가" />);
  …
  expect(container).toMatchSnapshot();
});
…
});
```

스냅샷 테스트를 위한 코드를 추가하였다면 현재 실행 중인 리액트 프로젝트 실행 명령어를 취소하고 다음 명령어를 실행하여 테스트 명세를 실행한다.

```
npm run test
```

명령어를 실행하면 우리가 작성한 코드에 의해 스냅샷이 저장되며, 이렇게 저장된 스냅샷은 추후에 의도하지 않은 디자인의 변경 사항을 잡아주는 역할을 하게 될 것이다.

3) List 페이지 컴포넌트

이제 할 일 목록 앱에서 홈 URL('/')에 해당하는 List 페이지 컴포넌트를 테스트 주도 개발 방법론으로 개발해 보도록 하자. List 페이지 컴포넌트는 다음과 같은 기능이 있다.

▶ 할 일 목록을 보여준다. (할 일 목록은 localStorage에 저장되어 있다.)

▶ 할 일 목록은 할 일뿐만 아니라 해당 할 일을 삭제할 수 있는 삭제 버튼을 가지고 있다.

▶ 각각의 할 일 목록을 클릭하면 할 일 상세페이지('/detail/:id')로 이동한다.

▶ 추가 버튼('+')을 가지고 있다.

▶ 추가 버튼을 누르면 할 일 추가 페이지('/add')로 이동한다.

이제 우리가 파악한 List 페이지 컴포넌트의 사양을 테스트 주도 개발 방법론으로 개발해 보도록 하자. 가장 먼저 List 페이지 컴포넌트의 '할 일 목록을 보여준다' 사양을 개발하기 위해 ./src/Pages/List/index.test.tsx 파일을 생성하고 다음과 수정한다.

```
import React from 'react';
import { render, screen } from '@testing-library/react';
import 'jest-styled-components';

import { List } from './index';

describe('<List />', () => {
  it('renders component correctly', () => {
    localStorage.setItem('ToDoList', '["ToDo 1", "ToDo 2", "ToDo 3"]');

    render(<List />);

    const toDoItem1 = screen.getByText('ToDo 1');
    expect(toDoItem1).toBeInTheDocument();

    const toDoItem2 = screen.getByText('ToDo 2');
    expect(toDoItem2).toBeInTheDocument();

    const toDoItem3 = screen.getByText('ToDo 3');
    expect(toDoItem3).toBeInTheDocument();
  });
});
```

List 페이지 컴포넌트는 localStorage에 저장된 할 일 목록을 화면에 표시하는 기능이 있다. 따라서 localStorage에 임의의 데이터를 저장한 후에 해당 데이터가 화면에 표시되는지 확인하는 테스트 명세를 작성하였다. 이렇게 파일을 수정한 후 저장하면 테스트 명세가 실패하는 것을 확인할 수 있다. 여기서부터는 성공과 실패에 관한 로그는 생략하고 진행하도록 하겠다.

이제 이 테스트 명세를 통과시키기 위해 ./src/Pages/List/index.tsx 파일을 생성하고 다음과 같이 수정한다.

```tsx
import React from 'react';

export const List = () => {
  return (
    <div>
      <div>ToDo 1</div>
      <div>ToDo 2</div>
      <div>ToDo 3</div>
    </div>
  );
};
```

앞에서 작성한 테스트 명세를 가장 빠르고 간단하게 통과하기 위해서는 테스트 명세에서 확인하는 할 일 목록을 하드 코딩으로 작성하는 것이다.

이렇게 파일을 수정한 후 저장하면 새로운 파일을 인식하지 못하고 아직도 에러가 나오는 것을 확인할 수 있다. 이제 키보드의 'w' 키를 누르고 'a' 키를 눌러 모든 테스트 명세를 다시 실행한다. 모든 테스트 명세를 다시 실행하면 이번에는 실패하던 테스트 명세가 잘 통과되는 것을 확인할 수 있다.

이제 테스트 주도 개발 방법론의 다음 단계인 리팩토링을 진행해보자. 하드 코딩으로 작성한 List 페이지 컴포넌트를 다음과 같이 수정한다.

```tsx
import React from 'react';
import Styled from 'styled-components';

const Container = Styled.div``;
const ToDoItem = Styled.div``;
```

```
export const List = () => {
  const toDoList: Array<string> = JSON.parse(localStorage.
getItem('ToDoList') ?? '[]');

  return (
    <Container>
      {toDoList.map((todo) => (
        <ToDoItem key={todo}>{todo}</ToDoItem>
      ))}
    </Container>
  );
};
```

List 페이지 컴포넌트도 화면을 디자인할 예정이므로 styled-components를 사용하여 컴포넌트를 구성하였다. 그리고 localStorage에서 데이터를 가져와 해당 데이터를 map을 사용하여 화면에 표시하도록 수정했다. 이렇게 파일을 수정한 후 저장하면 테스트 명세가 여전히 잘 통과되는 것을 확인할 수 있다.

그렇다면 조금 더 리팩토링해 보자. 다음과 같이 useState, useEffect를 사용하여 List 페이지 컴포넌트를 리팩토링한다.

```
import React, { useState, useEffect } from 'react';
…
export const List = () => {
  const [toDoList, setToDoList] = useState<Array<string>>([]);

  useEffect(() => {
    const list = localStorage.getItem('ToDoList');
    if (list) {
      setToDoList(JSON.parse(list));
```

```
      }
    }, []);
    …
};
```

이렇게 파일을 수정한 후 저장하면 여전히 테스트 명세가 통과하는 것을 확인할 수 있다. 이전의 리팩토링보다 코드를 조금 더 이해할 수 있게 되었다.

이제 List 페이지 컴포넌트의 다음 사양을 구현해 보자. 다음으로 구현할 사양은 '할 일 목록은 할 일뿐만 아니라 해당 할 일을 삭제할 수 있는 삭제 버튼을 가지고 있다.'이다. 현재는 할 일 목록의 할 일만 표시하고 있다. 여기에 삭제 버튼을 표시하고 삭제 버튼을 클릭하면 할 일이 삭제되는 사양을 구현해 보자.

테스트 주도 개발 방법론으로 이 사양을 구현하기 위해 우선 ./src/Pages/List/index.test.tsx 파일을 열어 다음과 같이 테스트 명세를 수정한다.

```
…
describe('<List />', () => {
  it('renders component correctly', () => {
    …
    expect(screen.getAllByText('삭제').length).toBe(3);
  });
});
```

할 일 목록 페이지는 각각의 할 일과 함께 삭제 버튼을 표시한다. 테스트 명세에서는 3개의 임의의 할 일을 표시하므로 삭제 버튼 역시 3개가 표시될 것이다. 이렇게 파일을 수정한 후 저장하면 테스트 명세가 실패하는 것을 확인할 수 있다.

실패하는 테스트 명세를 통과시키기 위해 ./src/Pages/List/index.tsx 파일을 열어 다음과 같이 수정한다.

```
...
export const List = () => {
  ...
  return (
    <Container>
      {toDoList.map((todo) => (
        <ToDoItem key={todo}>
          {todo}
          <div>삭제</div>
        </ToDoItem>
      ))}
    </Container>
  );
};
```

각각의 할 일을 표시할 때 삭제 문자도 같이 표시되도록 수정하였다. 이렇게 수정한 후 저장하면 실패하던 테스트 명세가 성공하는 것을 확인할 수 있다.

테스트 주도 개발 방법론의 다음 단계인 리팩토링해 보자. 다음과 같이 파일을 수정하여 컴포넌트를 리팩토링한다.

```
...
import { Button } from 'Components';
...
export const List = () => {
  ...
  return (
    <Container>
      {toDoList.map((todo) => (
        <ToDoItem key={todo}>
          <div>{todo}</div>
```

```
            <Button label="삭제" backgroundColor="#FF1744"
hoverColor="#F01440" />
        </ToDoItem>
     ))}
    </Container>
  );
};
```

하드 코딩으로 작성한 '삭제' 버튼을 앞에서 만든 Button 컴포넌트로 대체하고, 삭제 버튼의 디자인 색상을 추가하는 리팩토링을 수행하였다. 또한, 버튼과 할 일을 구별하기 위해 div 태그로 할 일을 감싸주었다. 이렇게 파일을 수정한 후 저장하면 문제없이 테스트 명세가 통과하는 것을 확인할 수 있다.

다음으로 [삭제] 버튼을 클릭하였을 때 해당 할 일을 삭제하는 기능을 구현해 보도록 하겠다. 테스트 주도 개발 방법론으로 삭제 기능을 구현하기 위해 다음과 같이 테스트 명세를 수정한다.

```
…
import { …, fireEvent } from '@testing-library/react';
…
describe('<List />', () => {
  …
  it('deletes toDo item', () => {
    localStorage.setItem('ToDoList', '["ToDo 1", "ToDo 2", "ToDo 3"]');

    render(<List />);

    const toDoItem = screen.getByText('ToDo 2');
    expect(toDoItem).toBeInTheDocument();
```

```
      fireEvent.click(toDoItem.nextElementSibling as HTMLElement);

      expect(toDoItem).not.toBeInTheDocument();
      expect(JSON.parse(localStorage.getItem('ToDoList') as string)).
not.toContain('ToDo 2');
   });
});
```

삭제 기능을 개발하기 위해 새로운 테스트 명세를 추가하였다. 새로운 테스트 명세는 임의의 데이터를 localStorage에 저장한 후 화면에 할 일 데이터를 표시하고 표시된 할 일 중 하나를 선택한 다음 fireEvent의 click을 사용하여 [삭제] 버튼을 클릭하도록 하였다.

이렇게 [삭제] 버튼을 클릭한 후 해당 할 일이 화면에서 사라졌는지, localStorage에 저장된 할 일이 사라졌는지 확인하였다. 이렇게 파일을 수정한 후 저장하면 추가한 테스트 명세가 실패하는 것을 확인할 수 있다.

해당 테스트 명세를 통과시키기 위해 다음과 같이 List 페이지 컴포넌트를 수정한다.

```
...
export const List = () => {
  ...
  return (
    <Container>
      {toDoList.map((todo, index) => (
        <ToDoItem key={todo}>
          <div>{todo}</div>
          <Button
            label="삭제"
            backgroundColor="#FF1744"
            hoverColor="#F01440"
            onClick={() => {
```

```
            let list = [...toDoList];
            list.splice(index, 1);
            setToDoList(list);
            localStorage.setItem('ToDoList', JSON.stringify(list));
          }}
        />
      </ToDoItem>
    ))}
  </Container>
  );
};
```

Button 컴포넌트의 Props인 onClick에 할 일을 삭제하는 로직을 추가하였다. 또한, 할 일이 삭제된 할 일 리스트를 localStorage에 저장하도록 하였다. 이렇게 파일을 수정한 후 저장하면 실패했던 테스트 명세가 무사히 통과하는 것을 확인할 수 있다.

테스트 명세가 무사히 통과되었다면 List 페이지 컴포넌트를 다음과 같이 리팩토링한다.

```
...
export const List = () => {
  ...
  const onDelete = (index: number) => {
    let list = [...toDoList];
    list.splice(index, 1);
    setToDoList(list);
    localStorage.setItem('ToDoList', JSON.stringify(list));
  };
  useEffect(() => {
    ...
  }, []);
```

```
    return (
      <Container>
        {toDoList.map((todo, index) => (
          <ToDoItem key={todo}>
            <div>{todo}</div>
            <Button label="삭제"
              backgroundColor="#FF1744"
              hoverColor="#F01440"
              onClick={() => onDelete(index)}
            />
          </ToDoItem>
        ))}
      </Container>
    );
};
```

Button 컴포넌트의 Props인 onClick에 작성한 내용을 새로운 함수를 생성하고 해당 내용을 옮겼다. 이렇게 생성한 새로운 함수를 onClick 함수와 연결하였다. 이렇게 파일을 수정한 후 저장하면 여전히 테스트 명세가 잘 통과되는 것을 확인할 수 있다.

다음으로 List 페이지 컴포넌트에서 하나의 할 일을 선택하였을 때 할 일 상세페이지로 이동하는 기능을 구현해 보도록 하자. 실제로 페이지 이동은 할 수 없으므로 URL이 변경되는지만을 확인할 것이다.

우선 테스트 주도 개발 방법론으로 할 일 상세페이지 이동을 구현하기 위해 다음과 같이 테스트 명세를 추가한다.

```
...
it('moves to detail page', () => {
  localStorage.setItem('ToDoList', '["ToDo 1", "ToDo 2", "ToDo 3"]');
```

```
  render(<List />);

  const toDoItem1 = screen.getByText('ToDo 2');
  expect(toDoItem1.getAttribute('href')).toBe('/detail/1');
});
...
```

화면에 표시된 할 일 목록에서 하나의 할 일을 클릭하면 할 일 상세페이지로 이동해야 한다. 따라서 하나의 할 일은 할 일 상세페이지로 갈 수 있는 링크를 가지고 있어야 한다. 이렇게 테스트 명세를 추가하고 저장하면 테스트 명세가 실패하는 것을 확인할 수 있다.

이제 이 테스트 명세를 통과시키기 위해 List 페이지 컴포넌트를 다음과 같이 수정한다.

```
...
import { Link } from 'react-router-dom';
....
export const List = () => {
  ...
  return (
    ...
    <ToDoItem key={todo}>
      <Link to={`/detail/${index}`}>{todo}</Link>
      ...
    </ToDoItem>
    ...
  );
};
```

react-router를 사용하여 화면 이동을 구현할 때는 react-router의 Link 컴포넌트를 사용하게 된다. 이렇게 List 페이지 컴포넌트를 수정하고 저장해도 여전히 테스트 명세가 실패하는 것을 확인할 수 있다.

우리는 react-router의 기능을 사용할 때는 react-router의 Router로 컴포넌트를 감싸줘야 하는 것을 알고 있다. 이번 수정에는 react-router의 Link를 사용하도록 하였지만, 아직 테스트 명세에서는 react-router의 Router 컴포넌트를 제공하지 않았기 때문에 여전히 테스트 명세가 실패하고 있다. 이제 테스트 명세를 통과시키기 위해 테스트 명세를 다시 다음과 같이 수정한다.

```
...
import { Router } from 'react-router-dom';
import { createMemoryHistory } from 'history';
...
describe('<List />', () => {
  it('renders component correctly', () => {
    const history = createMemoryHistory();
    history.push('/');

    ...
    render(
      <Router history={history}>
        <List />
      </Router>,
    );
    ...
  });

  it('deletes toDo item', () => {
    const history = createMemoryHistory();
    history.push('/');

    ...
    render(
      <Router history={history}>
        <List />
      </Router>,
```

```
    );
    ...
  });

  it('moves to detail page', () => {
    const history = createMemoryHistory();
    history.push('/');
    ...
    render(
      <Router history={history}>
        <List />
      </Router>,
    );
    ...
  });
});
```

List 페이지 컴포넌트가 react-router의 Link 컴포넌트를 사용하므로 List 페이지 컴포넌트를 화면에 표시하기 위해서는 react-router의 Router로 List 페이지 컴포넌트를 감싸줘야 한다. 또한, 우리는 URL 테스트를 할 예정이므로 createMemoryHistory를 사용하여 URL을 설정하도록 하였다.

이렇게 테스트 명세를 수정한 후 저장하면 무사히 테스트 명세가 통과하는 것을 확인할 수 있다.

이제 List 페이지 컴포넌트를 리팩토링해 보자. List 페이지 컴포넌트 파일을 열어 다음과 같이 리팩토링한다.

```
...
const Label = Styled(Link)``;
...
```

```
export const List = () => {
  …
  return (
    …
    <ToDoItem key={todo}>
      <Label to={`/detail/${index}`}>{todo}</Label>
      …
    </ToDoItem>
    …
  );
};
```

앞서 진행한 수정이 큰 수정이 아니었기 때문에 특별히 리팩토링할 내용은 없지만, 추후 디자인을 위한 리팩토링을 진행하였다. 이렇게 파일을 수정하고 저장하여도 여전히 테스트 명세가 잘 통과되는 것을 확인할 수 있다.

현재 테스트 명세는 화면에 표시된 할 일 목록에 할 일 상세페이지에 관한 링크가 잘 표시되었는지만 확인하고 있다. 이제 테스트 명세를 다음과 같이 수정하여 실제로 할 일을 선택하였을 때 할 일 상세페이지로 잘 이동하는지 확인해 본다.

```
…
import { …, useLocation } from 'react-router-dom';
…
describe('<List />', () => {
  …
  it('moves to detail page', () => {
    …
    const TestComponent = (): JSX.Element => {
      const { pathname } = useLocation();
      return <div>{pathname}</div>;
    };
```

```
    render(
      <Router history={history}>
        <TestComponent />
        <List />
      </Router>,
    );

    const url = screen.getByText('/');
    expect(url).toBeInTheDocument();

    const toDoItem1 = screen.getByText('ToDo 2');
    expect(toDoItem1.getAttribute('href')).toBe('/detail/1');

    fireEvent.click(toDoItem1);
    expect(url.textContent).toBe('/detail/1');
  });
});
```

List 페이지 컴포넌트는 실제로 페이지 이동을 하지 않으므로 페이지 이동을 확인하기 위해 TestComponent 컴포넌트를 만들었다. 이 TestComponent는 단순히 현재 URL을 화면에 표시한다. 이렇게 만든 TestComponent를 화면에 표시한 후에 사용자가 하나의 할 일을 선택하였을 때 URL이 기본 URL('/')에서 상세페이지 URL('/dtail/1')로 변경되는지 확인하였다.

이렇게 테스트 명세를 수정한 후 저장하면 수정한 테스트 명세가 잘 통과되는 것을 확인할 수 있다. 우리는 이미 react-router의 Link를 사용하여 페이지 이동을 준비하였으므로 사용자가 해당 링크를 클릭하였을 때 react-router의 기능으로 페이지 URL이 잘 변경되는 것을 확인할 수 있었다.

이제 List 페이지 컴포넌트의 다음 사양인 추가 버튼에 대해서 구현해 보도록 하자. 추가 버튼을 구현하기 위해 다음과 같이 테스트 명세를 수정한다.

```
...
it('renders component correctly', () => {
  ...
  const addButton = screen.getByText('+');
  expect(addButton).toBeInTheDocument();
});
...
```

화면에 표시된 List 페이지 컴포넌트에서 추가 버튼('+')이 존재하는지 확인하는 내용을 추가하였다. 이렇게 테스트 명세를 수정한 후 저장하면 테스트 명세가 실패하는 것을 확인할 수 있다. 이제 실패한 테스트 명세를 통과시키기 위해 다음과 같이 List 페이지 컴포넌트를 수정한다.

```
...
export const List = () => {
  ...
  return (
    <Container>
      ...
      <div>+</div>
    </Container>
  );
};
```

화면에 단순히 '+' 문자를 표시하도록 수정하였다. 이렇게 List 페이지 컴포넌트를 수정한 후 저장하면 테스트 명세가 통과하는 것을 확인할 수 있다.

테스트 주도 개발 방법론의 다음 단계인 리팩토링을 하기 위해 List 페이지 컴포넌트를 다음과 같이 수정한다.

```
…
const ToDoList = Styled.div``;
const AddButton = Styled.div``;
…
export const List = () => {
  …
  return (
    <Container>
      <ToDoList>
        …
      </ToDoList>
      <AddButton>+</ AddButton >
    </Container>
  );
};
```

디자인을 위해 styled-components를 사용하여 추가 버튼을 리팩토링하였다. 또한, 추가 버튼과 할 일 목록을 구별하기 위해 〈ToDoList〉 컴포넌트도 추가하였다. 이렇게 파일을 수정한 후 저장하면 여전히 테스트 명세가 잘 통과되는 것을 확인할 수 있다.

다음으로 할 일 추가 버튼을 클릭했을 때 할 일 추가 페이지로 이동하는 기능을 구현해 보도록 하자. 할 일 추가 페이지로 이동하는 기능을 구현하기 위해 다음과 같이 테스트 명세를 수정한다.

```
…
it('moves to add page', () => {
  const history = createMemoryHistory();
  history.push('/');

  render(
    <Router history={history}>
```

```
      <List />
    </Router>,
  );

  const addButton = screen.getByText('+');
  expect(addButton.getAttribute('href')).toBe('/add');
});
...
```

화면에 표시된 List 페이지 컴포넌트에서 추가 버튼('+')을 찾고 해당 버튼이 할 일 추가 페이지로 이동하는 링크를 가졌는지 확인하는 내용을 추가하였다. 이렇게 파일을 수정한 후 저장하면 테스트 명세가 실패하는 것을 확인할 수 있다.

이제 이렇게 실패한 테스트 명세를 수정하기 위해 List 페이지 컴포넌트를 다음과 같이 수정한다.

```
...
const AddButton = Styled(Link)``;

export const List = () => {
  ...
  return (
    <Container>
      ...
      <AddButton to="/add">+</AddButton>
    </Container>
  );
};
```

〈div〉 태그를 사용하여 화면에 표시하던 추가 버튼을 페이지 이동을 위해 react-router의 Link 컴포넌트를 사용하도록 수정하였다. 이렇게 List 페이지 컴포넌트를 수정한 후 저장하면 앞서 실패하던 테스트 명세가 잘 통과되는 것을 확인할 수 있다. 특별히 리팩토링할 만한 내용이 없으므로 리팩토링은 하지 않았다.

이제 사용자가 실제로 추가 버튼을 클릭했을 때 할 일 추가 페이지로 잘 이동하는지 확인해 보도록 하자. 할 일 추가 페이지로 잘 이동하는지 확인하기 위해 테스트 명세를 다음과 같이 수정한다.

```
…
it('moves to add page', () => {
  …
  const TestComponent = (): JSX.Element => {
    const { pathname } = useLocation();
    return <div>{pathname}</div>;
  };

  render(
    <Router history={history}>
      <TestComponent />
      <List />
    </Router>,
  );

  const url = screen.getByText('/');
  expect(url).toBeInTheDocument();

  const addButton = screen.getByText('+');
  expect(addButton.getAttribute('href')).toBe('/add');

  fireEvent.click(addButton);
  expect(url.textContent).toBe('/add');
});
```

```
...
```

할 일 목록에서 하나의 할 일을 클릭했을 때 할 일 상세페이지로 이동하는 테스트 명세와 같다. 현재 URL을 표시하는 TestComponent 컴포넌트를 만들어 화면에 표시하였다. 이렇게 표시한 URL이 현재 URL에서 할 일 추가 페이지로 변경되는지 확인하였다. 이렇게 파일을 수정한 후 저장하면 테스트 명세가 잘 통과되고 있는 것을 확인할 수 있다.

이것으로, List 페이지 컴포넌트의 모든 사양을 개발해 보았다. 이제 이렇게 개발한 List 페이지 컴포넌트의 디자인을 입혀보도록 하자.

우선 페이지 컴포넌트를 간단하게 추가할 수 있게 하도록 ./src/Pages/index.tsx 파일을 생성하고 다음과 같이 수정한다.

```
export * from './List';
```

이제 이렇게 생성한 파일을 사용하여 List 컴포넌트를 화면에 표시하기 위해 App 컴포넌트 파일을 다음과 같이 수정한다.

```
...
import { List } from 'Pages';
...
function App() {
  return (
    <Container>
      <List />
    </Container>
  );
}
...
```

이렇게 파일을 수정하였다면 테스트를 위해 실행 중인 명령어를 취소하고 다음 명령어를 실행하여 List 페이지 컴포넌트를 화면에 표시한다.

```
npm start
```

명령어가 실행되면 브라우저에 http://localhost:3000/로 우리가 제작한 List 페이지 컴포넌트가 화면에 표시된다. 이렇게 표시된 화면을 보면서 디자인을 적용한다. 디자인을 적용하기 위해 ./src/Pages/List/index.tsx 파일을 열어 List 페이지 컴포넌트를 다음과 같이 수정한다.

```
...
const Container = Styled.div`
  display: flex;
  background-color: #FFFFFF;
  flex-direction: column;
  padding: 20px;
  border-radius: 8px;
  box-shadow: 5px 5px 10px rgba(0, 0, 0, 0.2);
  position: relative;
  align-items: center;
`;
const ToDoItem = Styled.div`
  display: flex;
  border-bottom: 1px solid #BDBDBD;
  align-items: center;
  margin: 10px;
  padding: 10px;
`;
const Label = Styled(Link)`
  flex: 1;
  font-size: 16px;
  margin-right: 20px;
```

```
    text-decoration: none;
`;
const ToDoList = Styled.div`
  min-width: 350px;
  height: 400px;
  overflow-y: scroll;
  border: 1px solid #BDBDBD;
  margin-bottom: 20px;
`;
const AddButton = Styled(Link)`
  font-size: 20px;
  color: #FFFFFF;
  display: flex;
  align-items: center;
  justify-content: center;
  width: 60px;
  height: 60px;
  border-radius: 30px;
  cursor: pointer;
  position: absolute;
  bottom: -30px;
  background-color: #304FFE;
  box-shadow: 5px 5px 10px rgba(0, 0, 0, 0.2);
  text-decoration: none;
  &:hover {
    background-color: #1E40FF;
  }
  &:active {
    box-shadow: inset 5px 5px 10px rgba(0, 0, 0, 0.2);
  }
`;
```

```
...
```

이렇게 파일을 수정한 후 저장하면 브라우저가 갱신되면서 우리가 원하는 디자인이 적용된 List 페이지 컴포넌트를 확인할 수 있다.

원하는 디자인이 잘 적용된 것을 확인하였다면 App 컴포넌트를 원래 코드로 되돌린 다음 저장해 둔다. 이렇게 디자인을 완료하였다면 스냅샷 테스트를 실행하여 추후 수정 사항에 의해 디자인이 변경되었는지 인지할 수 있도록 추가해 두자. 스냅샷 테스트를 추가하기 위해 현재 명령어를 취소하고 다음 명령어를 실행하여 테스트 명세를 실행한다.

```
npm run test
```

명령어를 실행하여 테스트 명세를 실행하였다면 List 페이지 컴포넌트의 스냅샷을 저장하기 위해 ./src/Pages/List/index.test.tsx 파일을 열어 다음과 같이 수정한다.

```
...
it('renders component correctly', () => {
  ...
  const { container } = render(
    <Router history={history}>
      <List />
    </Router>,
  );
  ...
  expect(container).toMatchSnapshot();
});
...
```

이렇게 파일을 수정한 후 저장하면 모든 테스트 명세가 잘 통과되는 것을 확인할 수 있으며 새롭게 스냅샷 파일이 생성되는 것을 확인할 수 있다.

이것으로 할 일 목록을 표시하는 List 페이지 컴포넌트의 모든 사양을 테스트 주도 개발 방법론으로 개발해 보았다.

4) Add 페이지 컴포넌트

List 페이지 컴포넌트에서 추가('+') 버튼을 클릭하였을 때 표시되는 Add 페이지 컴포넌트를 테스트 주도 개발 방법론으로 개발해 보도록 하자. Add 페이지 컴포넌트는 다음과 같은 기능이 있다.

▶ 할 일을 입력할 수 있는 입력창이 있다. 할 일 입력창은 기본적으로 '할 일을 입력해 주세요'라는 문구를 표시한다.

▶ 할 일을 추가할 수 있는 추가 버튼이 있다.

▶ 할 일을 입력하고, 추가 버튼을 누르면 할 일을 localStorage에 저장하고 할 일 목록 페이지로 이동한다.

▶ 아무 할 일이 없는 경우에는 할 일 추가 버튼을 클릭하여도 빈 할 일이 저장되지 않으며 할 일 목록 페이지로 이동하지 않는다.

이제 우리가 파악한 Add 페이지 컴포넌트의 사양을 테스트 주도 개발 방법론으로 개발해 보도록 하자. Add 페이지 컴포넌트의 첫 번째 사양을 테스트 주도 개발 방법론으로 개발하기 위해 ./src/Pages/App/index.test.tsx 파일을 생성하고 다음과 수정한다.

```
import React from 'react';
import { render, screen } from '@testing-library/react';
import 'jest-styled-components';

import { Add } from './index';

describe('<Add />', () => {
  it('renders component correctly', () => {
```

```
    render(<Add />);

    const input = screen.getByPlaceholderText('할 일을 입력해 주세요');
    expect(input).toBeInTheDocument();
  });
});
```

Add 페이지 컴포넌트를 화면에 표시하고 첫 번째 사양인 '할 일을 입력해 주세요'라는 Placeholder를 가지고 있는 입력창을 찾은 후 화면에 표시되고 있는지 확인하는 테스트 명세를 작성하였다.

이렇게 테스트 명세를 추가한 후 파일을 저장하면 테스트 명세가 실패하는 것을 확인할 수 있다. 우리는 현재 Add 페이지 컴포넌트에 관한 파일을 가지고 있지 않다. 따라서 에러가 발생하는 것은 당연하다. 이제 이렇게 실패한 테스트 명세를 통과시키기 위해 ./src/Pages/Add/index.tsx 파일을 생성하고 다음과 같이 수정한다.

```
import React from 'react';

export const Add = () => {
  return <input placeholder="할 일을 입력해 주세요" />;
};
```

이렇게 파일을 수정하고 저장하여도 여전히 테스트 명세가 실패하는 것을 확인할 수 있다. 이는 Jest가 새롭게 추가한 파일을 인식하지 못해 발생한 에러이므로 키보드의 'w' 키를 누른 다음 'a' 키를 눌러 모든 테스트 명세를 다시 실행하자.

이렇게 키보드를 누르면 모든 테스트 명세가 재실행되고 우리가 새롭게 추가한 테스트 명세도 잘 통과되는 것을 확인할 수 있다.

이제 테스트 주도 개발 방법론의 다음 단계인 리팩토링을 해보자. Add 페이지 컴포넌트를 다음과 같이 리팩토링한다.

```
import React from 'react';
import Styled from 'styled-components';

const Container = Styled.div``;
const Input = Styled.input``;

export const Add = () => {
  return (
    <Container>
      <Input placeholder="할 일을 입력해 주세요" />
    </Container>
  );
};
```

디자인을 적용하기 위해 styled-components를 사용하여 리팩토링하고 구조를 잡아두었다. 이렇게 파일을 수정하고 저장하여도 여전히 테스트 명세가 무사히 통과되는 것을 확인할 수 있다.

이제 Add 페이지 컴포넌트의 두 번째 사양을 구현해 보도록 하자. Add 페이지 컴포넌트의 두 번째 사양을 구현하기 위해 다음과 같이 테스트 명세를 수정한다.

```
…
describe('<Add />', () => {
  it('renders component correctly', () => {
    …
    const button = screen.getByText('추가');
    expect(button).toBeInTheDocument();
  });
});
```

화면에 표시된 Add 페이지 컴포넌트에서 [추가]라는 글자로 버튼 컴포넌트를 찾고, 화면에 표시되었는지 확인하는 내용을 추가하였다. 이렇게 파일을 수정한 후 저장하면 테스트 명세가 실패하는 것을 확인할 수 있다. 이제 실패한 테스트 명세를 통과시키기 위해 Add 페이지 컴포넌트를 다음과 같이 수정한다.

```
...
export const Add = () => {
  return (
    <Container>
      <Input placeholder="할 일을 입력해 주세요" />
      <div>추가</div>
    </Container>
  );
};
```

이렇게 Add 페이지 컴포넌트를 수정한 후 저장하면 실패하던 테스트 명세가 통과하는 것을 확인할 수 있다.

이제 테스트 주도 개발 방법론의 다음 단계인 리팩토링을 해보자. 현재 구현한 추가 버튼 기능을 다음과 같이 우리가 개발한 공통 Button 컴포넌트를 사용하도록 리팩토링한다.

```
...
import { Button } from 'Components';
...
export const Add = () => {
  return (
    <Container>
      <Input placeholder="할 일을 입력해 주세요" />
      <Button label="추가" />
    </Container>
  );
};
```

이렇게 파일을 수정하고 저장하여도 여전히 테스트 명세가 잘 통과되는 것을 확인할 수 있다. 이제 추가 버튼을 클릭하였을 때의 사양을 구현해 보도록 하자.

추가 버튼을 클릭하였을 때 할 일을 localStorage에 저장하는 사양을 구현하기 위해 테스트 명세를 다음과 같이 수정한다.

```
...
import { ..., fireEvent } from '@testing-library/react';
...
it('add a new ToDo and redirect to the root page', () => {
  render(<Add />);

  const input = screen.getByPlaceholderText('할 일을 입력해 주세요');
  const button = screen.getByText('추가');
  fireEvent.change(input, { target: { value: 'New ToDo' } });
  fireEvent.click(button);
  expect(localStorage.getItem('ToDoList')).toBe('["New ToDo"]');
});
...
```

화면에 Add 페이지 컴포넌트를 표시한 후 fireEvent를 사용하여 할 일을 입력하고 추가 버튼을 누르도록 하였다. 이후 localStorage에 추가한 할 일이 잘 저장되었는지 확인하는 테스트 명세를 작성하였다. 이렇게 테스트 명세를 추가한 후 저장하면 테스트 명세가 실패하는 것을 확인할 수 있다. 이제 실패하는 테스트 명세를 통과시키기 위해 다음과 같이 Add 페이지 컴포넌트를 수정한다.

```
import React, { useState } from 'react';
...
export const Add = () => {
  const [toDo, setToDo] = useState('');
```

```
  const addToDo = (): void => {
    localStorage.setItem('ToDoList', JSON.stringify([toDo]));
  };

  return (
    <Container>
      <Input
        placeholder="할 일을 입력해 주세요" onChange={(e) => setToDo(e.target.value)} />
      <Button label="추가" onClick={addToDo} />
    </Container>
  );
};
```

사용자가 입력한 값을 저장하기 위해 useState를 사용하여 컴포넌트의 State를 생성하였다. 이렇게 생성한 State의 Set 함수를 <input> 태그의 onChange 이벤트에 대입하였다. 또한, Button 컴포넌트를 클릭하면 사용자가 입력한 값이 저장된 State를 localStorage에 저장하도록 수정하였다. 이렇게 파일을 수정한 후 저장하면 실패하던 테스트 명세가 통과하는 것을 확인할 수 있다. 하지만, 현재 코드는 하나의 할 일은 잘 저장하지만, 한 개 이상의 할 일을 저장하면 문제가 될 것 같다. 이를 확인하기 위해 테스트 명세를 다음과 같이 수정한다.

```
it('add a new ToDo and redirect to the root page', () => {
  localStorage.setItem('ToDoList', '["Old ToDo"]');

  render(<Add />);

  const input = screen.getByPlaceholderText('할 일을 입력해 주세요');
  const button = screen.getByText('추가');
  fireEvent.change(input, { target: { value: 'New ToDo' } });
  fireEvent.click(button);
  expect(localStorage.getItem('ToDoList')).toBe('["Old ToDo","New
```

```
ToDo"]');
});
```

저장된 할 일이 있는 상태에서 새로운 할 일을 추가하는 방식으로 테스트 명세를 수정하였다. 이렇게 테스트 명세를 수정한 후 저장하면 테스트 명세가 실패하는 것을 확인할 수 있다. 이를 통해 우리가 처음에 구현한 내용은 잘못된 것임을 확인할 수 있다. 이제 Add 페이지 컴포넌트를 다음과 같이 수정하여 잘못된 구현을 수정해 보도록 하자.

```
...
export const Add = () => {
  ...
  const addToDo = (): void => {
    const list = JSON.parse(localStorage.getItem('ToDoList') || '[]');
    localStorage.setItem('ToDoList', JSON.stringify([...list, toDo]));
  };
  ...
};
```

저장된 할 일을 함께 저장하기 위해 localStorage에서 저장된 할 일 목록을 가져오도록 수정하였다. 이렇게 가져온 목록은 문자열로 존재하거나, 존재하지 않으므로(Null) 존재하지 않을 때는 빈 배열의 문자열('[]')을 사용하도록 하였다. 이렇게 가져온 문자열을 JSON.parse를 사용하여 배열로 변환한 후 구조 분해 할당을 통해 새로 추가한 할 일과 함께 localStorage에 저장하도록 하였다.

이렇게 Add 페이지 컴포넌트를 수정한 후 저장하면 실패하던 테스트 명세가 통과하는 것을 확인할 수 있다. 이것으로 추가 버튼을 클릭하였을 때 새로운 할 일이 추가되는 사양을 구현하였다. 이어서 새로운 할 일을 추가한 후 할 일 목록 페이지('/')로 이동하는 사양을 구현해 보자. 우선 할 일 목록 페이지('/')로 이동하는지 확인하기 위해 테스트 명세를 다음과 같이 수정한다.

```
...
import { Router, useLocation } from 'react-router-dom';
import { createMemoryHistory } from 'history';
...
it('add a new ToDo and redirect to the root page', () => {
  localStorage.setItem('ToDoList', '["Old ToDo"]');

  const history = createMemoryHistory();
  history.push('/add');

  const TestComponent = (): JSX.Element => {
    const { pathname } = useLocation();
    return <div>{pathname}</div>;
  };

  render(
    <Router history={history}>
      <TestComponent />
      <Add />
    </Router>,
  );

  const url = screen.getByText('/add');
  expect(url).toBeInTheDocument();

  const input = screen.getByPlaceholderText('할 일을 입력해 주세요');
  ...
});
```

URL의 변경 사항을 확인하기 위해 TestComponent 컴포넌트를 생성하였다. 또한, URL 변경은 react-router의 기능을 사용하므로 react-router의 Router와 createMemoryHistory를

사용하여 URL을 지정하도록 하였다. 이렇게 테스트 명세를 수정한 후 저장하면 테스트 명세가 여전히 잘 통과되는 것을 확인할 수 있다.

이제 테스트 명세를 다음과 같이 수정하여 할 일을 추가한 후에 할 일 목록 페이지('/')로 잘 이동하는지 확인한다.

```
it('add a new ToDo and redirect to the root page', () => {
  …
  const url = screen.getByText('/add');
  expect(url).toBeInTheDocument();

  const input = screen.getByPlaceholderText('할 일을 입력해 주세요');
  …
  expect(url.textContent).toBe('/');
});
```

이렇게 테스트 명세를 수정한 후 저장하면 아직 페이지 이동 사양을 구현하지 않았으므로 테스트 명세가 실패하는 것을 확인할 수 있다. 실패하는 테스트 명세를 통과시키기 위해 다음과 같이 Add 페이지 컴포넌트를 수정한다.

```
…
import { useHistory } from 'react-router-dom';
…
export const Add = () => {
  const { replace } = useHistory();
  …
  const addToDo = (): void => {
    …
    replace('/');
  };
  …
```

```
  };
```

react-router에서 Link를 사용하지 않고 페이지를 이동시키기 위해서는 useHistory를 사용해야 한다. 여기서는 할 일을 추가한 다음 브라우저의 돌아가기 버튼을 통해 다시 할 일 입력 화면으로 돌아오지 못하게 하려고 replace를 사용하였다. 이렇게 Add 페이지 컴포넌트를 수정한 후 저장하면 테스트 명세에서 에러가 발생하는 것을 확인할 수 있다.

여기서 발생한 에러는 Add 페이지 컴포넌트에서 react-router의 기능을 사용하고 있지만, 첫 번째 테스트 명세에서 react-router의 Router를 사용하지 않고 Add 페이지 컴포넌트를 표시하였기 때문이다. 이 에러를 수정하기 위해 다시 테스트 명세 파일을 열어 다음과 같이 수정한다.

```
...
it('renders component correctly', () => {
  const history = createMemoryHistory();
  history.push('/add');

  render(
    <Router history={history}>
      <Add />
    </Router>,
  );
  ...
});
...
```

이렇게 첫 번째 테스트 명세를 수정한 후 저장하면 더는 에러가 나오지 않으면서 모든 테스트 명세가 통과하는 것을 확인할 수 있다. 이것으로 Add 페이지 컴포넌트의 세 번째 사양을 구현하였다. 이제 Add 페이지 컴포넌트의 마지막 사양을 구현해 보도록 하자.

Add 페이지 컴포넌트의 마지막 사양은 사용자가 할 일을 입력하지 않은 상태에서 할 일 추가 버튼을 클릭했을 때 빈 할 일이 저장되지 않고 할 일 목록 페이지로도 이동하지 않는 것이다. 우선 이 사양을 개발하기 위해 다음과 같이 테스트 명세를 추가한다.

```
...
it('do nothing if the input is empty', () => {
  localStorage.setItem('ToDoList', '["Old ToDo"]');

  const history = createMemoryHistory();
  history.push('/add');

  const TestComponent = (): JSX.Element => {
    const { pathname } = useLocation();
    return <div>{pathname}</div>;
  };

  render(
    <Router history={history}>
      <TestComponent />
      <Add />
    </Router>,
  );

  const url = screen.getByText('/add');
  expect(url).toBeInTheDocument();

  const button = screen.getByText('추가');
  fireEvent.click(button);

  expect(localStorage.getItem('ToDoList')).toBe('["Old ToDo"]');
  expect(url.textContent).toBe('/add');
});
```

```
...
```

임시로 할 일을 저장한 상태에서 할 일 추가 페이지를 화면에 표시하고, URL 변경을 확인하기 위한 TestComponent 컴포넌트도 함께 화면에 표시하였다. 그다음 현재 URL을 확인하고 할 일 입력창에 아무런 값도 입력하지 않은 상태에서 추가 버튼을 클릭했을 때 새로운 할 일이 추가되지 않으며, URL도 변경되지 않는 것을 확인하는 테스트 명세를 추가하였다.

이렇게 테스트 명세를 추가한 후 저장하면 테스트 명세가 실패하는 것을 확인할 수 있다. 실패하는 테스트 명세를 통과시키기 위해 Add 페이지 컴포넌트를 다음과 같이 수정한다.

```
...
const addToDo = (): void => {
  if (toDo === '') return;
  ...
};
...
```

단순히 할 일이 비어있는 경우에는 다른 동작을 하지 않도록 수정하였다. 이렇게 Add 페이지 컴포넌트를 수정한 후 저장하면 실패하던 테스트 명세가 통과되는 것을 확인할 수 있다.

이것으로 Add 페이지 컴포넌트의 모든 사양을 구현하였다. 이제 Add 페이지 컴포넌트의 디자인을 적용해보도록 하자.

우선, 페이지 컴포넌트들을 쉽게 추가하기 위해 만든 ./src/Pages/index.tsx 파일을 열어 다음과 같이 수정한다.

```
...
export * from './Add';
```

그리고 ./src/App.tsx 파일을 열어 다음과 같이 수정하여 Add 페이지 컴포넌트가 화면에 표시될 수 있도록 한다.

```
...
import { Add } from 'Pages';
...
function App() {
  return (
    <Container>
      <Add />
    </Container>
  );
}

export default App;
```

이렇게 모든 파일을 수정하였다면 현재 실행 중인 테스트 명령어를 취소하고 다음 명령어를 실행한다.

```
npm start
```

그리고 화면을 보면서 디자인을 적용한다. 디자인을 적용하기 위해 Add 페이지 컴포넌트를 다음과 같이 수정한다.

```
...
const Container = Styled.div`
  display: flex;
`;
const Input = Styled.input`
  font-size: 16px;
  padding: 10px 10px;
  border-radius: 8px;
  border: 1px solid #BDBDBD;
  outline: none;
```

```
  `;
...
```

이렇게 파일을 수정한 후 저장하면 브라우저에 우리가 원하는 디자인이 잘 표시되는 것을 확인할 수 있다. 마지막으로 이렇게 적용한 디자인이 의도하지 않게 변경되는 것을 감지하기 위해 스냅샷 테스트를 적용해보자. 우선 Add 페이지 컴포넌트를 디자인하기 위해 수정한 App 컴포넌트를 이전 상태로 되돌린다. 그리고, 스냅샷 테스트를 적용하기 위해 ./src/Pages/Add/index.test.tsx 파일을 열어 다음과 같이 수정한다.

```
...
it('renders component correctly', () => {
  ...
  const { container } = render(
    <Router history={history}>
      <Add />
    </Router>,
  );
  ...
  expect(container).toMatchSnapshot();
});
...
```

스냅샷을 저장하기 위해 테스트 명세를 수정하였다면 현재 실행 중인 명령어를 취소하고 다음 명령어를 실행한다.

```
npm run test
```

테스트 명령어가 실행되면 모든 테스트 명세가 통과되며 Add 페이지 컴포넌트의 스냅샷이 새로 저장되는 것을 확인할 수 있다.

이것으로 새로운 할 일을 추가하기 위한 Add 페이지 컴포넌트의 모든 사양을 테스트 주도 개발 방법론으로 개발해 보았다.

5) Detail 페이지 컴포넌트
List 페이지 컴포넌트에서 하나의 할 일을 클릭하였을 때 표시되는 Detail 페이지 컴포넌트를 테스트 주도 개발 방법론으로 개발해 보도록 하자. Detail 페이지 컴포넌트는 다음과 같은 기능이 있다.

▶ URL을 통해 할 일 목록에서 유저가 클릭한 할 일의 index 값을 전달받는다. (ex 〉 /detail/2)

▶ URL을 통해 전달받은 index를 사용하여 localStorage에 저장된 할 일 목록에서 해당 할 일을 가져와 표시한다.

▶ 전달받은 매개변수에 해당하는 할 일이 없는 경우 NotFound 페이지('/NotFound')로 리다이렉트(Redirect)시킨다.

▶ 현재 보이는 할 일을 삭제할 수 있는 삭제 버튼이 있다.

▶ 삭제 버튼을 클릭하면 현재 보이는 할 일을 삭제하고, 할 일 목록 페이지('/')로 이동한다.

이제 우리가 파악한 Detail 페이지 컴포넌트의 사양을 테스트 주도 개발 방법론으로 개발해 보도록 하자. 먼저 URL을 통해 할 일의 index 값을 전달하고 전달받은 index 값으로 localStorage에 저장된 할 일 목록에서 해당 할 일을 가져와 표시하는 사양을 구현해 보자. 해당 사양을 구현하기 위해 ./src/Pages/Detail/index.test.tsx 파일을 생성하고 다음과 같이 수정한다.

```
import React from 'react';
import { Router, Route } from 'react-router-dom';
import { createMemoryHistory } from 'history';
import { render, screen } from '@testing-library/react';
import 'jest-styled-components';
```

```
import { Detail } from './index';

describe('<Detail />', () => {
  it('renders component correctly', () => {
    localStorage.setItem('ToDoList', '["ToDo 1", "ToDo 2"]');

    const history = createMemoryHistory();
    history.push('/detail/1');

    render(
      <Router history={history}>
        <Route path="/detail/:id">
          <Detail />
        </Route>
      </Router>,
    );

    const toDoItem = screen.getByText('ToDo 2');
    expect(toDoItem).toBeInTheDocument();
  });
});
```

URL을 통해 매개변수를 전달하기 위해 react-router의 Router와 Route를 사용하였다. 또한, 특정 URL을 설정하기 위해 createMemoryHistory를 사용하여 /detail/1로 현재 URL을 설정하였다.

이렇게 URL에 매개변수를 전달하고 전달받은 매개변수를 통해 localStorage에 저장된 데이터를 가져오기 위해 임의의 데이터를 localStorage에 저장하였다.

마지막으로 URL로 전달한 매개변수를 통해 localStorage에 저장된 데이터를 가져와 화면에 잘 표시하는지 확인하려고 전달받은 매개변수에 해당하는 할 일이 화면에 표시되는지 확인하는 테스트 명세를 작성하였다. 이렇게 파일을 수정한 후 저장하면 테스트 명세가 실패하는 것을 확인할 수 있다. 실패하는 테스트 명세를 통과시키기 위해 ./src/Pages/Detail/index.tsx 파일을 생성하고 다음과 같이 수정한다.

```
import React from 'react';

export const Detail = () => {
  return <div>ToDo 2</div>;
};
```

일단 실패하는 테스트 명세를 통과시키기 위해 하드코딩으로 Detail 페이지 컴포넌트를 작성하였다. 이렇게 파일을 수정하고 저장하여도 테스트 명세가 실패하는 것을 확인할 수 있다. 실패한 내용을 살펴보면 새롭게 작성한 파일이 제대로 인식되지 않아 문제가 발생하는 것을 알 수 있다. 이제 새롭게 추가한 파일을 인식할 수 있게 하도록 키보드의 'w' 키를 누르고 'a' 키를 눌러 모든 테스트 명세를 다시 실행한다.

키보드의 키를 눌러 모든 테스트 명세를 다시 실행하면 앞서 실패하던 테스트 명세가 잘 통과되는 것을 알 수 있다. 우리는 테스트 명세를 통과시키기 위해 하드 코딩으로 Detail 페이지 컴포넌트를 작성하였다. 이제 테스트 주도 개발 방법론의 다음 단계인 리팩토링을 통해 Detail 페이지 컴포넌트의 사양에 나와 있는 내용으로 리팩토링해 보자. 우선 Detail 페이지 컴포넌트를 다음과 같이 리팩토링한다.

```
import React from 'react';
import Styled from 'styled-components';

const Container = Styled.div``;
const ToDo = Styled.div``;

export const Detail = () => {
  return (
    <Container>
```

```
      <ToDo>ToDo 2</ToDo>
    </Container>
  );
};
```

추후 디자인 적용을 위해 styled-components를 사용하여 컴포넌트의 구조를 잡아두었다. 이렇게 파일을 수정하고 저장하여도 여전히 테스트 명세가 잘 통과되는 것을 확인할 수 있다.

이제 URL로 전달받은 매개변수를 사용하여 localStorage에 저장된 데이터를 화면에 표시하게 하도록 Detail 페이지 컴포넌트를 다음과 같이 리팩토링한다.

```
...
import { useParams } from 'react-router-dom';
...
export const Detail = () => {
  const { id }: { id: string } = useParams();
  const toDoList = JSON.parse(localStorage.getItem('ToDoList') || '[]');
  const toDo = toDoList[id];

  return (
    <Container>
      <ToDo>{toDo}</ToDo>
    </Container>
  );
};
```

react-router의 useParams를 사용하여 URL을 통해 전달받은 매개변수를 할당받았고 localStorage에서 할 일 목록 데이터를 가져온 후 할당받은 매개변수를 사용하여 하나의 할 일 데이터를 가져왔다. 이렇게 가져온 할 일 데이터를 화면에 표시하게 함으로써 우리가 정의한 Detail 페이지 컴포넌트의 사양에 부합하는 기능을 구현하였다. 이렇게 파일을 수정한 후 저장하면 여전히 테스트 명세가 잘 통과되는 것을 확인할 수 있다.

이제 Detail 페이지의 다음 사양인 할 일 데이터가 없는 경우 NotFound 페이지로 리다이렉트시키는 사양을 구현해 보도록 하자. 리다이렉트 사양을 구현하기 위해 우선 테스트 명세를 다음과 같이 수정한다.

```
…
import { …, useLocation } from 'react-router-dom';

…
it('redirect to Not Found page if todo id is wrong', () => {
  localStorage.clear();
  const history = createMemoryHistory();
  history.push('/detail/1');

  const TestComponent = (): JSX.Element => {
    const { pathname } = useLocation();
    return <div>{pathname}</div>;
  };

  render(
    <Router history={history}>
      <TestComponent />
      <Route path="/detail/:id">
        <Detail />
      </Route>
    </Router>,
  );

  const url = screen.getByText('/404');
  expect(url).toBeInTheDocument();
});
```

```
...
```

테스트 명세에서 URL을 확인하기 위해 react-router의 useLocation과 TestComponent 컴포넌트를 사용하였다. 또한, localStorage의 clear함수를 사용하여 localStorage에 저장된 모든 데이터를 지우도록 하였다. 이렇게 모든 데이터를 지운 후 Detail 페이지 컴포넌트를 표시하면 Detail 페이지 컴포넌트에서 할 일을 가져올 수 없으므로 NotFound 페이지('/404')로 리다이렉트하도록 구현할 예정이다. 따라서 화면에 '/404' URL이 화면에 표시되는지 확인하는 테스트 명세를 작성하였다.

이렇게 테스트 명세를 수정한 후 저장하면 테스트 명세가 실패하는 것을 확인할 수 있다. 이제 실패하는 테스트 명세를 통과시키기 위해 Detail 페이지 컴포넌트를 다음과 같이 수정한다.

```
...
import { ..., useHistory } from 'react-router-dom';
...
export const Detail = () => {
  const { replace } = useHistory();
  ...
  if (toDo === undefined) {
    replace('/404');
  }

  return (
    ...
  );
};
```

Detail 페이지 컴포넌트는 react-router의 useParams로 매개변수를 전달받고, 전달받은 매개변수를 통해 localStorage로부터 하나의 할 일을 가져온다. 하지만 가져온 할 일 데이터가 없으면(undefined), react-router의 useHistory를 사용하여 NotFound 페이지의

URL('/404')로 이동시키도록 하였다.

이렇게 Detail 페이지 컴포넌트를 수정한 후 저장하면 실패하던 테스트 명세가 통과되는 것을 확인할 수 있다. 이것으로 Detail 페이지 컴포넌트의 세 번째 사양을 구현하였다. 이제 Detail 페이지 컴포넌트의 삭제 버튼에 관한 사양을 구현해 보도록 하자.

삭제 버튼의 사양을 구현하기 위해 Detail 페이지 컴포넌트의 테스트 명세를 다음과 같이 수정하도록 한다.

```
...
it('renders component correctly', () => {
  ...
  const button = screen.getByText('삭제');
  expect(button).toBeInTheDocument();
});
...
```

Detail 페이지 컴포넌트의 첫 번째 테스트 명세에 삭제 버튼이 화면에 표시되는지 확인하는 내용을 추가하였다. 이렇게 파일을 수정한 후 저장하면 수정한 테스트 명세가 실패하는 것을 확인할 수 있다. 실패하는 테스트 명세를 통과시키기 위해 Detail 페이지 컴포넌트를 다음과 같이 수정한다.

```
...
export const Detail = () => {
  ...
  return (
    <Container>
      <ToDo>{toDo}</ToDo>
      <div>삭제</div>
    </Container>
  );
```

```
};
```

우선 실패하는 테스트 명세를 통과시키기 위해 단순히 화면에 '삭제'라는 글자를 표시하도록 하였다. 이렇게 Detail 페이지 컴포넌트를 수정한 후 저장하면 테스트 명세가 통과하는 것을 확인할 수 있다.

이제 미리 만들어둔 Button 컴포넌트를 사용하여 Detail 페이지 컴포넌트를 다음과 같이 리팩토링한다.

```
...
import { Button } from 'Components';
...
export const Detail = () => {
  ...
  return (
    <Container>
      <ToDo>{toDo}</ToDo>
      <Button label="삭제" backgroundColor="#FF1744" hoverColor="#F01440" />
    </Container>
  );
};
```

공통 컴포넌트인 Button 컴포넌트를 사용하여 '삭제'라고 표시되던 글자를 '삭제' 버튼으로 리팩토링하였다. 또한, 현재 개발하고 있는 앱의 삭제 버튼은 빨간색이므로 해당 색상을 적용하도록 수정하였다. 이렇게 Detail 페이지 컴포넌트를 수정하고 저장하여도 여전히 테스트 명세가 잘 통과되는 것을 확인할 수 있다.

이제 삭제 버튼을 클릭하였을 때 실제로 해당 할 일이 할 일 목록에서 제거되고, 할 일 목록 페이지('/')로 이동하는 사양을 구현해 보도록 하자. 우선 해당 사양을 구현하기 위해 테스트 명세를 다음과 같이 수정한다.

```
...
import { ..., fireEvent } from '@testing-library/react';
...
it('delete a ToDo and redirect to the List page', () => {
  localStorage.setItem('ToDoList', '["ToDo 1", "ToDo 2"]');

  const history = createMemoryHistory();
  history.push('/detail/1');

  const TestComponent = (): JSX.Element => {
    const { pathname } = useLocation();
    return <div>{pathname}</div>;
  };

  render(
    <Router history={history}>
      <TestComponent />
      <Route path="/detail/:id">
        <Detail />
      </Route>
    </Router>,
  );

  const url = screen.getByText('/detail/1');
  expect(url).toBeInTheDocument();

  const button = screen.getByText('삭제');
  fireEvent.click(button);

  expect(JSON.parse(localStorage.getItem('ToDoList') as string)).not.toContain('ToDo 2');
```

```
    expect(url).toBe('/');
});
...
```

삭제 버튼을 클릭하기 위해 fireEvent를 추가하였다. 그리고, 임의의 할 일 목록 데이터를 추가한 상태에서 Detail 페이지 컴포넌트를 화면에 표시하였다. 현재 URL을 확인하기 위한 TestComponent 컴포넌트도 화면에 함께 표시하였다. 이렇게 표시된 화면에서 현재 URL이 표시되는지 확인한 후에 삭제 버튼을 fireEvent를 사용하여 클릭하였다.

삭제 버튼을 클릭한 후에 임의로 저장한 데이터에서 해당 할 일이 삭제되었는지 확인하고, 화면에 표시된 URL이 할 일 목록 페이지의 URL('/')로 변경되었는지 확인하였다.

이렇게 테스트 명세를 수정한 후 저장하면 테스트 명세가 실패하는 것을 확인할 수 있다. 실패하는 테스트 명세를 통과시키기 위해 다음과 같이 Detail 페이지 컴포넌트를 수정한다.

```
...
export const Detail = () => {
  ...
  const onDelete = () => {
    let list = [...toDoList];
    list.splice(Number.parseInt(id), 1);
    localStorage.setItem('ToDoList', JSON.stringify(list));
    replace('/');
  };

  return (
    <Container>
      <ToDo>{toDo}</ToDo>
      <Button label="삭제" backgroundColor="#FF1744" hoverColor="#F01440" onClick={onDelete} />
    </Container>
```

```
  );
};
```

삭제를 위한 onDelete 함수를 생성하였다. onDelete 함수에서는 localStorage로부터 가져온 할 일 목록 데이터를 복사한 후 useParams로부터 전달받은 매개변수를 사용하여 현재 할 일을 삭제하도록 하였다. 그다음으로 할 일 데이터가 삭제된 새로운 할 일 목록 데이터를 다시 localStorage에 저장하도록 하였다. 이렇게 할 일 데이터를 삭제한 후 useHistory의 replace를 사용하여 할 일 목록 페이지('/')로 이동하였다.

Detail 페이지 컴포넌트를 수정한 후 저장하면 실패하던 테스트 명세가 통과하는 것을 확인할 수 있다. 이것으로 Detail 페이지 컴포넌트의 모든 사양을 테스트 주도 개발 방법론으로 개발하였다. 이제 Detail 페이지 컴포넌트의 디자인을 적용해보도록 하자. Detail 페이지 컴포넌트의 디자인을 적용하기 위해 우선 ./src/Pages/index.tsx 파일을 다음과 같이 수정한다.

```
...
export * from './Detail';
```

그다음, ./src/App.tsx 파일을 열어 다음과 같이 수정한다.

```
...
import { Route } from 'react-router-dom';
import { Detail } from 'Pages';
...
function App() {
  localStorage.setItem('ToDoList', '["ToDo 1"]');
  return (
    <Container>
      <Route path="/detail/:id">
        <Detail />
      </Route>
```

```
    </Container>
  );
}
...
```

이렇게 App 컴포넌트의 파일을 수정하고 저장한 후 현재 실행 중인 테스트 명령어를 취소하고 다음 명령어를 실행하여 Detail 컴포넌트를 화면에 표시하도록 한다.

```
npm start
```

명령어를 실행하면 브라우저에 http://localhost:3000/이 화면에 표시되지만, 화면에는 아무것도 표시되지 않는 것을 확인할 수 있다. 이는 우리가 react-router의 Route를 사용하여 특정 URL에서만 Detail 페이지 컴포넌트가 화면에 표시되도록 설정했기 때문이다. 이제 Detail 페이지 컴포넌트를 표시하기 위해 http://localhost:3000/detail/0을 입력한다. 그러면 화면에 Detail 페이지 컴포넌트가 표시되는 것을 확인할 수 있다. 이제 이렇게 표시된 화면을 확인하며, Detail 페이지 컴포넌트에 디자인을 적용한다.

Detail 페이지 컴포넌트의 디자인을 적용하기 위해 ./src/Pages/Detail/index.tsx 파일을 열어 다음과 같이 수정한다.

```
...
const Container = Styled.div`
  display: flex;
  background-color: #FFFFFF;
  padding: 20px;
  border-radius: 8px;
  box-shadow: 5px 5px 10px rgba(0, 0, 0, 0.2);
  align-items: center;
  flex-direction: column;
`;
const ToDo = Styled.div`
```

```
    min-width: 350px;
    height: 350px;
    overflow-y: auto;
    border: 1px solid #BDBDBD;
    margin-bottom: 20px;
    padding: 10px;
`;
...
```

디자인을 적용하기 위해 Detail 페이지 컴포넌트를 수정한 후 저장하면 브라우저에 우리가 원하는 디자인이 잘 적용되는 것을 확인할 수 있다. 이제 임시로 수정한 App 컴포넌트를 원래 상태로 되돌린 후 Detail 페이지 컴포넌트의 스냅샷을 저장하기 위해 Detail 페이지 컴포넌트의 테스트 명세인 ./src/Pages/Detail/index.test.tsx 파일을 열어 다음과 같이 수정한다.

```
it('renders component correctly', () => {
  ...
  const { container } = render(
    <Router history={history}>
      <Route path="/detail/:id">
        <Detail />
      </Route>
    </Router>,
  );
  ...
  expect(container).toMatchSnapshot();
});
```

Detail 페이지 컴포넌트의 스냅샷을 저장하기 위해 테스트 명세를 수정하였다면 현재 실행 중인 명령어를 취소하고 다음 명령어를 실행하여 스냅샷을 저장한다.

```
npm run test
```

테스트 명세를 실행하는 명령어를 실행하면 테스트 명세가 모두 통과되는 것을 확인할 수 있으며 Detail 페이지 컴포넌트의 스냅샷이 저장되는 것을 확인할 수 있다. 이를 통해 추후 의도하지 않은 디자인 변경이 발생하는 것을 감지할 수 있게 되었다.

이것으로 Detail 페이지 컴포넌트를 테스트 주도 개발 방법론으로 개발을 하였고 우리가 원하는 디자인을 적용해보았다.

6) NotFound 페이지 컴포넌트

마지막 페이지 컴포넌트인 NotFound 페이지 컴포넌트를 테스트 주도 개발 방법론으로 개발해 보도록 하자. NotFound 페이지 컴포넌트는 다음과 같은 기능이 있다.

▶ 화면에 "Not Found 🙀"이라는 글자를 표시한다.

이제 우리가 파악한 NotFound 페이지 컴포넌트의 사양을 테스트 주도 개발 방법론으로 개발해 보도록 하자. NotFound 페이지 컴포넌트를 테스트 주도 개발 방법론으로 개발하기 위해 ./src/Pages/NotFound/index.test.tsx 파일을 생성하고, 다음과 같이 테스트 명세를 수정한다.

```
import React from 'react';
import { render, screen } from '@testing-library/react';
import 'jest-styled-components';

import { NotFound } from './index';

describe('<NotFound />', () => {
  it('renders component correctly', () => {
    render(<NotFound />);

    const message = screen.getByText('Not Found 🙀');
    expect(message).toBeInTheDocument();
  });
```

```
});
```

NotFound 페이지 컴포넌트는 "Not Found 🐱"라는 글자를 화면에 표시하는 단순한 컴포넌트이다. 이렇게 테스트 명세를 추가하고 수정하면 테스트 명세가 실패하는 것을 확인할 수 있다. 이제 실패하는 테스트 명세를 통과시키기 위해 ./src/Pages/NotFound/index.tsx 파일을 생성하고 다음과 같이 수정한다.

```
import React from 'react';

export const NotFound = () => {
  return <div>Not Found 🐱</div>;
};
```

이렇게 NotFound 페이지 컴포넌트를 수정하고 저장해도 여전히 테스트 명세가 실패하는 것을 확인할 수 있다. 이는 새롭게 추가한 파일을 Jest가 인식하지 못하기 때문에 발생한 문제이다. 이제 키보드의 'w' 키를 누르고 'a' 키를 눌러 모든 테스트 명세를 다시 실행하도록 한다. 이렇게 모든 테스트 명세를 다시 시작하면 Jest가 새롭게 추가된 파일을 인식하고 실패하던 테스트 명세가 통과되는 것을 확인할 수 있다.

NotFound 페이지 컴포넌트는 우리가 원하는 글자만을 표시하는 단순한 컴포넌트이다. 따라서 특별히 리팩토링할 필요는 없지만, 추후 디자인을 적용하기 위해 다음과 같이 리팩토링해 둔다.

```
import React from 'react';
import Styled from 'styled-components';

const Container = Styled.div``;

export const NotFound = () => {
  return <Container>Not Found 🐱</Container>;
};
```

이렇게 NotFound 페이지 컴포넌트의 styled-components를 적용하고 저장하여도 여전히 테스트 명세가 잘 통과되는 것을 확인할 수 있다. 이것으로 우리는 NotFound 페이지 컴포넌트의 모든 사양을 테스트 주도 개발 방법론으로 구현하였다.

이제 NotFound 페이지 컴포넌트에 디자인을 적용해보자. 디자인을 적용하기 위해 현재 실행 중인 명령어를 취소하고 다음 명령어를 실행한다.

```
npm start
```

명령어가 실행되면 브라우저의 http://localhost:3000/ 페이지가 열리는 것을 확인할 수 있다. 우리는 아직 NotFound 페이지 컴포넌트가 화면에 표시되도록 수정하지 않았기 때문에 아무것도 표시되지 않고 있음을 확인할 수 있다.

화면에 NotFound 페이지 컴포넌트를 표시하기 위해 우선 페이지 컴포넌트들을 쉽게 추가하기 위해 만든 ./src/Pages/index.tsx 파일을 다음과 같이 수정한다.

```
…
export * from './NotFound';
```

그다음 ./src/App.tsx 파일을 열어 다음과 같이 수정하여 NotFound 페이지 컴포넌트가 화면에 표시되도록 한다.

```
…
import { NotFound } from 'Pages';
…

function App() {
  return (
    <Container>
      <NotFound />
    </Container>
```

```
  );
}

export default App;
```

이렇게 App 컴포넌트를 수정한 후 저장하면 브라우저에 NotFound 페이지가 표시되는 것을 확인할 수 있다. 이제 화면을 보면서 NotFound 페이지 컴포넌트에 필요한 디자인을 적용한다. NotFound 페이지에 디자인을 적용하기 위해 ./src/Pages/NotFound/index.tsx 파일을 열어 다음과 같이 수정한다.

```
...
const Container = Styled.div`
  font-size: 20px;
`;
...
```

이렇게 NotFound 페이지 컴포넌트를 수정한 후 저장하면 브라우저에 우리가 원하는 디자인이 적용된 NotFound 페이지 컴포넌트가 표시되는 것을 확인할 수 있다.

이제 모든 디자인이 적용된 NotFound 페이지 컴포넌트의 스냅샷을 저장하여 추후 의도치 않은 디자인 변경을 감지하도록 설정해야 한다. 스냅샷을 저장하기 위해 우선 App 컴포넌트의 모든 소스 코드를 이전 상태로 되돌린다. 소스 코드를 이전 상태로 모두 되돌렸다면 NotFound 페이지 컴포넌트의 스냅샷을 저장하기 위해 ./src/Pages/NotFound/index.test.tsx 파일을 열어 다음과 같이 수정한다.

```
...
it('renders component correctly', () => {
  const { container } = render(<NotFound />);
  ...
  expect(container).toMatchSnapshot();
});
```

```
...
```

이렇게 스냅샷을 저장하기 위해 테스트 명세를 수정하였다면 현재 실행 중인 명령어를 취소하고 다음 명령어를 실행하여 스냅샷을 저장하도록 한다.

```
npm run test
```

명령어가 실행되면 모든 테스트 명세가 무사히 통과되는 것을 확인할 수 있고, 새로운 스냅샷이 저장되는 것을 확인할 수 있다.

이것으로 우리는 할 일 목록 앱의 마지막 페이지인 NotFound 페이지 컴포넌트를 테스트 주도 개발 방법론으로 개발해 보았다.

7) App 컴포넌트

지금까지 화면에 표시될 페이지 컴포넌트들을 테스트 주도 개발 방법론으로 개발해 보았다. 이제 이렇게 개발한 페이지 컴포넌트들을 조합하여 할 일 목록 앱을 완성해 보자. 할 일 목록 앱은 다음과 같은 사양을 가지고 있다.

▶ 홈 화면('/')에는 할 일 목록 페이지가 표시된다.

▶ 홈 화면(할 일 목록 페이지)에서 삭제 버튼을 통해 할 일을 삭제할 수 있다.

▶ 홈 화면에서 할 일 추가 버튼을 눌러 할 일 추가 페이지로 이동할 수 있으며 돌아가기 버튼을 통해 홈 화면으로 되돌아갈 수 있다.

▶ 할 일 추가 페이지에서 할 일을 추가하면 할 일이 추가되며 홈 화면으로 이동한다.

▶ 홈 화면에는 할 일 추가 페이지에서 추가한 할 일들이 보인다.

▶ 홈 화면에서 하나의 할 일을 선택하면 할 일 상세페이지로 이동하며 돌아가기 버튼을 통해 홈 화면으로 되돌아갈 수 있다.

▶ 할 일 상세페이지에서 할 일을 삭제할 수 있으며 할 일을 삭제하면 홈 화면으로 이동한다.

▶ 홈 화면, 할 일 추가 페이지, 할 일 상세페이지 이외에 URL에는 NotFound 페이지 컴포넌트를 표시한다.

이제 우리가 파악한 사양을 테스트 주도 개발 방법론으로 개발하여 할 일 목록 앱 개발을 완료해 보자. 우선 첫 번째 사양을 구현하기 위해 ./src/App.test.tsx 파일을 열어 다음과 같이 수정한다.

```
import React from 'react';
import { Router } from 'react-router-dom';
import { createMemoryHistory } from 'history';
import { render, screen } from '@testing-library/react';
import App from './App';
import 'jest-styled-components';

describe('<App />', () => {
  it('renders component correctly', () => {
    const history = createMemoryHistory();
    history.push('/');

    render(
      <Router history={history}>
        <App />
      </Router>,
    );

    const header = screen.getByText('할 일 목록');
    expect(header).toBeInTheDocument();
  });
});
```

App 컴포넌트의 테스트 명세를 수정한 후 저장하면 테스트 명세가 잘 통과하는 것을 확인할 수 있다. 현재 테스트 명세는 앱 헤더의 할 일 목록이라는 글자가 잘 표시되고 있는지만 확인하고 있다. 이제 테스트 명세를 다음과 같이 수정하여 할 일 목록 페이지가 제대로 표시되는지 확인한다.

```
it('renders component correctly', () => {
  const history = createMemoryHistory();
  history.push('/');

  localStorage.setItem('ToDoList', '["ToDo 1", "ToDo 2", "ToDo 3"]');

  render(
    <Router history={history}>
      <App />
    </Router>,
  );

  const header = screen.getByText('할 일 목록');
  expect(header).toBeInTheDocument();

  const toDoItem1 = screen.getByText('ToDo 1');
  expect(toDoItem1).toBeInTheDocument();
  expect(toDoItem1.getAttribute('href')).toBe('/detail/0');

  const toDoItem2 = screen.getByText('ToDo 2');
  expect(toDoItem2).toBeInTheDocument();
  expect(toDoItem2.getAttribute('href')).toBe('/detail/1');

  const toDoItem3 = screen.getByText('ToDo 3');
  expect(toDoItem3).toBeInTheDocument();
  expect(toDoItem3.getAttribute('href')).toBe('/detail/2');
```

```
  expect(screen.getAllByText('삭제').length).toBe(3);

  const label = screen.getByText('+');
  expect(label).toBeInTheDocument();
});
```

이전 테스트 명세와는 다르게 임의의 데이터를 localStorage에 저장한 후 화면에 해당 할일 목록이 표시되는지 확인하도록 수정하였다. 또한, 표시된 할 일 목록이 상세페이지로 이동하는 링크를 가졌는지, 할 일을 삭제할 수 있는 삭제 버튼이 표시되었는지 확인하였다. 그리고 새로운 할 일을 추가하기 위해 할 일 추가 페이지로 이동 가능한 추가 버튼('+')이 화면에 표시되는지 확인하였다.

이렇게 테스트 명세를 추가하면 이전과는 다르게 테스트 명세가 실패하는 것을 확인할 수 있다. 이제 이렇게 실패하는 테스트 명세를 수정하기 위해 ./src/App.tsx 파일을 열어 다음과 같이 수정한다.

```
import React from 'react';
import Styled from 'styled-components';

import { PageHeader } from 'Components';
import { List } from 'Pages';

const Container = Styled.div`
  min-height: 100vh;
  background-color: #EEEEEE;
  display: flex;
  align-items: center;
  justify-content: center;
  flex-direction: column;
`;
```

```
function App() {
  return (
    <Container>
      <PageHeader />
      <List />
    </Container>
  );
}



export default App;
```

우리가 개발한 List 페이지 컴포넌트를 페이지 컴포넌트를 쉽게 추가하기 위해 만든 ./Pages/index.tsx 파일로부터 불러와 화면에 표시하도록 수정하였다. 이렇게 App 컴포넌트를 수정한 후 저장하면 실패하던 테스트 명세가 통과하는 것을 확인할 수 있다.

우리가 수정한 App 컴포넌트 파일을 보면, URL에 관한 어떠한 설정도 확인할 수 없다. 따라서 List 페이지 컴포넌트는 어떠한 URL에서도 표시될 것이다. 그러므로 App 컴포넌트를 다음과 같이 수정하여 URL에 따라 페이지가 표시되도록 리팩토링한다.

```
...
import { Switch, Route } from 'react-router-dom';
...
function App() {
  return (
    <Container>
      <PageHeader />
      <Switch>
        <Route exact path="/">
          <List />
        </Route>
```

```
      </Switch>
    </Container>
  );
}
…
```

이렇게 App 컴포넌트를 수정하고 저장해도 테스트 명세가 잘 통과하는 것을 확인할 수 있다. 이것으로 우리는 홈 URL('/')에서 할 일 목록 페이지가 잘 표시되는 것을 확인할 수 있었다.

이제 App 컴포넌트의 다음 사양인 "할 일 목록 페이지에서 삭제 버튼을 통해 할 일을 삭제할 수 있다"라는 사양을 확인해 보자. ./src/App.test.tsx 파일을 다음과 같이 수정하여 사양을 확인해 본다.

```
…
import { …, fireEvent } from '@testing-library/react';
…
describe('<App />', () => {
  …
  it('deletes toDo item', () => {
    const history = createMemoryHistory();
    history.push('/');

    localStorage.setItem('ToDoList', '["ToDo 1", "ToDo 2", "ToDo 3"]');

    render(
      <Router history={history}>
        <App />
      </Router>,
    );
```

```
    const toDoItem = screen.getByText('ToDo 2');
    expect(toDoItem).toBeInTheDocument();

    fireEvent.click(toDoItem.nextElementSibling as HTMLElement);

    expect(toDoItem).not.toBeInTheDocument();
    expect(JSON.parse(localStorage.getItem('ToDoList') as string)).
not.toContain('ToDo 2');
  });
});
```

이렇게 할 일을 삭제하는 새로운 테스트 명세를 추가한 후 저장하면 여전히 모든 테스트 명세가 잘 통과되는 것을 확인할 수 있다. 이를 통해 우리가 구현한 삭제 기능이 잘 동작하는 것을 확인할 수 있다.

App 컴포넌트의 다음 사양인 추가 버튼을 클릭했을 때 할 일 추가 페이지로 이동하는 사양을 테스트 주도 개발 방법론으로 구현해 보자. ./src/App.test.tsx 파일을 수정하여 다음과 같이 테스트 사양을 추가한다.

```
...
it('deletes toDo item', () => {
  const history = createMemoryHistory();
  history.push('/');

  localStorage.setItem('ToDoList', '["ToDo 1", "ToDo 2", "ToDo 3"]');

  render(
    <Router history={history}>
      <App />
    </Router>,
```

```
  );

  const toDoItem = screen.getByText('ToDo 2');
  expect(toDoItem).toBeInTheDocument();

  fireEvent.click(toDoItem.nextElementSibling as HTMLElement);

  expect(toDoItem).not.toBeInTheDocument();
  expect(JSON.parse(localStorage.getItem('ToDoList') as string)).not.
toContain('ToDo 2');
});

it('go to Add page and go back to List page', () => {
  const history = createMemoryHistory();
  history.push('/');

  render(
    <Router history={history}>
      <App />
    </Router>,
  );

  const addButton = screen.getByText('+');
  fireEvent.click(addButton);

  const header = screen.getByText('할 일 추가');
  expect(header).toBeInTheDocument();
  const input = screen.getByPlaceholderText('할 일을 입력해 주세요');
  expect(input).toBeInTheDocument();
  const button = screen.getByText('추가');
  expect(button).toBeInTheDocument();
```

```
    const goBack = screen.getByText('돌아가기');
    expect(goBack).toBeInTheDocument();
    fireEvent.click(goBack);

    expect(header.textContent).toBe('할 일 목록');
    expect(addButton.textContent).toBe('+');
});
…
```

할 일 목록 페이지를 표시하고 추가 버튼('+')을 클릭하여 할 일 추가 페이지로 이동한 후 할 일 추가 페이지가 잘 표시되었는지 확인하였다. 할 일 페이지가 잘 표시된 것을 확인한 후에 화면 공통 컴포넌트인 헤더 컴포넌트에 표시된 "돌아가기" 버튼을 클릭하여 할 일 목록 페이지로 다시 되돌아오는 테스트 명세를 작성하였다.

이렇게 테스트 명세를 추가한 후 저장하면 추가한 테스트 명세가 실패하는 것을 확인할 수 있다. 실패하는 테스트 명세를 통과시키기 위해 ./src/App.tsx 파일을 열어 다음과 같이 수정한다.

```
…
import { List, Add } from 'Pages';
…
function App() {
  return (
    <Container>
      <PageHeader />
      <Switch>
        …
        <Route path="/add">
          <Add />
        </Route>
```

```
      </Switch>
    </Container>
  );
}
...
```

페이지 컴포넌트를 쉽게 추가할 수 있도록 만든 ./src/Pages/index.tsx 파일에서 Add 페이지 컴포넌트를 가져와 react-router의 Route를 사용하여 '/add' 링크와 연결하였다. 이렇게 App 컴포넌트를 수정한 후 저장하면 앞에서 실패하던 테스트 명세가 무사히 통과하는 것을 확인할 수 있다.

이것으로, 할 일 목록 페이지에서 할 일 추가 페이지로 이동한 후 할 일 목록 페이지로 돌아오는 사양을 개발하였다. 이제 실제로 할 일 추가 페이지에서 할 일을 추가하는 사양을 구현해 보자. ./src/App.test.tsx 파일을 열어 다음과 같이 테스트 명세를 추가한다.

```
...
it('adds a new ToDo', () => {
  const history = createMemoryHistory();
  history.push('/');

  render(
    <Router history={history}>
      <App />
    </Router>,
  );

  const addButton = screen.getByText('+');
  fireEvent.click(addButton);

  const input = screen.getByPlaceholderText('할 일을 입력해 주세요');
  const button = screen.getByText('추가');
```

```
    fireEvent.change(input, { target: { value: 'New ToDo' } });
    fireEvent.click(button);

    const header = screen.getByText('할 일 목록');
    expect(header).toBeInTheDocument();
    const newToDo = screen.getByText('New ToDo');
    expect(newToDo).toBeInTheDocument();
    expect(JSON.parse(localStorage.getItem('ToDoList') as string)).
toContain('New ToDo');
  });
  ...
```

할 일 목록 페이지에서 할 일 추가('+') 버튼을 클릭하여 할 일 추가 페이지로 이동한 후에 'New ToDo'라는 새로운 할 일을 입력하고 추가 버튼을 클릭하여 새로운 할 일을 추가하였다. 이렇게 추가 버튼을 클릭하여 새로운 할 일이 추가되면 할 일 목록 페이지로 이동하므로 추가 버튼을 클릭하여 할 일 목록 페이지가 표시되고 있는지 확인하였다. 또한, 할 일 목록 페이지에서 새롭게 추가한 할 일이 잘 표시되는지, localStorage에도 잘 저장되어 있는지 확인하였다.

이렇게 테스트 명세를 추가한 후 저장하면 테스트 명세가 잘 통과되는 것을 확인할 수 있다. 이것으로 우리가 앞에서 구현한 기능들이 잘 동작하고 있는 것을 확인할 수 있었다. 이제 App 컴포넌트의 다음 사양인 '할 일 목록 페이지에서 하나의 할 일을 선택하면 할 일 상세페이지로 이동하며 돌아가기 버튼을 통해 할 일 목록 페이지로 되돌아갈 수 있다'를 테스트 주도 개발 방법론으로 구현해 보자. 우선 ./src/App.test.tsx 파일을 열어 다음과 같이 테스트 명세를 추가한다.

```
  ...
  it('go to Detail page and go back to List page', () => {
    localStorage.setItem('ToDoList', '["ToDo 1"]');

    const history = createMemoryHistory();
```

```
    history.push('/');

    render(
      <Router history={history}>
        <App />
      </Router>,
    );

    const toDoItem = screen.getByText('ToDo 1');
    expect(toDoItem).toBeInTheDocument();
    fireEvent.click(toDoItem);

    const header = screen.getByText('할 일 상세');
    expect(header).toBeInTheDocument();
    const toDo = screen.getByText('ToDo 1');
    expect(toDo).toBeInTheDocument();
    const button = screen.getByText('삭제');
    expect(button).toBeInTheDocument();

    const goBack = screen.getByText('돌아가기');
    expect(goBack).toBeInTheDocument();
    fireEvent.click(goBack);

    expect(header.textContent).toBe('할 일 목록');
  });
  ...
```

먼저, 임의의 할 일을 localStorage에 저장한 후 할 일 목록 페이지를 표시하였다. 이렇게 표시된 할 일 목록 페이지에 임의로 저장한 할 일이 잘 표시되었는지 확인하고 해당 할 일을 클릭하여 할 일 상세페이지로 이동하였다. 그리고 할 일 상세페이지가 잘 표시되었는지 확인하고 헤더에 표시된 돌아가기 버튼을 클릭하여 다시 할 일 목록 페이지로 돌아오도록 하였다.

이렇게 테스트 명세를 수정한 후 저장하면 추가한 테스트 명세가 실패하는 것을 확인할 수 있다. 실패하는 테스트 명세를 통과시키기 위해 ./src/App.tsx 파일을 다음과 같이 수정한다.

```
…
import { …, Detail } from 'Pages';
…
function App() {
  return (
    <Container>
      <PageHeader />
      <Switch>
        …
        <Route path="/detail/:id">
          <Detail />
        </Route>
      </Switch>
    </Container>
  );
}

export default App;
```

페이지 컴포넌트를 쉽게 추가하기 위해 만든 ./src/Pages/index.tsx 파일에서 Detail 페이지 컴포넌트를 불러온 후에 react-router의 Route를 사용하여 URL을 통해 매개변수를 전달받을 수 있도록 설정하여 Detail 페이지 컴포넌트를 표시하였다. 이렇게 App 컴포넌트를 수정한 후 저장하면 실패하던 테스트 명세가 통과되는 것을 확인할 수 있다.

이것으로, 할 일 목록 페이지에서 할 일 상세페이지로 이동한 후 다시 할 일 목록 페이지로 돌아오는 사양을 테스트 주도 개발 방법론으로 구현해 보았다.

이제 할 일 상세페이지에서 할 일을 삭제하는 사양을 확인해 보자. 할 일 상세페이지에서 할 일을 삭제하면 문제없이 할 일이 삭제되는지 확인하기 위해 ./src/App.test.tsx 파일을 수정하여 다음과 같이 테스트 명세를 추가한다.

```
it('delete ToDo from the detail page', () => {
  localStorage.setItem('ToDoList', '["ToDo 1"]');

  const history = createMemoryHistory();
  history.push('/');

  render(
    <Router history={history}>
      <App />
    </Router>,
  );

  const toDoItem = screen.getByText('ToDo 1');
  expect(toDoItem).toBeInTheDocument();

  fireEvent.click(toDoItem);
  const header = screen.getByText('할 일 상세');
  expect(header).toBeInTheDocument();
  const deleteButton = screen.getByText('삭제');
  fireEvent.click(deleteButton);

  expect(header.textContent).toBe('할 일 목록');
  expect(toDoItem).not.toBeInTheDocument();
  expect(localStorage.getItem('ToDoList')).toBe('[]');
});
...
```

임의의 할 일을 localStorage에 저장한 후 할 일 목록 페이지를 화면에 표시하였다. 할 일 목록 페이지에 임의로 저장한 할 일이 잘 표시되는지 확인하고 화면에 표시된 할 일을 클릭하여 할 일 상세페이지로 이동하였다. 할 일 상세페이지에서 삭제 버튼을 찾아 클릭하여 해당 할 일을 제거하였다. 이렇게 할 일 상세페이지에서 삭제 버튼으로 할 일을 삭제하면 할 일 상세 목록 페이지로 이동하게 되므로 삭제 버튼을 클릭한 후 현재 페이지가 할 일 목록 페이지인지 확인하였다. 그리고 임의의 할 일이 화면에서 잘 사라졌는지, localStorage에서도 잘 제거되었는지 확인하였다.

이렇게 ./src/App.test.tsx 파일에 할 일 상세페이지에서 할 일을 삭제하는 테스트 명세를 추가하고, 저장하면 테스트 명세가 잘 통과되는 것을 확인할 수 있다. 이것으로 할 일 상세페이지에 관한 모든 사양을 테스트 주도 개발 방법론을 통해 구현 및 확인을 해보았다.

이제 App 컴포넌트의 마지막 사양인 "할 일 목록 페이지, 할 일 추가 페이지, 할 일 상세페이지 이외에 URL에는 NotFound 페이지 컴포넌트를 표시한다."를 테스트 주도 개발 방법론을 통해 구현해 보도록 하자. 우선 ./src/App.test.tsx 파일을 열어 다음과 같이 수정한다.

```
…
it('shows NotFound page if the user enters the wrong URL, and go
back to List page', () => {
  const history = createMemoryHistory();
  history.push('/foo');

  render(
    <Router history={history}>
      <App />
    </Router>,
  );

  const header = screen.getByText('에러');
  expect(header).toBeInTheDocument();
  const notFoundMessage = screen.getByText('Not Found 🐻');
  expect(notFoundMessage).toBeInTheDocument();
```

```
  const goBack = screen.getByText('돌아가기');
  expect(goBack).toBeInTheDocument();
  fireEvent.click(goBack);

  expect(header.textContent).toBe('할 일 목록');
});
…
```

우리가 지금까지 App 컴포넌트에 지정한 적이 없는 임의의 URL을 react-router의 createMemoryHistory를 사용하여 설정한 후에 App 컴포넌트를 화면에 표시하였다. 이때 우리가 만든 NotFound 페이지가 화면에 표시되는지 확인하였으며, 표시된 NotFound 페이지의 헤더의 돌아가기 버튼을 통해 할 일 목록 페이지로 돌아갈 수 있는지 확인하였다.

이렇게 테스트 명세를 추가한 후 저장하면 테스트 명세가 실패하는 것을 확인할 수 있다. 이제 이렇게 실패하는 테스트 명세를 통과시키기 위해 ./src/App.tsx 파일을 열어 다음과 같이 수정한다.

```
…
import { …, NotFound } from 'Pages';
…
function App() {
  return (
    <Container>
      <PageHeader />
      <Switch>
        …
        <Route>
          <NotFound />
        </Route>
      </Switch>
```

```
    </Container>
  );
}
...
```

페이지 컴포넌트들을 쉽게 추가하기 위해 만든 ./src/Pages/index.tsx 파일에서 NotFound 페이지 컴포넌트를 불러온 후, react-router의 Route를 사용하여 특정 URL이 아닌 모든 URL에 NotFound 페이지 컴포넌트를 화면에 표시하도록 하였다. 이렇게 수정하고 나면 react-router는 순차적으로 URL에 해당하는 컴포넌트를 찾게 되며, 만약 URL에 해당하는 컴포넌트가 선언되어있지 않다면 마지막에 선언한 NotFound 페이지 컴포넌트가 화면에 표시될 것이다.

이렇게 파일을 수정한 후 저장하면 앞서 실패하던 테스트 명세가 잘 통과하는 것을 확인할 수 있다. 이로써 우리가 정의한 App 컴포넌트의 모든 사양을 테스트 주도 개발 방법론으로 구현해 보았다. 이제 현재 실행 중인 테스트 명령어를 취소하고 다음 명령어를 통해 리액트 프로젝트를 실행하여 실제로도 잘 동작하는지 확인해 보자.

```
npm start
```

명령어를 실행하면 브라우저에 http://localhost:3000/가 자동으로 열리며 할 일 목록 페이지가 화면에 표시되는 것을 확인할 수 있다. 하단에 있는 추가 버튼('+')을 클릭하면 할 일 추가 페이지로 이동하는 것을 확인할 수 있다.

임의의 할 일을 입력한 후 추가 버튼을 누르면 할 일 목록 페이지로 이동하고 임의로 입력한 할 일이 잘 추가된 것을 확인할 수 있다. 화면에 표시된 임의의 할 일을 선택하면 할 일 상세페이지로 이동하는 것을 확인할 수 있다. 할 일 상세페이지에서 삭제 버튼을 클릭하면 할 일 목록 페이지로 이동하며 임의의 할 일이 잘 삭제되는 것을 확인할 수 있다.

이로써 테스트 주도 개발 방법론으로 개발한 할 일 목록 앱이 실제로도 잘 동작하는 것을 확인할 수 있었다.

10.4 요약

이번 장에서는 테스트 주도 개발 방법론을 사용하여 리액트 프로젝트를 개발하는 방법에 대해서 알아보았다. 이것으로 기존 프로젝트에 테스트 명세를 추가하는 방법과 프로젝트를 처음부터 실행할 때 테스트 주도 개발 방법론으로 테스트 명세를 추가하면서 개발하는 방법을 모두 알게 되었다.

여기서 설명한 내용이 테스트 주도 개발 방법론의 모든 것이라고 말할 수 없다. 다만, 테스트 주도 개발 방법론에 대한 기초 이해할 수 있었으며, 테스트 주도 개발 방법론으로 리액트 프로젝트를 개발하는 방법에 대해서 알 수 있었다.

▶ 테스트 주도 개발 방법론으로 프로젝트를 개발하기 위해 자동화된 테스트 시스템을 준비한다.

▶ 프로젝트의 기능에 대한 사양을 정리한다.

▶ 해당 사양에 대한 테스트 명세를 작성하고 실패하는 것을 확인한다.

▶ 실패한 테스트 명세를 통과시키기 위해 최대한 간단하고 빠르게 기능을 개발한다.

▶ 개발한 내용이 테스트 명세를 통과시키는 것을 확인하였다면 구현한 기능을 리팩토링한다.

▶ 이것을 반복한다.

이제 여러분도 여러분의 프로젝트에 테스트 코드를 추가해보고 테스트 주도 개발 방법론을 통해 좀 더 안정적인 서비스를 개발해 보길 바란다.

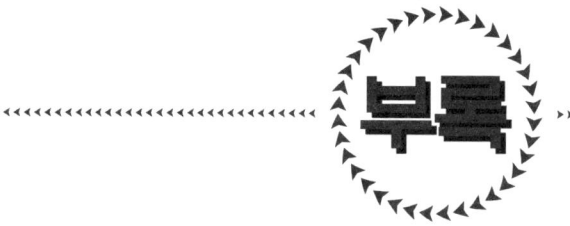

create-react-app으로 개발한 리액트 프로젝트를 배포하는 방법에 대해서 알아본다.

부록 배포

create-react-app을 개발할 때 사용한 명령어는 리액트 프로젝트를 개발할 때 사용하는 명령어이다. 실제 서비스를 운영할 때는 해당 명령어를 사용하지 않는다.

```
npm start
```

create-react-app으로 개발한 리액트 프로젝트를 실제 서비스에서 사용하려면 어떻게 해야 할까? 역시 create-react-app은 서비스를 배포하기 위한 명령어도 제공하고 있다.

그렇다면 create-react-app에서 제공하는 명령어를 사용하여 리액트 프로젝트를 배포하기 위해 빌드해 보자.

```
npm run build
```

create-react-app에서 제공하는 빌드 명령어를 실행하면 이전에는 존재하지 않던 build 폴더가 생성되는 것을 확인할 수 있다. 해당 폴더를 열어보면 다음과 같은 폴더 구조를 확인할 수 있다.

```
build
├── index.html
└── static
    ├── css
```

```
└─ js
```

build 폴더 하위에서 중요한 파일과 폴더만 표시하였다. 리액트는 SPA(Single Page Application)이므로 하나의 페이지(index.html)만 존재하는 것을 확인할 수 있다. 또한, 우리가 개발한 리액트 프로젝트가 js, css 폴더에 생성된 것을 확인할 수 있다. 자바스크립트는 자동으로 난독화되고 모든 파일은 압축(Minify)된 것을 확인할 수 있다.

이제 이렇게 생성된 파일을 서버에 올리고, 모든 URL이 index.html 파일을 바라보도록 설정하면 create-react-app으로 개발한 리액트 프로젝트를 확인할 수 있다.

공식 홈페이지에서 Node 서버를 사용하여 모든 URL을 index.html 파일을 바라보도록 설정하는 예제를 확인할 수 있으며 Hekoku, GitHub Pages 등에 배포하는 방법을 확인할 수 있다.

▶ Deployment: https://create-react-app.dev/docs/deployment/

ㄱ

가상 돔	6

ㄴ

넷스케이프 커뮤니케이션즈	2
넥서스	2
넷스케이프 네비게이터	3

ㄷ

단방향 데이터 바인딩	6

ㄹ

라이브스크립트	3
리스프	4
리액트	6
리플로우	8
리페인트	8
라이프 사이클	197

ㅁ

마크 앤드리센	3
모자이크 커뮤니케이션	3
모질라	3
모카	3
명령형 프로그래밍	11
모의 객체	35

ㅅ

스몰토크	4
셀프	4
싱글 페이지 애플리케이션	6
선언형 프로그래밍	11
서버 사이드 렌더링	26
스냅샷	35

ㅇ

인터넷 익스플로러	4
앵귤러	6

ㅈ

자바스크립트	2
자바	4
절대 경로	94

ㅊ

초코렛티	21

ㅋ

크로스 브라우징	4
컴포넌트	14
코드 커버리지	47
클래스 컴포넌트	182

ㅌ

팀 버너스리	2
템플릿 언어	11
타입스크립트	66
테스트 주도 개발	380

ㅎ

홈브루	18

a

AngularJS	5

b

Babel	25

c

create-react-app	25
constructor 함수	201
componentDidMount 함수	202
componentDidUpdate 함수	203
componentWillUnmout 함수	204
componentDidCatch 함수	204
Context API	212

d

describe	39

e

ECMA 인터내셔널	5
ECMA-262	5
ECMAScript	5

f

Fast Refresh	31

g

getDerivedStateFromProps 함수	201
getSnapshotBeforeUpdate 함수	203

h

husky	98

i

it	39

j

J스크립트	4
jQuery	5
JSX	10
Jest	34

l

lint-staged	98

localStorage	212	shouldComponentUpdate 함수	202
Link	292		

m

Matcher	42

n

NICA 모자이크	3
Next.js	25
npx	27

p

package.json	31
Prettier	97
Props	102

r

reactxp	15
react-testing-library	52
render 함수	201
react-router	270
replace	286

s

styled-components	77
State	102

t

toEqual	42
toBeTruthy	43
toBeFalsy	43
toContain	44
TDD	380

u

useEffect	245
useHistory	286

w

Webpack	25

x

XHP	6

스무디 한 잔 마시며 끝내는 리액트+TDD
테스트 주도 개발로 리액트 프로젝트 완성하기

초판 1쇄 발행   2021년 6월 25일

지은이   김정헌
펴낸이   김범준
기획/책임편집   김용기
교정교열   이우림
편집디자인   나은경
표지디자인   Aapaper

발행처   비제이퍼블릭
출판신고   2009년 05월 01일 제300-2009-38호
주 소   서울시 중구 청계천로 100 시그니쳐타워 서관 10층 1011호
주문/문의   02-739-0739   **팩스** 02-6442-0739
홈페이지   http://bjpublic.co.kr   **이메일** bjpublic@bjpublic.co.kr

가 격   32,000원
ISBN   979-11-6592-071-5
한국어판 © 2021 비제이퍼블릭

이 책은 저작권법에 따라 보호받는 저작물이므로 무단 전재와 무단 복제를 금지하며,
내용의 전부 또는 일부를 이용하려면 반드시 저작권자와 비제이퍼블릭의 서면 동의를 받아야 합니다.

잘못된 책은 구입하신 서점에서 교환해드립니다.

소스코드 다운로드 https://github.com/bjpublic/reactdd